2016年度国家出版基金资助项目

"十二五"国家重点图书出版规划项目

中国科学技术研究领域高端学术成果出版工程

中国科学院自然科学史研究所"十二五"重大突破项目

国家出版基金项目
NATIONAL PUBLICATION FOUNDATION

科技革命与国家现代化研究丛书

Series of Studies in Scientific Revolutions,
Technological Revolutions and the Modernization of Nations

张柏春　主编

科技革命
与俄罗斯（苏联）
现代化

Scientific Revolutions,
Technological Revolutions
and the Modernization of Russia (USSR)

鲍鸥　周宇　王芳　著

山东教育出版社

图书在版编目（CIP）数据

科技革命与俄罗斯（苏联）现代化 = Scientific Revolutions,
Technological Revolutions and the Modernization of Russia（USSR）/
鲍鸥，周宇，王芳著 . — 济南：山东教育出版社，2020. 6
（科技革命与国家现代化研究丛书 / 张柏春主编）
ISBN 978-7-5701-0909-8

Ⅰ. ①科⋯ Ⅱ. ①鲍⋯ ②周⋯ ③王⋯ Ⅲ. ①技术革新—
关系—现代化建设—研究—俄罗斯 Ⅳ. ①F151.243 ②D751.2

中国版本图书馆 CIP 数据核字（2019）第293970号

策　　划　陆　炎
责任编辑　齐　飞　徐　旭
责任校对　任军芳
装帧设计　晓　沫

KEJI GEMING YU GUOJIA XIANDAIHUA YANJIU CONGSHU
KEJI GEMING YU ELUOSI（SULIAN）XIANDAIHUA

科技革命与国家现代化研究丛书　　　　　张柏春/主编
科技革命与俄罗斯（苏联）现代化　　鲍鸥　周宇　王芳/著

主管单位：山东出版传媒股份有限公司
出版发行：山东教育出版社
　　　　　地址：济南市纬一路 321 号　邮编：250001
　　　　　电话：（0531）82092660　网址：www.sjs.com.cn
印　　刷：山东临沂新华印刷物流集团有限责任公司
版　　次：2020 年 6 月第 1 版
印　　次：2020 年 6 月第 1 次印刷
开　　本：710 毫米 × 1000 毫米　1/16
印　　张：15.5
字　　数：201 千
定　　价：82.00 元

（如印装质量有问题，请与印刷厂联系调换）印厂电话：0539-2925659

总　序

　　现代化和科技革命是当代中国社会的热议话题，也是出版物中的高频术语。现代化是19世纪60年代以来中国的宏大实践，在20世纪30年代成为学者们广泛关注的议题。中华人民共和国在建国伊始就着力推进产业和国防的现代化，并且在五六十年代将现代化逐步具体化为农业、工业、国防和科学技术等方面的现代化。1964年，中央政府宣布以建成"一个具有现代农业、现代工业、现代国防和现代科学技术的社会主义强国"为发展目标。1978年，中央强调科学技术是生产力，是"四个现代化"的关键。此后，"科学革命""技术革命""科技革命"等概念深得学者们的认同。三四十年来，政府和科技界希望国家能抓住"新科技革命"的机遇，且借此实现现代化。那么，科技革命与现代化究竟存在怎样的关系？这正是本套《科技革命与国家现代化研究丛书》试图探讨的核心问题。

　　现代化、科学革命和技术革命等都是非常复杂的概念。本套丛书中，我们将"现代化"理解为农业社会向工业社会的转变，工业化是这一转变进程中的一条主线。现代化始于西欧，逐步扩展到欧洲其他地区、北美以及亚、非、拉等地，其间伴随着工业强国的殖民扩张和"被现代化"国家的社会转变，包括转变中出现的弊端。我们所讨论的"科技革命"是科学革命和技术革命的简称，是指相对于知识进化而言的重大知识变革。第一次科学革命是指16和17世纪发生在欧洲的科学变革，其主线是由哥白尼拉开序幕，从伽利略到牛顿的物理学、天文学和数学等学科的理论突破及具有现代特点的科学建制化。第一次工业革命与第一次技术革命相伴发生，其主要标志是蒸汽机的发明和应用。历次的科学革命、技术革命和工业革命的成果在全球化的进程中传向世界各地，被人们普遍共享和发展，并影响到当地的知识和社会的转变。现代化、科学革命和工业革命（技术革命）早已成为一些史学家叙事的方法和框架，相关著述浩如烟海。有趣的是，此前学界对科学革命和技术革命的研究主要集中于欧洲，如意大利、英国、法国和德国，而对现代化的研究则主要关注该进程中的后起国家，如日本、中国、印度等。有关欧洲现代化的研究主要集中于早期现代国家制度产生的过程及文化上的现代性等方面。其原因显而易见，科学革命和技术革命主要发生在西方国家，而当以工业化为主线的现代化概念盛行时，西方发达国家已完成了由农业社会向工业社会的转变。然而，无论在西方还是在东方，每个国家都有其现代国家制度的确立及工业化的实现的具体过程，也同样都有现代科学和技术的形成和制度化的不同历程。

中国科技事业发展和现代化建设要求人们理解世界科学技术的发展历程，以求得历史借鉴和启发。李约瑟（Joseph Needham）等国际学者能够研究中国的科学技术传统，我们也应该以自己的眼光审视世界科学技术的发展，提出新的学术问题和见解。1978年以来，中国科学院自然科学史研究所将世界科学技术史列为一个新开拓的研究方向，其重点是西方近现代科学技术史，编著了《20世纪科学技术简史》和《贝尔实验室》等学科史和机构史的著作。为了进一步探讨世界科技史，我们与中国科学院规划战略局领导在2010年春季开始组织研究"科学革命、技术革命与国家现代化的关系"，选择意大利、英国、法国、德国、俄罗斯（苏联）、美国和中国等国家为案例，着力阐释我国社会普遍关注的科技革命、现代化等重大问题，其中涉及发展的路径和模式。这个项目将对科学革命、技术革命的研究扩展到俄罗斯和中国等科学革命或工业革命的非原发国家，探讨"地域性的"科学革命或技术革命以及外力冲击下启动的现代化。一方面，从科学和技术的发展去理解社会的转变；另一方面，从社会的发展去理解科学和技术的变革。对这类复杂问题的探讨必定既有共识，又见仁见智。

　　经过认真筹划和评议，这项工作被中国科学院批准为"十二五"规划项目，同时被国家新闻出版总署列为"十二五"出版规划项目，并得到山东教育出版社的大力支持。为了实施这项计划，我们邀请自然科学史研究所、北京大学、清华大学、美国波莫纳加州理工大学（California State Polytechnic University，Pomona）、意大利卡西诺大学（Università di Cassino）等科研机构和大学的近30位专家学者，开展个案研究和综合研讨。为了完善研究计划，项目组在2012年访问德国马普学会科学史研究所（Max Planck Institute for the History of

Science），与雷恩（Jürgen Renn）所长等近20名西方科技史专家学者讨论这项研究的框架、主要内容、典型案例、方法论、前人工作和资料基础等重要问题。此外，项目组还听取了美国、法国、俄罗斯、意大利、英国等国专家的建议。国际同行的中肯意见对项目的设计和实施很有帮助。

科学革命、技术革命与现代化的关系是一个富有挑战性的、视野宽阔的大题目，对这个专题的研究在国际上非常鲜见。我们期望通过探讨这样的题目，能够为学术研究贡献点滴新知识，对读者思考有关问题提供线索。当然，在国内的世界科技史研究积累薄弱的情况下，研究这么大的新题目算是一次冒险的尝试。无论我们怎样努力，《科技革命与国家现代化研究丛书》都会挂一漏万，不过是万里长征的第一步。受研究基础的限制，目前完成的书稿中难免有疏漏，甚至错误，敬请学界同道和读者朋友们不吝赐教。

中国科学院自然科学史研究所

张柏春

2017年5月6日

于科学院基础园区

目　录

引　言

　　《科技革命与国家现代化研究丛书》围绕科学革命、技术革命、国家现代化等主题词展开。丛书主编已经在《总序》中对于上述主题词以及编纂意图做了详细说明。本书作者在接受丛书主编意见的同时，针对本书的特点在此做些补充说明，以帮助读者了解本书的写作特点。

一、史学研究的"滤镜效应"

　　"科技革命与国家现代化"系列研究具有史学特征。这意味着研究者必须遵从史学研究规范。传统的科技史研究进路是在没有前提的前提下，研究者搜集科技史料，以科技史料作为研究基础，以时间、空间为经纬度，整理出事件、人物在特定时间段和空间区域内的先后顺序以及前因后果，使用描述性语言，绘制历史图貌，得出历史结论。

　　但是，本研究又不等同于传统的科技史研究。它不仅有预设主题（"科技革命与国家现代化"），还要求研究者持有科技哲学及科技社会学等领域的分析视角。可见，该课题研究者首先面临着范式挑战：如何处理"没有前提的前提"与"科技革命与国家现代化"预设前提之间的史学方法论纷争？

其实，一方面，史学界对传统研究范式提出了许多质疑并引发范式变化；另一方面，在选择史料时，即便是那些持有"没有前提的前提"观点的治史者也会自觉或不自觉地依托某种历史观或者运用某种编史学理论。正如莫里内斯所言："所有第一流科学史家都是根据或多或少明晰的哲学观点撰写他们的'报告'的。马赫从一种激进经验论观点出发写出了他的力学史、光学史和热力学史；皮埃尔·迪昂（Pierre Duhem）运用他的历史知识去支持约定主义；亚历山大·库瓦雷（Alexandre Koyre）对伽利略和牛顿的案例研究意在说明他的一般唯理论哲学；贝尔纳念念不忘的是'证明'马克思主义。"（莫里内斯，1987）拉卡托斯认为："没有某种理论'偏见'的历史是不可能的。一些历史学家寻找确凿事实的发现、归纳概括，另一些历史学家寻找大胆的理论和判决性的否定实验，还有一些人却寻找重大的简单性，或寻找进步和退化的问题转换；所以这些人都有某种理论'偏见'。这种偏见当然可以被各种理论的折衷变体或理论的混杂掩盖起来；但无论折衷主义还是理论混杂都不等于无理论的观点。"（拉卡托斯，1986）[166]在科学哲学中，上述现象被认为是"观察渗透着理论"的论证依据。

历史学家的研究从来不是真正意义上的"没有前提"。史学家不论无意还是有意，都会选择某种史观或使用某种分析工具。不同历史观或编史学理论是史学研究的前提和分析工具，犹如各种"滤镜"。史学家们透过"滤镜"，建构不同的研究框架，沿着不同的研究进路，最终绘制出不同的历史图貌。笔者把由上述现象所引发的结果称为史学研究中的"滤镜效应"。"滤镜效应"的存在不以研究者的个人意志所决定。

　　笔者认为，"滤镜效应"的作用不容忽视。科学史学家可以不赞同拉卡托斯关于科学史与科学哲学相互关联的论点，即"没有科学史的科学哲学是空洞的，没有科学哲学的科学史是盲目的"（拉卡托斯，1986）[141]，或许也不认可存在"滤镜效应"。但是，分析工具的缺失，或者说哲学思维的缺位或偏离，可能导致"从歪曲的、片面的、错误的前提出发，循着错误的、弯曲的、不可靠的途径前进，往往当真理碰到鼻尖上的时候还是没有得到真理（普利斯特列）"（恩格斯，1974）[425]。不争的史实表明，伽利略是在使用望远镜之后才首次清晰地看到月球上存在环形山。

二、本研究的分析工具

　　《科技革命与国家现代化》系列研究隶属于科学技术社会史范畴。这要求研究者突破"内史论"的思维框架，持有科学、技术与社会相互关联的历史观，关注产生科技革命的社会条件、政治氛围、文化环境和经济状况，向"外史"研究拓展。研究者不仅要搜集科技革命与国家现代化的史料，还需要利用分析工具，整理史料，挖掘原因，复现史实。既然史学研究存在"滤镜效应"，而且各种"滤镜"具有辅助研究的功用，所以本研究遵循的方法论原则之一是自觉地选择"滤镜"并利用"滤镜效应"，尽可能避免研究的盲目性和片面性。

　　"滤镜"之一：国家现代化。

　　"国家现代化"是本研究主题词之一，也是笔者用以开篇举目首持的"滤镜"。为了聚焦"国家现代化"，需要稍释"现代化"。

　　本研究所言"现代化"是具有相对性的概念。相对于"以往""经典""传统"而言，"现代化"的特征表现是：在"经典""传统"的社会中出现观念更新、制度更替、生产力形式变革、生活方式变化、社会转型等引领社会发展的"前潮"现象。在时间上，"现代化"既不等于"古代"，不等于历史回潮中的"复古时代"，也不限于公元20世纪以后，而是指研究对象"以往"之后所处的"当下"，可能处于通常"古代""近代""现代"历史序列中的"近代"，可能发生在20世纪以前。在空间和文化模式上，"现代化"不等于"西方化"（或"西欧化""欧美化"）。在当代词汇中有许多与"现代化"相关并限定"现代化"的概念，例如"国家现代化""经济现代化""文化现代化""人的现代化"等。这些概念不仅反映出人们对"现代化"存在不同的理解、表述和解读，而且也说明"现代化"包括丰富的内涵。本书作者虽然不能完全同意把现代化等同于工业化的观点，但认为工业化对现代化起到了正面或负面的重要影响。马格纳雷拉认为，"现代化"是发展中的社会为了获得发达的工业社会所共有的某些特点，而经历的文化和社会经济变迁的、包容一切的全球性过程（哈维兰，1987）[575-576]。从历史上来讲，"现代化"主要指近代以来，世界各国的一种发展趋势，是以西欧及北美地区一些国家的价值取向为目标，寻求获得丰盈物质的过程。

以"国家现代化"作为"滤镜"，限定了本研究的地域范围，即要以在某地域内生活的居民群体作为参与现代化进程的主体。在这个"滤镜"之下，研究者并不只是简单套用"现代化"的模式，而将聚焦于主体的地域特征、民族特性和文化背景，通过比较研究，正视并重视主体与其他各国在现代化的进路和形式上所存在的差异性。

对国家现代化的认定需要在区域历史进程及全球现代化框架中加以把握。以俄罗斯为例。

　　就完整的国家政体而言，地处欧亚大陆的俄罗斯，从古至今历经了留里克^①王朝（大约862—1598年）、罗曼诺夫王朝（1613—1917年）、苏俄（包括苏联）（1917—1991年）和俄罗斯联邦（1991年至今）四大典型国家政体（或四大时代^②）。俄罗斯的现代化在四大时代的不同阶段内表现各异，是俄罗斯从传统农业社会向现代化工业社会过渡的综合发展过程，影响其社会生活（包括经济、政治和文化领域）的各个方面。

　　从国家的科学体制化和工业化视角来看，俄罗斯的现代化起步于

---

　　① 留里克（Рюрик，？—879）：862—879年在位。

　　② 为了便于中国读者把握俄罗斯历史发展的主要脉络，笔者以血缘传承、政党及国体巨变为依据，把俄罗斯历史划分为四大时代。其实，俄罗斯历史有着纷繁复杂的枝节末端。比如：公元862年前，古罗斯人以氏族公社形式聚居在此，没有统一的君主社会制度。在留里克王朝期间，古代俄罗斯曾分裂为不同的公国。其间，从1240年至1480年，在古罗斯领地中，蒙古人的金帐汗国与罗斯各公国并存。1547年，俄罗斯重新统一为全罗斯。留里克王朝在后期出现长达5年（1598—1613年）的权力真空期。从1613年起，罗曼诺夫王朝取代留里克王朝。1917年2月27日（俄历），俄国爆发"二月革命"。俄罗斯帝国皇帝尼古拉二世退位，结束了为期300多年的罗曼诺夫王朝统治。俄罗斯帝国改为俄罗斯共和国，由"临时政府"主持工作。1917年10月25—26日（俄历），列宁等人领导的"十月革命"推翻了"临时政府"，建立了在俄罗斯共产党（布尔什维克）（简称"俄共"）领导下的"俄罗斯苏维埃共和国"（简称"苏俄"）。1922年12月30日，苏俄与"乌克兰苏维埃共和国""白俄罗斯苏维埃共和国""外高加索苏维埃共和国联盟"签约，成立"苏维埃社会主义共和国联盟"，简称"苏联"，由苏联共产党（简称"苏共"）领导。苏联的最后一位领导人、唯一的总统戈尔巴乔夫（总统期为1990年3月15日—1991年12月25日）倡导民主化改革。1990年6月12日，在苏联境内的"俄罗斯苏维埃共和国"民选叶利钦为共和国总统。1991年12月25日苏联解体，原"俄罗斯苏维埃共和国"更名为"俄罗斯联邦"（简称"俄联邦"或"俄罗斯"），接管原苏联的主要军队、企业和国家银行，其疆域约占原苏联的76%。叶利钦当选第一任俄联邦总统。本书将根据内容需要，对部分历史细节做选择性介绍。

17世纪末至18世纪初，晚于西欧的意大利、英国、法国和普鲁士等国。如果以国家政治经济发生重大变革的史实作为标志，有学者认为，从17世纪末到20世纪90年代初期（苏联解体）为止，在俄罗斯疆域中发生了20多次大规模改革。（陶惠芬，2007）[1]在历次俄罗斯国家改革中，虽然目前难以断言哪次改革的直接原因来自科学革命或技术革命，但可以肯定，诞生于西欧的科学革命或技术革命的确对俄罗斯的现代化进程产生了诸多影响。经过前期的历次改革，俄罗斯一方面博采众长，另一方面汲取自身的历史文化遗产，到19世纪中叶，在人才和成果方面已经大大缩短了与欧洲先进国家的差距。到20世纪中叶，苏联已经全面实现了国家现代化。但在世界现代化框架中，俄罗斯的现代化总体呈现出"追赶—跨越—倒退—复兴"的跌宕起伏态势。

"滤镜"之二：选择与建构理论。

技术革命和科学革命并不是技术发明家和科学发现者的主观愿望所为，而是技术和科学发展的后期社会效果，是后人的历史总结。国家现代化道路却是由不同时期、不同地区的人经过选择而决定的。这些选择现代化道路的"人"有具有决定权的国家首脑、政治家，有时代先觉者，也有企业家或者知识分子。他们为实现既定政治目的而进行先期选择和建构。国家现代化是他们的主动规划、积极行动以及行为结果。因此，有必要从社会整体角度、从主体的选择和建构行为和过程角度讨论科学技术在国家现代化中的地位、作用和影响。

"选择"和"建构"是包含过程、操作、动作和相互作用含义的"动词性哲学范畴"。中国学者李伯聪[①]教授在《选择与建构》一书中强调了这两个概念对于弥补"哲学范畴体系"的不足具有重要价值。他认为："不但人的意识、心理和思维过程是一个多层次的选择作用与建构作用相统一的过程，不但科学理论和文艺作品等第三世界的'存在物'是选择与建构的结果；而且第二世界和第三世界的发展和进化过程也是一个多层次的选择与建构相统一的过程。"（李伯聪，2008）[21]。

笔者从目的论角度，把"选择与建构理论"作为一个"滤镜"，提出"政治目的选择建构论"设想，一方面把政治目的作为选择与建构俄罗斯（苏联）国家现代化的依据探索历史脉络；另一方面，希望通过研究，思考国家现代化问题的方法论意义，找到"政治目的选择建构论"的史学依据。

"滤镜"之三：科技革命理论。

学界有不少关于科学革命和技术革命的理论。为了研究俄罗斯（苏联）的现代化问题，笔者选择以苏联化学家、科学史家和哲学家凯德洛夫[②]的"科技革命理论"作为"滤镜"。

凯德洛夫从20世纪20年代中期参与恩格斯《自然辩证法》俄文版的翻译工作。在莫斯科大学化学系学习期间，曾尝试借鉴恩格斯的思维方法研究化学史问题。"二战"结束后，凯德洛夫倡导了苏联自然

[①] 李伯聪（1941—）：中国科学院大学人文学院资深教授。自20世纪80年代初开始探索工程哲学问题，为开拓中国工程哲学研究做出了重要贡献。

[②] 凯德洛夫（Бонифатий Михайлович Кедров，1903—1985）：苏联著名化学家、哲学家、科技史学家。其研究领域主要涉及辩证法理论、科学方法论问题、化学史（特别是门捷列夫周期律发现史）、科学史、科学分类学理论、科技革命理论等。

科学的哲学问题研究，涉及科学认识论、方法论、科学发展规律以及科学发现的心理特征等等。凯德洛夫在40年代末期提出"科学革命"（революция в науке）思想，认为在科学发展过程中发生过并还会发生类似于在俄罗斯历史进程中的"十月革命"，即在思想、组织和知识上的彻底更新。60年代，随着原子能技术、航天技术和计算机技术的蓬勃发展，"科学技术革命①"（以下简称"科技革命"）概念逐渐进入苏联公众视野。以凯德洛夫为代表的许多苏联哲学家和科技史学家专门研究"科技革命"概念，形成了"科技革命理论"。

　　凯德洛夫坚持马克思、恩格斯和列宁关于技术、生产是科学发展的基础，科学跟随技术发展，并且回应技术需求的观点。同时，强调"科技革命"既不同于单纯的"科学革命"，也不同于"技术革命"，而是孕育于19世纪、产生于20世纪初期的一个具有时间限制的特殊概念。科技革命从根本上改变了科学与技术的关系。在科技革命时代，技术跟随科学发展，科学发挥"钻头"的功能，探究物质内部更深层次的秘密。技术成果承载科学发现和新知识，使之能够被加以利用。凯德洛夫强调生产是链接科学和技术、展现科学和技术成果的重要环节；需要基于物质和意识相互关系的观点，分析科技革命与生产、自然、社会之间的相关性；科学、技术在各种不同阶段发生革命既具有破坏性、否定性和偶然性，更具有连续性、否定之否定性和必然性。把科技革命纳入"人—科学—技术"的框架中，人（不是科学和技术成果本身）居于首要地位，人既是主体，也是目的。人（特别是科学家、发明家个体）只有突破思维习惯、跨越心理"障

---

　　① 科学技术革命：俄文научно-техническая революция，缩写НТР。或许这是中文"科技革命"一词的词源。

碍"，即进行思想革命，才能获得科技革命成果。科技革命是解放人性的革命，科技发展的最终目的在于丰富人的精神生活。（Кедров，1960a，1960b，1962，1972 a ，1972b，1979，1981，2005）

凯德洛夫通过科技史实论证"科技革命理论"，不仅从理论上，而且从方法上为本研究提供了"滤镜"，用以审视20世纪前的俄罗斯科技发展以及20世纪20年代以后的苏联科技史。

"滤镜"之四：科技交流媒介说。

在人类发展进程中，科学技术不会在世界各地同时产生，也不会四处均衡"开花结果"。这是科技交流和传播的根源。笔者认为，科学技术在向异域传播或与异域文化交流时需要通过交流媒介才能实现。这些媒介包括思想、知识、习俗、语言、符号、图像、文字、书籍、工具、仪器、人物等。交流媒介既是科技交流中不可缺少的载体，也是研究科技交流的路径依赖。就我国科技史研究领域而言，以往更多注重研究科技成果本身，而忽视研究科技交流媒介。或者说，缺乏把科技交流媒介纳入科技史对象的方法论自觉。在科技交流史研究中运用科技交流媒介作为分析工具，通过对这些媒介的细化研究，有助于拼接历史"碎片"，达到部分还原历史真相的研究目的。

笔者在研究俄罗斯近代化的路径和苏联现代化科技体制形成时将透过交流媒介这一"滤镜"，分析俄罗斯（苏联）现代化与世界现代化之间的关联。

"滤镜"之五：俄罗斯的民族特性。

俄罗斯的民族特性是研究俄罗斯（包括苏联）问题不容忽视、不可缺少的透视"滤镜"。

这里所指的俄罗斯民族不是狭义的民族学意义上的俄罗斯族，而是指在俄罗斯地域生活的、以俄语为母语（或母语之一）的、广义的由多民族构成的俄罗斯人。在这个定义下的俄罗斯民族构成俄罗斯社会的主体。相比其他地域的族群（例如中华民族），俄罗斯民族在宗教信仰、文化认同和生活习俗上拥有一些共性，被称为俄罗斯的民族特性。俄罗斯的民族特性集中反映在内置的多重矛盾性上。

正如著名俄罗斯宗教哲学家别尔加耶夫所言："在俄罗斯，民族性恰恰是它的超民族主义，它与民族主义的绝缘。在这方面，俄罗斯是独特的，不同于世界上任何国家。俄罗斯的使命是成为各民族的解放者。"（别尔嘉耶夫，1999）[8]

俄罗斯的民族特性在辽阔的疆土与贪婪的个人占领欲之间，在庞大的国家机器与灵敏的末端"神经元"之间，在笨重的设备与实用简便的工艺之间通过重重矛盾得以彰显。利用这一"滤镜"有助于理解俄罗斯（苏联）现代化道路的曲折性、特殊性。

三、历史分期与研究框架

本书以科技革命和国家现代化为主题，虽然不是撰写俄罗斯历史，但不能脱离俄罗斯社会的历史线索。17世纪末、18世纪初，在西欧已经完成第一次科学革命之际，彼得一世制定并实施"破窗入欧"（прорубить окно в Европу）战略，把落后、孤立的俄罗斯重新拉入欧洲文明圈。故笔者把彼得一世的改革作为划分俄罗斯现代化的分期标志，将俄罗斯现代化进程大致划分为三个时期：国家现代化的"孕育期"（15—18世纪初期）；国家现代化的"进化期"（18—19世纪）；国家现代化的"革命期"（20世纪）。由于篇幅所限，本书时间段截止到20世纪末苏联解体。另外，笔者以科学革命、技术（工业）革命和国家现代化作为横截面，进行整体布局。

研究框架①：

第一章　俄罗斯的历史传统与近代崛起（15—18世纪初期）

本章主要回答如下问题：俄罗斯是如何形成独立国家的？在俄罗斯历史传统中有哪些影响其近代崛起的重要的文化积淀（或"文化基因"）？近代俄罗斯为什么需要崛起？何谓彼得一世的"破窗入欧"战略？他采取了哪些措施？

第二章　科学革命的影响与俄罗斯近代科学（18—19世纪）

本章主要回答如下问题：17世纪末—18世纪初，已经发生了第一次科学革命和正在进行第一次技术革命的西欧对俄罗斯产生了什么影响？彼得一世为什么创建彼得堡科学院？彼得堡科学院对俄罗斯近代科学产生了什么影响？何谓俄国科学文化？

第三章　工业革命与俄罗斯工业化（18—19世纪）

本章主要阐释如下问题：俄罗斯拥有哪些传统技术？在西欧工业革命的冲击下，俄罗斯的生产模式发生了什么变化？俄国的计量制度、西伯利亚大铁路如何影响俄罗斯现代化进程？

第四章　科技立国与苏联国家现代化（20世纪）

本章引出如下思考：俄罗斯（苏联）如何通过科技立国走向国家现代化？苏联航天工程如何实现跨越式发展？如何看待科技革命对苏联实现国家现代化发挥正负两方面作用？苏联如何利用举国体制处置

---

① 本书中涉及"俄罗斯""罗斯"和"俄国"三个既相互关联又有区别的概念。"俄罗斯"既是一个广义概念，泛指公元9世纪以来居住于欧亚大陆北部，以斯拉夫本土文化及外来东正教文化作为主要精神依托，从政体、国体、疆域到人口都不断变化的亚文化群，也特指苏联解体后的国家主体。"罗斯"特指从公元9世纪到16世纪中叶的俄罗斯。"俄国"特指从17世纪初罗曼诺夫王朝建立以后到1917年"十月革命"以前的俄罗斯。

核灾难?

第五章　结语

全书采取史论结合方式，突出重点人物、事件对现代化的特殊作用。

四、作者及写作分工

全书由鲍鸥（清华大学科学技术与社会研究所，俄罗斯科学院哲学所哲学博士）、周宇（国家科技部国际合作司，北京大学外国语学院俄罗斯文化国情学博士）和王芳（中国科学院自然科学史研究所，该所科技史博士）合作完成。

写作分工如下：

鲍鸥撰写引言、第一章、第三章、第四章第一节和第三节、结语、后记，负责全书统稿工作。

周宇撰写第二章全章以及第一章第二节、第三章第一节和结语中的部分内容。

王芳撰写第四章第二、三节。

第一章
俄罗斯的历史传统与近代崛起
（15—18世纪初期）

    在世界文明史中，俄罗斯的崛起与发展不容小觑。15世纪末—16世纪初，当西欧因文艺复兴和宗教改革运动而步入近代科学和技术的独立发展期之时，俄罗斯则刚刚结束各诸侯国之间的争斗逐步走向统一国家的道路。17世纪末期，西欧大部分国家已经建立了以资本主义社会制度、经济秩序、近代科学技术为基础的新文明，而俄罗斯才开始意识到与西欧文明接轨的重要性。但当彼得一世实施"破窗入欧"战略后，俄罗斯国家迅速强盛起来。以领土为例，1721年的俄罗斯帝国拥有相当于接近全欧洲国土面积的领土；到1914年，俄罗斯帝国已坐拥2280万平方公里的疆土。如今的俄罗斯联邦拥有1710万平方公里的国土面积和14626.73万人口。（Федеральная служба государственной статистики，2015）[31]

在世界上，但凡帝国崛起都伴随着战争、资源掠夺和领土扩张。然而，像俄罗斯这样不断实现并保持版图扩大，迅速提升霸权地位的国家为数不多。俄罗斯是如何从相对落后的村社部落走到世界前台的？

第一节　古代俄罗斯的国家化之路

一、古罗斯、从"瓦良格到希腊"的商路

关于俄罗斯的来源，目前在史学界尚有争论。（Флорь，2010）[35]最有代表性的观点如下：

公元1世纪以前，斯拉夫人散居在奥德河、维斯瓦河、第聂伯河和布格河流域。到公元6世纪，经过民族大迁徙的斯拉夫部落逐渐划分为东斯拉夫人、西斯拉夫人和南斯拉夫人三支。如今的俄罗斯人、乌克兰人和白俄罗斯人属于东斯拉夫人的后裔。据俄罗斯第一部编年史《编年纪事》[①]记载，传说东斯拉夫人不擅管理，经常内讧。大家在疲于征战之后达成协议：邀请北欧斯堪的纳维亚半岛的瓦良格人前来称王。瓦良格人的首领留里克于862年率兵到东斯拉夫人聚居的诺夫哥罗德建立了留里克王朝。留里克王朝在创立初期实行以"维

---

①　《编年纪事》也称《编年史》（俄文《Повесть временных лет》或《Первоначальная летопись》，或《Несторова летопись》。古俄文《Повѣсть врємАнныхъ лѣтъ》），由12世纪基辅洞窟的修道士涅斯托尔（Нестор）编纂。

彻^①"为最高权力机构的管理制度。879年，留里克去世。他的亲戚奥列格^②掌握实权。奥列格挟持留里克年幼的儿子伊戈尔^③南下，占领第聂伯河岸边的小城基辅，于882年建立了第一个由瓦良格人为王，以东斯拉夫人为主体的国家——"基辅罗斯"。基辅罗斯以诺夫哥罗德城和基辅城为最重要的行政中心。在这一地区沿涅瓦河、拉多加湖、沃尔霍夫河、洛瓦季河和第聂伯河的河道从北向南形成被称为"从瓦良格到希腊"的商路。商路通顺促进了地区贸易日益繁荣。诺夫哥罗德城更多保留了原始公社形式、"维彻"制度和多神教的文化传统；基辅城因受拜占庭帝国的影响，实行专制政治，并逐步归顺东正教文化。这种地理格局和文化渊源为未来俄罗斯民族形成多重矛盾的性格种下了"社会基因"。与此同时，地处第聂伯河岸边的基辅城由于具有得天独厚的地理优势，在与阿拉伯、拜占庭和西欧的贸易往来中逐渐得到拓展。

二、东正教文化的形成与影响

在"从瓦良格到希腊"的商路上不仅流通了物质商品，同时也传播了文化。以拜占庭为中心的、保留希腊文化传统的基督教-东正教在政客和修士们的努力下，不断传入东斯拉夫人聚集区，深刻影响了俄罗斯未来的发展道路。9世纪，几乎与阿拉伯人从拜占庭挖掘希腊文化开始进行"大翻译运动"的同时，拜占庭修士基里尔（Кирилл，约827—869）和梅福季（Мефодий，815—885）二人开启了把希腊文化向东方传播的"翻译运动"。为便于传播基督教教义，863年，基

---

① 维彻（Вече）：市民大会。
② 奥列格（Олег）：879—912年在位。
③ 伊戈尔（Игорь）：913—945年在位。

里尔和梅福季应邀来到摩拉维亚（今捷克境内）创办斯拉夫教会，翻译宗教经书。出于传教的需要，兄弟俩在希腊字母的基础上创造了一套新的字母，用来记录和表达斯拉夫人的语言，即后人所称的"基里尔字母"（也有翻译为"西里尔文"）。公元10世纪前后，基里尔字母从摩拉维亚经保加利亚传到了罗斯。由于其形式与俄语的发声系统较为吻合，因此迅速得以传播（斯塔罗杜勃采夫，刘文飞，2001），进一步发展成斯拉夫文（即俄文的母文）。斯拉夫文化从而获得了语言传承的载体，推动了融入东斯拉夫文化特点的东正教教派走向繁荣。

东正教的发展一方面取决于来自拜占庭的修士们的努力。他们不仅限于个人修行，而且在修道院中开办学校，在传播基督教的教义和礼仪的同时发展并保护了斯拉夫文化。他们从拜占庭带来建筑设计理念、手工制造的技巧，以及栽培技术，促进了拜占庭文化与原住民文化的融合，发展成如今被认同为俄罗斯文化主要根源的东斯拉夫文化。

从农业生产工具上看，9世纪末的基辅罗斯已经进入铁器时代，出现了村社自由农民和拥有耕地的封建地主阶层。基辅罗斯的大公采取"索贡巡行"的方式，对农村村社进行横征暴敛。可以说，"索贡巡行"既是扩充基辅罗斯大公权力和领土的捷径，也是基辅罗斯走向灭亡的根源。

907年，奥列格远征拜占庭君士坦丁堡，与拜占庭皇帝签订了和平条约①。（格奥尔吉耶娃，2006）[11]奥列格去世后，留里克之子伊戈尔成为基辅大公，曾与希腊人交战，战死沙场②。伊戈尔死后，他的

---

① 奥列格与拜占庭皇帝分别于907年和911年两次签订和平条约。
② 也有传闻，伊戈尔没有被希腊人所杀，而死于不堪重税的德列夫利安人之手。

遗孀奥莉加①主管罗斯国务。奥莉加接受基督教（东正教），主张与拜占庭和平相处，加强了罗斯与拜占庭的经济、文化交往，促进了基督教传入罗斯的速度和规模。

980年，伊戈尔的孙子弗拉基米尔②弑兄当上基辅罗斯大公。弗拉基米尔大公在执政的35年中奠定了未来俄罗斯发展的基础。他通过四处征战"索贡"，确立了总面积为100万平方公里的基辅罗斯版图；通过迎娶拜占庭皇帝的妹妹安娜公主，皈依基督教（东正教）并强行废止东斯拉夫人一直信奉的多神教，把东正教确立为国教；允许开办贵族子弟学校；仿照拜占庭建筑风格兴建了集绘画、雕塑、建筑等多重艺术形式为一体的教堂（包括基辅索菲亚大教堂）和修道院，以供传经、纂史、修文。由于引入基督教（东正教），基辅罗斯与其他信奉基督教的国家建立了密切关系，首次以国家身份屹立于欧洲中世纪文明之林。东正教从此成为日后俄罗斯人的心灵归宿和民族认同依据。实际上，基督教传入基辅罗斯以后也与当地的多神教有许多交融，使得罗斯人在宗教信仰上产生双重信仰形式。这为基督教东移，成为具有跨欧亚地区的具有主要影响力的东正教提供了文化补充。

弗拉基米尔大公病逝后，几个儿子为争夺王位大开杀戒。到12世纪，基辅罗斯从四处征战的东欧强国逐渐衰落分裂为割据的小公国。

笔者认为，俄罗斯科学思想的萌芽同样可追溯至988年开始的斯拉夫文化与拜占庭文化的融合。格雷厄姆在《俄罗斯与苏联科学简史》中指出，来自拜占庭的基督教被定为基辅罗斯的国教以来，罗斯

---

① 奥莉加（Ольга）：945—969年在位。
② 弗拉基米尔（Владимир）：980—1015年在位。

人虽然具备与先进的拜占庭文化接触并向它学习的条件，但没能抓住可能成为当时另外一个科学中心的机会。（格雷厄姆，2000）[4-11]笔者由此引申出另一个观点：拜占庭文化对俄罗斯科学与文化深层次的影响不能被抹杀，这为基辅罗斯日后成为另外一个世界科学中心奠定了最初的文化基础。

上文中已经提到，基辅罗斯早在9世纪就具有较高程度的物质和精神文明，因此具备接受来自拜占庭先进文化的基础与能力。拜占庭人继承了古希腊人重视科学和教育的传统，将算术、几何、音乐和天文视为"四艺"；与筑城相关的土木工程学、与军事相关的冶金学和地理学以及制作"希腊火[①]"所需的化学知识在拜占庭都得到了高度发展；在古希腊医学体系上发展起来的拜占庭医学也非常发达。随着基辅罗斯与拜占庭联系日益密切，往来日益频繁，拜占庭先进的科学观念和传统不可避免地会对基辅罗斯产生潜移默化的影响。

在此过程中，基里尔和梅福季两兄弟功不可没。基里尔字母的出现与传播，为拜占庭先进文化传入罗斯创造了条件。9—11世纪，在基辅罗斯出现大量的拜占庭书籍或斯拉夫译本，以教堂建筑、圣像画等宗教艺术为先导，拜占庭的神学思想、宗教文学、政治和法律观念以及历史、地理等专门知识源源不断地传入罗斯。（姚海，1994）[前言]

拜占庭神学思想的传播对罗斯文化影响至深。应该看到，在经院式的神学解释中，往往伴随着一些自然哲学的观点。譬如，基督教东方教会最著名的神学家、在东方教会具有相当代表性的修士

---

① 希腊火（希腊语Υγρб Πυρ）：是拜占庭帝国所利用的一种可以在水上燃烧的液态燃烧剂，为早期热兵器，主要应用于海战中。"希腊火"或"罗马火"只是阿拉伯人对这种恐怖武器的称呼，拜占庭人自己则称之为"海洋之火""流动之火""液体火焰""人造之火"和"防备之火"等等。

"大马士革的圣约翰（St.John of Damascus，约675—约749）"的著作就被保加利亚主教翻译过来并介绍到罗斯，其中很多是教会神学对哲学、科学的思考。他的著作《知识的源泉》（The Fountain of Knowledge）集东方神学之大成，延续了亚里士多德和柏拉图关于知识是否源自感觉等问题的思考。该作品分为三部分，分别是"哲学篇"（Philosophical Chapters）、"关于异端"（Concerning Heresy）和"正教信仰的正确解释"（An Exact Exposition of the Orthodox Faith）。它将哲学定义为最高的智慧，人可以通过哲学接近神的无所不知，并阐述了"必要现象与短暂现象""相似性与差别""数量与质量"等概念。（Vucinich，1970）[4-5]正如俄罗斯学者所指出的，那个时期保留下来的文献证明在西欧国家发生的类似精神发展，特别是亚里士多德的自然哲学观点以及数学、天文、自然科学知识的传播。（Микулинский et al.，1977）[8]亚里士多德所代表的古希腊哲学的基本内容是探索自然本原，基本特征是朴素直观的辩证理性及实证思想，基本精神是思辨和探索精神。这些要素与近代科学精神均高度契合。恩格斯曾经指出："在希腊哲学的多种多样的形式中，差不多可以找到以后各种观点的胚胎、萌芽。因此，如果理论自然科学要想追溯自己今天的一般原理发生和发展的历史，它也不得不回到古希腊人那里去。"（恩格斯，1971）[386]俄罗斯科学思想的萌芽同样可由拜占庭文化追溯至古希腊自然哲学思想。

从14世纪至17世纪中叶，东正教教会的势力在俄罗斯逐渐强盛，并在思想意识、教育、文化等方面占据主导甚至垄断地位。由于东正教会对无助于宗教信仰的科学知识丝毫不感兴趣，由教会控制的书籍出版业自然不会涉足科学领域。比如，1561年建立的莫斯科印刷厂（Печатный двор）直到17世纪初都仅印刷和出版教会书籍。此外，由于信仰上的差异，俄罗斯东正教对天主教持排斥态度，也使得起源于天主教中心的近代科学难以在俄罗斯进行传播。

鞑靼蒙古对罗斯将近240年的统治加剧了罗斯与西方在科学文化上的"失联"。

三、金帐汗国统治以及对俄罗斯文化的强化作用

1206年，成吉思汗建立蒙古国，实行远征扩张政策。1240年末，成吉思汗之孙拔都（Батый，1208—1255）率领鞑靼-蒙古骑兵占领基辅，彻底摧毁基辅罗斯建制，继而在伏尔加河下游建立金帐汗国。罗斯人从此饱受对金帐汗国近240年（1243—1480年）的称臣纳贡欺辱。

以往的俄罗斯历史学家大多对金帐汗国对罗斯公国的统治口诛笔伐。近年来，有俄罗斯学者反思道：罗斯人并非完全被动受制于金帐汗国的统治，而是积累了未来复兴的力量，学到了社会治理方法。例如，金帐汗国没有绞杀罗斯公国中的东正教会，为未来的俄罗斯人建立统一国家遗存了一致的精神追求、信仰目标、行为规范、习俗和复兴动力；金帐汗国在以后的200多年中，对罗斯各公国不采取直接占领的方式，而是通过扶持归顺自己的王公达到间接统治目的；金帐汗国对罗斯各公国进行户口登记，减免王公、贵族、教会等权贵的税赋，拉拢罗斯各公国的上流阶层；金帐汗国采用镇守官制度（即"八思哈"制度），由蒙古军官统领罗斯各公国的十户长、百户长、千户长、万户长，形成网络般的军事联络机构。（白建才，2001）[24-25]

金帐汗国时期有如俄罗斯的中世纪。鞑靼-蒙古人对罗斯实施了近240年的统治，破坏了罗斯原有的经济格局和社会结构，使罗斯手工业生产遭受严重打击，丧失了许多传统技术工艺。在这个时期，罗

斯各公国基本没有建成大型的石质建筑，但在客观上使俄罗斯人成为相对独立的民族，强化了斯拉夫文化对俄罗斯民族的内在凝聚力，为日后俄罗斯帝国称霸世界、扩张领土提供了前期准备。在这个时期，虽然罗斯各公国的王公们仍然在不断地相互倾轧，但始终没有忘记结束金帐汗国鞑靼–蒙古人统治的历史使命。

金帐汗国时期是俄罗斯民族性的形成期。源于古希腊的东正教文化和来自东方的蒙古文化在这个时期相撞，产生赋予内在多重矛盾性的欧亚主义文化。例如：在个人与国家管理之间存在着强调个人自由、平等的无政府主义与强调纪律的官僚专制国家意识的矛盾；在民族性的内外表现上存在着对内缺乏民族自信，全民崇拜欧洲强势文化与对外扩张凸显大俄罗斯沙文主义的矛盾；在社会思想中既存在上层知识精英的批判精神，又存在下层民众的保守、顺从的矛盾等等。这些矛盾是引发"最具无政府主义倾向的人民却成了官僚政体最顺从的臣民"的根源，产生了自由和奴性、游走和停滞、勤奋和懒惰、奔放和内敛的二律背反，形成了"民族冲突最多的国家却拥有'各民族解放者'的历史责任感"的奇特现象。

正如著名俄罗斯宗教哲学家别尔加耶夫所言："在俄罗斯，民族性恰恰是它的超民族主义，它与民族主义的绝缘。在这方面，俄罗斯是独特的，不同于世界上任何国家。俄罗斯的使命是成为各民族的解放者。"（别尔嘉耶夫，1999）[8]

四、统一俄罗斯国家的形成

14—15世纪，在罗斯各公国中，莫斯科公国的地位逐渐上升。莫斯科大公与东正教教会之间相互利用、支持。1326年，莫斯科成为整个东正教的中心。由于莫斯科公国的手工业和农业在这个时期得到空前发展，莫斯科大公在罗斯各公国中的地位得以凸显。

1453年，拜占庭被土耳其打败，拜占庭的末代皇帝投靠莫斯科，把自己的侄女索菲娅许配给未来的莫斯科大公伊凡三世[①]。1462年，伊凡三世继位莫斯科公国大公，并把拜占庭的双头鹰国徽用作莫斯科公国的国徽。经过23年征战，伊凡三世于1485年统一罗斯各国为"全罗斯"，同时拒绝向蒙古人纳税，逐渐摆脱金帐汗国的统治，由此赢得了"伊凡大帝"的尊称。1497年，伊凡三世制定了罗斯国首部法典，限制农民自由迁移，确定在罗斯全境施行农奴制。伊凡三世统一制定国家税收、铸币和邮政制度，大力兴建大型建筑，其中就包括克里姆林宫的城墙、钟楼和圣母升天大教堂。他努力把莫斯科公国建成"全罗斯"，这是俄罗斯统一之前的繁华的政治、经济中心。在这个时期，许多基督教修士聚集莫斯科，从修士的人数和素质上大大加强了莫斯科东正教教会的实力，以至于产生了莫斯科是"第三罗马"之说[②]。（Флорь，2010）[189]"到1533年瓦西里三世[③]去世时，俄罗斯的领土已从1462年伊凡三世继位时的43万平方公里扩展到280万平方公里，其疆域北达白海，南至奥卡河，西抵第聂伯河上游，东到乌拉尔山脉的支脉。"（白建才，2001）[64]莫斯科公国甚至与罗马教廷以及其他欧洲国家，像匈牙利、丹麦、摩尔达维亚等国签订了外交协议。

---

① 伊凡三世（也译作"伊万三世"，Иван III，1440—1505）：1462—1505年在位。

② 东正教普斯科夫修道院院长菲洛费依（Филофей）认为：随着拜占庭帝国的灭亡，东正教的世界中心转移到莫斯科。第一罗马（古罗马）衰落了，第二罗马（君士坦丁堡）与天主教缔结并协定陷落了，领导基督教的重任落在第三罗马（莫斯科）的肩上。"第四罗马不会出现。"

③ 瓦西里三世（Василий III，1479—1533）：伊凡三世之子，1505—1533年在位。

（Флорь，2010）[186-187]至此，莫斯科公国-全罗斯已经奠定了统一俄罗斯国家的基础，以欧洲领土最大国的姿态出现于东欧，对欧洲各国产生威慑力。

16世纪中期，当西欧从中世纪阴影中逐渐走出之时，17岁的伊凡四世[①]（即"伊凡雷帝"）登基（1547年），从此出现了"俄罗斯"的称谓以及俄罗斯历史上第一位全罗斯沙皇。伊凡四世施行七年改革（1565—1572年），通过加强中央集权的"特辖制"以取代大贵族赖以生存的封建割据的世袭领地制；积极推动与英国的贸易往来。伊凡四世在位期间，吞并了包括西伯利亚在内的大块异邦领土，在政治、经济、军事等方面巩固了沙皇专制地位。

第二节 彼得一世的"破窗入欧"战略

一、罗曼诺夫王朝的建立

自编年史上开始记载俄罗斯历史的8—9世纪，直至17世纪末，由于受到政治、文化、宗教等多种因素的影响，古罗斯未能发展起自己关于认识世界事物的知识体系。"17 世纪俄罗斯开始面向西方时，

---

① 伊凡四世（也译作"伊万四世"，Иван IV Васильевич，1530—1584）：第一位全罗斯沙皇，1547—1584年在位。瓦西里三世的长子，伊凡三世之孙。因其性格暴烈、镇压手段残忍而被称为"伊凡雷帝"或"伊万雷帝"（Иван Грозный）。

构成俄罗斯传统文化的基本要素是源于拜占庭的精神和艺术以及源于蒙古征服者的结构和制度。"（姚海，1994）^{前言}蒙古对罗斯240多年的统治切断了它与西方在科学方面的联系，使它错过了参加西欧文艺复兴及第一次科学革命的机会。古罗斯人能够掌握的仅限于生产和生活实践中的实用技艺和经验知识。

1598年留里克王朝持续736年的统治结束，在俄罗斯历史舞台上出现政治混乱和权力真空。1613年2月21日，在缙绅会议的推举下，米哈依尔·费奥多罗维奇·罗曼诺夫[①]登基，开启俄罗斯从古代向现代过渡的罗曼诺夫王朝（1613—1917年）。

如果说中世纪文化最典型的特征是宗教渗透到文化的所有范畴，宗教在文化方面占据统治地位，那么俄罗斯文化在17世纪开始呈现"世俗化"进程，并一直持续了整个世纪。教会逐渐丧失在思想和文化财富的生产和传播中的主导作用，俄罗斯文化中的民主倾向日益增强，逐渐从教会的精神专制下解放出来。具体表现是：民用字母开始推广；民用印刷业开始兴起；教育开始普及（各阶层识字率普遍提升）[②]。（孙成木，1995）[58]贵族和城市工商业者的经济和政治地位逐渐巩固，越来越广泛地加入文化世俗化进程。这些人渴望并倡导了新文化，需要学习科学知识和新美学。（苏联科学院历史所列宁格勒分所，1994）[158]

文化世俗化进程引发了俄国社会关于文化发展道路的思考和争论。随着俄国手工业和商业的发展，俄国与西欧各国在政治、经济、

---

① 米哈依尔·费奥多罗维奇·罗曼诺夫（Михаил Фёдорович Романов，1596—1645）：被选出的罗曼诺夫王朝首位全罗斯沙皇，1613—1645年在位。

② 17世纪，俄罗斯在国家机关供职的贵族几乎都识字，在市民及下层居民中已有不少人识字。

文化等领域联系的加强，受到教育的俄国进步社会集团逐渐意识到，科学技术方面的不足是阻碍俄国发展的瓶颈问题，而西欧的进步则恰好来源于近代科学的发展。因此，自17世纪起，尽管东正教势力封锁西欧天主教对俄国的影响，但在世俗层面，俄国政府开始推行向西开放政策。首先，开始从国外大量聘请技术专家、军事家、艺术家和教师。在莫斯科、下诺夫哥罗德、阿斯特拉罕等地都有前来经商或服务的外国人的聚居地，比如，在莫斯科郊区有著名的"日耳曼村"。乌克兰和白俄罗斯等国的知识分子、传教士也纷纷来到莫斯科。他们在向俄国社会介绍西欧科学技术方面发挥了重要作用。（苏联科学院历史所列宁格勒分所，1994）[164]第二，翻译出版在西方具有影响力的经典科学著作（譬如，17世纪50年代俄国翻译了标志着近代科学诞生的著作之一、比利时著名解剖学家维萨里①撰写的科学巨著《人体的构造》）。第三，尝试派遣学生赴国外学习（1602年，俄国派了一批学生前往英国学习，被认为是俄国与欧洲建立科学联系的早期尝试）。（Смагина，2003）[6]到17世纪末期，俄国具备了快速掌握欧洲文化并使其适应俄国的基本条件。有学者认为这是"俄罗斯的文艺复兴时期"（格奥尔基耶娃，2006）[144]。

17世纪的俄国还有一个值得注意的文化现象，即出现一些教会的教育机构。最具代表性的是1631年成立的基辅-莫吉拉学校（Киево-Могилянская коллегия）和1687年成立的莫斯科斯拉夫-希腊-拉丁学院（Московская Славяно-греко-латинская академия）。

---

① 安德雷亚斯·维萨里（Andreas van Wesel，也常作Andreas Vesalius，1514—1564）：比利时解剖学家、医生，近代人体解剖学的创始人。1543年维萨里出版专著《人体的构造》。这一事件被视为近代科学诞生的标志之一。

虽然这两所学校的办学宗旨是培养高级神职人员，以教授宗教知识为主，拉丁语、希腊语、算术、几何、天文、历史、哲学等仅属辅助课程，但它们却是俄罗斯历史上第一批具有"大学风格"（Микулинский et al., 1977）[10]的教学机构，为未来培养俄国本土科学家提供了必要条件。这里尤其应该提到斯拉夫-希腊-拉丁学院，它融合了对科学发展至关重要的两个传统，即"古俄罗斯的希腊学派以及通过基辅和波兰输入的、受天主教影响的拉丁传统"（格雷厄姆，2000）[17]，成为日后包括著名数学家马格尼茨基[①]、百科全书式科学家罗蒙诺索夫[②]在内的众多世俗俄国科学研究者的知识"启蒙园"。

为振兴俄罗斯经济，提升世俗皇权的势力，从17世纪中叶起，罗曼诺夫王朝的第二位皇帝阿列克塞·米哈伊洛维奇[③]在一定程度上放松对外交流的监管，为俄罗斯社会接受外来的近代科学奠定了文化基础。从深层次上看，这种文化基础来源于俄罗斯开放、包容的传统文化属性。即便如此，仍没有改变俄罗斯游离于欧洲社会主流之外的状况。

[①] 马格尼茨基（Леонтий Филиппович Магницкий，1669—1739）：俄国数学家。其编写的《算术》是18世纪前俄国学校数学课的基本教科书，具有广泛影响力。

[②] 罗蒙诺索夫（Михаил Васильевич Ломоносов，1711—1765）：俄国第一批本土科学家之一，在数学、物理、化学、文学、历史、工艺制造等领域均有建树。

[③] 阿列克塞·米哈伊洛维奇·罗曼诺夫（Алексей Михайлович Рома́нов，1629—1676）：罗曼诺夫王朝的第二位全罗斯沙皇，1645—1676年在位。米哈伊尔·费奥多罗维奇之子，彼得一世的父亲。

历史公认：直接带动俄罗斯近代崛起的人是罗曼诺夫王朝的第四位沙皇彼得一世[①]。

二、彼得一世改革思想的缘起

由于俄罗斯民族既受到来自东西方多重文化的冲击，又长期积累出独特的社会秩序、技术工艺和价值观，所以在近代崛起过程中表现出既疯狂扩张疆域，又内敛保守的多重矛盾性。

1682年，10岁的沙皇彼得一世登基，但其皇权被同父异母的姐姐索菲娅公主所把持。少年彼得住在莫斯科郊外的行宫，接受西欧老师的教育，每日沉迷于钻研木工、车工、航海、造船的手艺和训练"游戏"兵团。7年后，彼得一世在"游戏"兵团的策应下，挫败索菲娅的谋权叛乱，正式登上俄罗斯历史舞台。

青年时代的彼得一世经常泡在莫斯科郊外的"日耳曼村"。与西欧文化的近距离接触，加之本人对机械、手工抱有极大兴趣，使彼得一世对西欧科学技术倍加推崇。

17世纪末的俄国没有出海口。为了打通往返亚速海和黑海的通道，彼得一世在1696—1698年间，两次远征位于顿河下游、通往亚速海的要塞亚速夫（当时属于土耳其），发动了以打开黑海出海口为目的的亚速海之征（1695—1696）。两次远征，俄罗斯人先败后胜。取胜的原因在于彼得一世建造了庞大的舰队。为了扩充海上力量，在欧洲寻求反土耳其同盟，以便打开南方出海口，彼得一世率领250多人的考察团从1697年3月至1698年8月先后到普鲁士、荷兰、

---

① 彼得一世（Петр первый，Петр Алексеевич Романов，1672—1725）：全罗斯沙皇，阿列克塞·米哈伊洛维奇·罗曼诺夫之子，1682—1725年在位。从1721年起，改国制、国名，自封为彼得大帝（Петр Великий）。

英国、奥地利和波兰等国微服私访，史称"大使团"活动（Великое Посольство）。在荷兰，彼得一世学习造船术，并和其他留学生一起亲手建造了"彼得保罗号"三桅巡洋艇；在荷兰的代尔夫特由当时著名的显微镜学家列文虎克①指导观察显微镜下的物体；在英国，彼得一世体验民风，考察英国制度；以普通学徒身份在英国海军造船厂研修造船和航海；参观大学和博物馆，多次参加关于天文学和解剖学的讲座；访问英国皇家学会；到格林尼治天文台用当时最先进的望远镜观看星象；与哈雷②等许多著名学者进行了会晤（很有可能见到过牛顿）；购置大量书籍、实验工具与仪器、地图等。（Невская，2000）[17]这次欧洲之行所造访的阿姆斯特丹等城市，不仅是17世纪欧洲的文化中心之一，也是当时科学技术成果最为集中的科学中心之一。"大使团"活动实为一次不折不扣的"科学技术之旅"。通过考察，彼得一世直接接触到当时欧洲的先进理念和科学精神，清楚地看到，俄罗斯与西方之间在科学技术各方面都存在巨大差距。俄罗斯史学家克留切夫斯基指出，彼得一世明白：西欧比俄罗斯早一点建设科学，故而强于俄罗斯。（Ключевский，1983）[15-16]彼得一世起初"在西欧寻找的是技术，而不是文明"（杜立克，2009）[77]。之后他逐渐形成了建立"学者之国"（Республика ученных）（Шарф，2003）[10]的理念。

---

① 列文虎克（Antony van Leeuwenhoek，1632—1723）：荷兰显微镜学家，改进显微镜并建立微生物学，有"微生物学之父"之称。

② 爱德蒙·哈雷（Edmond Halley，1656—1742）：英国著名天文学家、地理学家、数学家、气象学家和物理学家，曾计算出哈雷彗星的公转轨道。

三、彼得一世的改革内容

赴西欧考察使彼得一世大开眼界。他看到俄罗斯与西欧的差距，决定奋起直追。为此，他制定了"破窗入欧"改革发展战略。

在政治上，彼得一世引入西欧国家的部分政治制度，取消俄罗斯原有的贵族杜马（即贵族议会），建立由参议员组成的直属沙皇的枢密院，行使国家行政管理权。新建11个委员会，分管军事（包括陆军和海军）、财务、税务、商务、矿务、工场、外交、司法、检察等职。设立中央集权的州级、省级、市级行政机构和激励普通公民上进的文武官吏升迁制度。为了摆脱陈腐的东正教束缚，彼得一世一方面支持东正教实现从教规、教义到礼制的宗教改革，另一方面命令皇亲国戚从莫斯科移都圣彼得堡。

在经济上，彼得一世采取促商重税政策，在发展商品市场、鼓励国内外贸易通商互惠的同时，狂征暴敛、按丁课税，以增加国库收入。另外，从1700年开始，政府监管并部分回收东正教教会财产。为发展贸易、备战北方战争，从1703年起，彼得一世下令开凿运河、建立码头；陆续兴办采矿厂、冶炼厂、武器厂、造船厂和纺织场，以生产高质量的大炮、枪支弹药、船舰以及其他军需用品。在各项经济政策的推动下，俄罗斯生产力得到极大提升，各种原料、产品丰富充盈。以生铁产量为例，17世纪末期，俄罗斯的武器生产原料只能依赖进口，而仅过了20年时间，1718年俄罗斯的生铁产量已经达到160万普特，直逼当时的强国大不列颠的生铁产量（年产180万普特）。经济改革的成果为俄罗斯军事扩张提供了物质保障。（Алексеев et al., 2018）[18]

在军事上，彼得一世在扩建陆军的同时，缔造了强大的海军。

他通过实行义务征兵制，扩充兵源；通过采取聘用外国军官、保送本国贵族子弟到国外学习军事、开办各种军校（例如海军学校、炮兵学校、工程技术学校、通信技术学校、翻译学校）和引进先进武器等措施提升俄罗斯军队的素质和作战能力。

政治、经济和军事改革，使彼得一世实现了领土扩张、称霸欧洲的梦想。1700—1721年间，彼得一世为争夺波罗的海出海口，向瑞典发动"北方战争"。北方战争以俄军大胜为结局，从此，俄罗斯不仅扩大了近100万平方公里的版图，而且成为濒海国，从波罗的海直驶欧洲。彼得一世在赢得北方战争胜利后，改沙皇俄国为"俄罗斯帝国"，启用"彼得大帝"（Петр Великий）称谓。至此，彼得一世的"破窗入欧"战略初步得以实施。国家现代化更深刻的内涵体现在观念和国民素质的现代化。彼得一世在俄罗斯推行"脱俄入欧"战略的过程中注重改革俄罗斯的文化。他认为俄罗斯是野蛮的民族，一方面需要用野蛮的方法加以脱俗，另一方面也需要通过文化改革完成教化过程。为了实现这一目的，彼得一世向身边幕僚（例如大主教费奥方·普罗科波维奇、受过西方教育的历史学家塔季谢夫[①]等）以及在微服访问西欧行程中遇到的学者、政客广泛征求意见。（陶惠芬，2007）[17-26]

彼得一世通过实施全方位改革方略，使俄罗斯再次与西欧文明接轨。西方近代科学通过体制化的形式向俄罗斯社会注入了新理念、新方法和新规则。如果说，工业化生产的发展为俄罗斯近代崛起绘出一

---

① 瓦西里·尼基季奇·塔季谢夫（Василий Никитич Татищев，1686—1750）：俄罗斯著名历史学家，撰写了第一部俄罗斯通史，是俄罗斯历史地理学奠基人。

条现代化进程的明线，那么，东正教信仰、工匠传统的继承与传播模式则是推动或阻碍俄罗斯现代化发展的暗流。

　　伴随着西方科学革命和技术革命的渗透，俄罗斯走上了一条特立独行的发展道路。

第二章

科学革命的影响与俄罗斯近代
科学（18—19世纪）

西方在17世纪经历了第一次科学革命。这次科学革命虽然没有直接影响俄国近代科学，但是其科学成果却影响了彼得一世及其继承者的国家改革战略。（Микулинский et al.，1977）[137]

第一节　彼得堡科学院的创建

在彼得一世对俄国进行欧化改革之前，俄国还是一片未被开垦的科学荒芜之地。我们似乎无法从科学内部来解释彼得堡科学院得以创建的原因，在逻辑上更为合理的是，从俄国当时的政治、社会、文化等外部条件角度对该问题进行考察。这些考察有助于回答一些基本问题：近代科学为什么能在俄国产生？为什么近代科学产生的时间是18世纪，而不是19世纪或其他世纪？为什么近代科学产生的地点是圣彼得堡，而不是莫斯科或其他城市？等等。

不得不承认，俄国科学文化在18世纪的出现具有一定的偶然性。彼得一世极具个性特色的激进式西化改革不仅加快了俄罗斯民族国家现代化进程，也为俄罗斯选择了一条"跨越式"的发展道路。从这个意义上说，人为因素在俄国科学文化的出现过程中发挥了不可替代的关键作用。

18世纪是俄国科学文化诞生期和重要发展期，而彼得堡科学院的创建和发展是俄罗斯科学文化中最重要的事件。1724年2月8日（俄旧历1月28日），彼得一世签署创立圣彼得堡科学与艺术研究院①（以下简称"彼得堡科学院"）的命令。这是俄罗斯科学技术发展史上的里程碑事件，标志着西欧近代科学被"自上而下"引入俄罗斯。整个18世纪，彼得堡科学院是俄罗斯唯一的科学研究中心。到19世纪，由于俄罗斯高等教育体系的创建与逐步完善，以莫斯科大学、喀山大学等为代表的高校才成为第二个科学中心。得益于彼得堡科学院院士们的辛勤工作，俄罗斯近代科学体系从无到有建立起来，并逐步形成具有独特科学理论和研究方法的俄罗斯"学派"；借助来自德国、瑞士等西欧科学大国的科学家，科学院架起了俄罗斯与欧洲进行科学与文化交流的桥梁。在这个过程中，柏林成为连接圣彼得堡与德国、瑞典、

---

①　圣彼得堡科学与艺术研究院（Академия наук и художеств в Санкт-Петербурге，1724—1747）：亦称"彼得堡科学院"（Петербургская академия наук）或"彼得堡研究院"（Петербургская академия），是俄罗斯科学院的早期名称。俄罗斯科学院建院史的时间段是从1724年2月8日至今。其间，俄罗斯科学院有几次更名。从1925年至1991年为"苏联科学院"时期。

法国、英国科学中心的纽带和中心。

一、创建彼得堡科学院的"外在"条件

（一）文化世俗化的铺垫

俄罗斯社会的"西方化""世俗化"和"军事化"是17、18世纪之交科学文化在俄罗斯产生过程中的关键词。首先，俄罗斯具有面向欧洲、学习欧洲的历史文化传统，这使得俄罗斯引入西欧近代科学具有"近水楼台先得月"的便利条件；其次，俄罗斯文化世俗化过程在17世纪初现端倪，18世纪初兴起，打破了教会对文化领域的垄断地位，加速了国民文化素养的提升及西方科学知识的传播，为西欧近代科学思想在俄罗斯的传入进行了社会文化方面的铺垫；最后，在克服俄罗斯落后状态、建立强大海军、实现领土和贸易方面诉求等目标的指引下，以彼得一世为首的俄罗斯统治阶级产生了以科学为手段富国强军的思想，由西欧引入近代科学的问题被提上议事日程。

（二）政治、军事和经济方面的客观需求

历史证明，一个国家的政治变革、军事扩张、经济发展往往相互联系与作用，且都会大大刺激社会对科学技术的需求。举例说明，13世纪中期鞑靼–蒙古人入侵罗斯后，众多城镇被毁，大量手工艺人被杀或沦为俘虏，许多技术方法和技能被埋没甚至失传，罗斯的经济和文化遭受灾难性破坏。莫斯科公国最终完成了推翻鞑靼–蒙古人的统治、建立统一俄国的政治变革。摆在统治者面前的主要任务是发展军事技术、重建城市和要塞、开拓新的疆土等，这些都促进了科学技术知识在当时的利用和发展。譬如，这个时代在莫斯科、诺夫哥罗德、普斯科夫这些古老城市的建筑就证明，实用性的起重机械等曾得到广泛应用。

17、18世纪之交的俄国还是一个内陆国家，俄国南北方通往西欧的主要海道分别被奥斯曼帝国和瑞典控制。为达到争夺海上霸权的政治目的，彼得一世先后发动了以打开黑海出海口为目的的亚速海之征（1695—1696）以及以夺取波罗的海出海口为目的的北方战争（1700—1721）。配合俄国海上军事扩张，彼得一世先后下令在沃罗涅日城郊以及彼得堡建立造船厂（завод），开始生产大、小型的船舶。此举快速催生了新的武器厂、冶炼厂、火药厂、船帆厂、布场（фабрика）、制绳场、皮革场等其他工场。据统计，在18世纪前25年，俄罗斯共建立200多家作坊式的工场，其中三分之一为冶金和金属加工工场。仅1724年，俄罗斯高炉炼铁厂的铸铁产量就达到116.5万普特，是18世纪初15万普特产量的776%。（Микулинский et al.，1977）[10]随着军工厂、造船厂的壮大，俄罗斯发展了一些实用性的科学技术知识，如数学知识（如借助毕达哥拉斯定理测定目标距离）、物理知识（如大炮的射程与口径的关系、铅和铁的不同比重、消声技术等）、化学知识（如制造炸药时的必要知识）、技术仪器（如罗盘、测角仪、大炮射击时的瞄准镜）等。机械知识以及滑车、起重机、绞盘、水轮车等各类机械装置被广泛应用到建筑业和工厂手工业中。在乌拉尔、西伯利亚地区，各种用途的水力装置成为重要的生产辅助工具，而水力装置所需的金属水轮则带动了铜、铁等金属冶炼厂的发展。由于生产过程中不断产生新的技术要求，人们对物理、化学的原理以及其他相关门类的知识的需求也随之增大。

此外，外交关系的活跃、贸易关系的发展也推动了数学、民族学、航海业、建筑业等领域的知识传播。比如，由于贸易种类的划分，社会上对应用数学的需求与日俱增，运算工具的使用也开始普及。配合国家统治和开拓疆土的政治诉求、边远边界保护和与周边国家贸易的实际需求，需要准确了解各地自然条件、资源、人口、民族、海河道线路等情况，这也促进了地理学、地质学等相关科学研究的发展。俄罗斯的新疆土开拓者和航海家深入西伯利亚腹地，进入太平洋，沿着北冰洋海岸，绕过堪察加，开发了大片新的领土，对世界地理科学做出了贡献。恩格斯说："在中世纪的黑夜之后，科学以意想不到的力量重新兴起，并且以神奇的速度发展起来，那么，我们再次把这个奇迹归功于生产。"又说："社会一旦有技术上的需要，则这种需要就会比十所大学更能把科学推向前进。"（恩格斯，1972）[532]正是在生产发展过程中，生产实践向科学提出了大量需要回答的课题，从而推动科学技术的发展。俄罗斯的发展道路印证了恩格斯上述判断。

（三）彼得一世改革的直接推动

为克服俄国的落后状态，实现富国强军的梦想，彼得一世在政治、经济、文化、社会等领域进行了一系列面向西欧的重要改革。其中，彼得一世"科学强国"的思想为近代科学引入俄国准备了土壤。正如俄罗斯学者指出的那样，得益于快速进行的政治改革，这个庞大的欧亚国家开始对欧洲科学研究发生兴趣，并成为世界科学进步的积极参与者。（Смагина，2003）[18]

在彼得一世的改革措施中有四项内容在近代科学的产生中发挥了关键作用。

第一，成立枢密院（也有人译为"元老院"）。在彼得一世改革之前，旧的政治制度需要的是宗教礼仪的维护者，而不是那些只相信真理，而不相信权威的学者。沙皇最高国家机关——枢密院的出现，使得来自教会方面的政治竞争变得不可能。这为文化的进一步世俗化并摆脱教会的束缚奠定了政治基础。国家机构的改革，奠定了文化领域出现新高潮的基础，教会经院式的知识在世俗文化知识面前逐渐相形见绌。

　　第二，创建职业教育机构。17世纪末至18世纪初，俄国政府出资建立了多所国立普通学校以及莫斯科炮兵学校（1699）、莫斯科数学–航海学校（Школа математических и навигацких наук）（1701）、莫斯科医学校（1707）、莫斯科工程学校（1711）、彼得堡海军学校（1715）等各类专科学校，要求贵族青年注重学习算术、造船术、航海术、建筑等自然科学和实用技术。

　　莫斯科数学–航海学校是俄罗斯历史上第一所职业教育机构，主要培养海员、地质勘探员、地图测绘员。教师队伍中包括著名数学教育家马格尼茨基等。1703年，共有180名来自社会各个阶层的学生在此学习。1712年，学生数量达517人。（Микулинский et al.，1977）[12]纳尔托夫①是该校学生中的佼佼者。需要指出的是，这一时期所有的学校教育都与实际任务紧密相连，大多数老师和学生都来自社会下层。（Микулинский et al.，1977）[14]但正是这个来自社会下层的群体构成18世纪俄国科学的人才库。

　　第三，营造新型城市文化。1703年，彼得一世在一片沼泽地上创建未来的首都——圣彼得堡。与以往俄国城市不同的是，这座城市采用典型的古典专制大国的城市规划，以政府建筑、剧院、博物馆等文化设施取代教堂作为城市的主要建筑。新的城市规划为这座城市带来了荣耀，日后享有"新耶路撒冷""另一个阿姆斯特丹""另一个威尼斯""新罗马""北方巴尔米拉②""北方威尼

　　① 纳尔托夫（Андрей Константинович Нартов，1693—1756）：俄国科学家、工程师。

　　② 很多人都知道圣彼得堡是"北方威尼斯"，但据俄罗斯学者观点，"北方巴尔米拉"的昵称最受俄罗斯人认可。巴尔米拉（英文Palmyra，希腊文Παλμυρα）是叙利亚境内"丝绸之路"上的著名古城。公元1世纪末就已成为连接波斯王朝与罗马的交通发达的贸易中心，并一直维持着地中海东岸重要商业城市的地位，持续繁荣300年之久。

斯""缩微版巴黎"等美誉。更为重要的是，它营造了具有集聚性、辐射性、开放性和兼容性、世俗化的城市文化，体现了新的社会文化价值观，造就了人与人之间新的社交方式，打破了莫斯科在罗斯时代由于一些清规戒律而导致的社会阶层间的隔绝状态，为未来科学文化的产生与传播打下了基础。在波尔塔瓦战争胜利以后，圣彼得堡作为国家首都的地位得到强化，大量的书籍、工具等文化器物从莫斯科运至圣彼得堡。西欧的科学家之所以能接受俄国皇帝邀请，愿意前往"遥远、陌生、陈旧"的俄国工作，与圣彼得堡所拥有的新型城市文化氛围是分不开的。

第四，开放文化知识普及渠道。彼得一世打破了教会对印刷业的垄断，改革了复杂的基里尔字母，发展了俄国的图书出版事业。莫斯科印刷厂以前主要印刷教会书籍，在彼得一世实施改革之后，开始印刷数学、地理学、军事、大地测量、历史、政治等方面的书籍。俄国同期不仅莫斯科的印刷厂数量增加至十几家，而且圣彼得堡也建立了新的印刷厂，并逐渐成为全俄最大的出版中心。不仅出现了诸如马格尼茨基编写的数学百科知识辞典《算术》、莫斯科印刷厂厂长波利卡尔科夫新编的《识字课本》《斯拉夫语语法》等各类教科书，还出现了多部翻译出版的国外科学专著。比如在1708年改革斯拉夫字母以后，出版了第一本俄文译著《直尺和圆规用法》（Приемы циркуля и линейки）；1713年，首次翻译出版了亚里士多德的宇宙学著作《自然观察宝鉴》[①]的俄文版。（格奥尔吉耶娃，2006）[165]开普勒、哥白尼、伽利略、牛顿等西欧著名自然科学家的名字开始在俄国传播。笛卡尔、霍布斯、洛克等西方哲学家的专著也

---

① 笔者认为亚里士多德的宇宙学著作《自然观察宝鉴》的中文应该按照约定俗成译为《宇宙论》或《天象论宇宙论》。

逐一被翻译成俄文。这促进了西方新思潮向俄国哲学和思想领域的渗透。

图2-1　1709年出版的《直尺和圆规用法》封面及部分章节

此外，彼得一世还推动创办俄罗斯历史上第一份官方报纸（1703年1月2日在莫斯科发行，彼得一世亲自参与第一期稿件的遴选和编辑工作）、第一本杂志，创建第一家国立公共图书馆（1714年）和第一个博物馆（1719年）——珍品陈列馆（Кунсткамера）等。其中，国立公共图书馆和珍品陈列馆在科学普及方面尤其发挥了积极作用，为在俄国传播近代科学奠定了社会基础。

（四）西方著名科学家的推波助澜

彼得一世希望把俄国从欧洲的边缘弱国变成占主导地位的东欧强国。他认识到，发展国家需要拥有各领域专家。显然，仅靠派遣年轻人到国外学习一条途径只能解决短期问题或部分问题。为了解决俄国发展的根本问题，必须建设新的载体来承担组织科学并培养本国专家的任务。彼得一世在进行决策的过程中，得到德国著名学者莱布尼茨①、沃尔夫②等人的建议。这些建议对彼得一世的改革起到了推波助澜的作用。

据史料记载，彼得一世与莱布尼茨的交往始于"大使团"年代（1697—1698年），前后持续近20年，直至莱布尼茨逝世。（Копелевич，1974）[178]两人之间有记录的会面仅有三次（1711、1712、1716年）。（Невская，2000）[18]双方的日常联系通过曾担任阿列克谢皇太子老师的久伊谢恩（Гюйссен）男爵、俄国驻维也纳公使乌尔比斯（Урбих）男爵等外交官予以维持。莱布尼茨的许多重要观点在一定程度上影响到彼得一世的科学和教育思想以及改革的路径、方案乃至进程。

莱布尼茨致力于推动在普鲁士、奥地利、俄国等国建立国立科学院。他认为，俄国是"未开垦的土地"，彼得一世是年轻有为的国君，因此，俄国完全可以通过国家集中管理来发展教育和科学，以避免在西方曾出现过的迷惘与错误。科学、文化、教育是互相作用、紧密联系的，因此需要在医学、矿业、钱币制造业等工程技术领域中运

---

① 戈特弗里德·威廉·莱布尼茨（Gottfried Wilhelm Leibniz，1646—1716）：德国哲学家、科学家。莱布尼茨是历史上少见的通才，被誉为17世纪的亚里士多德。在数学方面，他和牛顿先后独立发现了微积分，但他所使用的微积分的数学符号得到更为广泛的使用。在哲学方面，他以乐观主义著称。此外，他在政治学、法学、伦理学、神学、哲学、历史学、语言学诸多领域都留下了著作。他倡导成立国立科学院，为科学体制化做出重要贡献。

② 克里斯蒂安·沃尔夫（Christian Wolff，1679—1754）：德国博学家、法学家、数学家、启蒙哲学家。他将莱布尼茨哲学系统化。莱布尼茨-沃尔夫哲学在康德之前一直在德国占统治地位。他是第一个使哲学本地化的人，是第一个用自己的母语德语来写作哲学文章的思想家。1721年7月，沃尔夫在哈勒大学做了一场名为《中国的实践哲学》的讲演，分析、对比儒学与基督教的异同，极力赞美儒教，认为儒教可以弥补基督教的不足，这对欧洲了解孔子思想起了积极推动作用。

用科学；利用天文观察为航海实践和地理发现带来曙光。莱布尼茨指出，发展和完善科学必须从开设中学做起，这需要得到政府的重视及支持。1712年，莱布尼茨从格赖夫斯瓦尔德（Грейфсвальд，普鲁士的城市）转交给彼得一世一些文件。他建议在莫斯科、阿斯特拉罕、基辅、彼得堡等大城市建立大学，开设思辨艺术和口才学、数学与经济知识以及希腊文、法语、意大利语等课程。他还建议成立由建筑师、医生、化学家、力学家、历史学家等各类学者组成的"委员会"（Коллегия），集中管理教育、书籍出版、书刊检查、艺术、手工艺、发明等领域。委员会成员应该身居高位。总体而言，在莱布尼茨的思想中，教育的社会功能占据了最重要的位置。尽管如此，他的思想可能使彼得一世加深了对"科学在国家中的作用""对科学进行集中管理必要性"等问题的认识。而且，莱布尼茨在论述"委员会"的任务时明确指出，这个机构应关注"在帝国引入、培育、繁荣所有有益的科学"。从这个意义上说，不能忽略这位德国哲学家在彼得堡科学院创建过程中的历史作用。

　　这里要提到另一位重要人物——费科（Heinrich Fick）。费科出生在汉堡。从1715年底起，他作为瑞典行政和法律方面的专家应邀赴俄国供职，负责为彼得一世即将进行的行政管理体系改革秘密搜集材料，并邀请瑞典有经验的官员到俄国工作。因工作出色，费科被彼得一世任命为俄国中央和地方行政管理改革工作的主要负责人之一。在此过程中，费科发现俄国各级政府机关人才短缺，于1718年6月11日上书彼得一世，正式提出培养儿童、为各级政府机关储备人才的建议。彼得一世批示：建立"Академия"，从俄罗斯人中寻找可以承担培养学生任务的人，并开始翻译法律等方面的书籍。（Пекарский，1870）[24]这是彼得一世首次以书面形式下达关于建立"Академия"的任务。俄文"Академия"具有"研究院"和"职业学校"（或学院）双重含义。显然，此处的"Академия"指的不是"研究院"，而是"职业学校"。按照彼得一世的设想，应该从俄罗斯人中挑选相应的老师，而不是从国外引进。由于缺乏符合条件的教师，该设想未能实现。

当然，"需要开办学校、引入科学"的思想并不是西方科学家的专利。一些比较熟悉西方文明的俄国精英人士在亲身接触和体验西欧先进的科学文化以后，也逐渐产生类似想法。代表人物之一是彼得一世的内廷侍臣（спальник）萨尔特科夫。1697年，他被彼得一世派往荷兰学习航海和造船；1711年他又被秘密派往荷兰、法国、英国为俄国海军购买舰船，后来定居英国直至逝世。在国外生活期间，他细心观察西欧的生活方式，研究英国的国家制度，并与俄国进行对比。他于1712年和1714年先后两次向彼得一世呈送自己撰写的关于在俄国进行改革的建议方案。方案涉及发展西欧式教育、寻找可以进入印度和中国的北方海道、开发西伯利亚和中亚地区、发展贸易和工业等方方面面内容。他提出，要借鉴西欧的经验发展教育（包括对女性的教育），以便"在很短的时间内，在所有自由科学领域，赶上最好的欧洲国家。如果没有自由的科学，没有上乘的技术、工艺及产品，国家就不能获得智慧财富（умное имение）"。有俄罗斯学者认为，萨尔特科夫的许多设想不符合俄国现实，并没有直接影响到彼得一世的改革。但从萨尔特科夫的上述观点可以发现，受到西欧影响的俄国精英接受了西欧先进的科学与教育理念。

1717年，彼得一世再次出访欧洲。在法国，他考察了法国索邦大学、国王图书馆，走访了巴黎科学院、动物园、天文台等各种学术机构；搜集各种标本；购置了价值约1000卢布的天文观测仪器和实验设备；与天文学家卡西尼[①]、数学家伐里农[②]、地理学家德利尔[③]等著名学者进行深入交谈并邀请他们赴俄工作。（Невская，2000）[19]在巴黎科学院，多位科学家为彼得一世展示了科学实验、设备及图纸，例如：若弗鲁瓦[④]演示了化学实验，皮雍[⑤]展示了自制的天体仪，杜维内[⑥]做了一个复杂的眼科手术。（Пекарский，1870）[181]这次考察使彼得一世意识到国立科学院对发展实验科学和技术起到支柱作用。

　　虽然在现有史料中没有查到关于彼得一世此后把巴黎科学院作为俄国建立国立科研机构模版的记载，但在日后彼得堡科学院的体制中的确能找到巴黎科学院科学组织模式的身影。比如：1717年12月巴黎科学院授予彼得一世外籍名誉院士（Кузнецова，1999）[24]，日后的彼得堡科学院也设有外籍名誉院士。

　　需要指出，在整个决策过程中，彼得一世本人的意志和思想起到了关键作用。彼得一世参考了西方科学家以及自己幕僚的建议，选

---

　　① 卡西尼 （法文Jacques Cassini，1677—1756）：法国天文学家，天文学界负有盛名的祖孙四代卡西尼家族成员。曾任巴黎天文台台长。他虽然接受了哥白尼的观点，却激烈反对牛顿的引力理论。

　　② 皮埃尔·伐里农（法文Pierre Varignon，1654—1722）：法国数学家。法国应用微积分的先驱之一。主要贡献在静力学方面，是首个说明力距的概念和计算的人。

　　③ 纪耀姆·德利尔（法文Guillaume de Lisle，1675—1726）：法国地理学家。一生共绘制了约100幅地图，并著有关于测量和古代地理的著作，为现代地理学的发展做出了重大贡献。

　　④ 克洛德·约瑟夫·若弗鲁瓦 （法文Claude Joseph Geoffroy，1685—1752）：法国药剂师与化学家。

　　⑤ 让·皮雍（法文Jean Pigeon，1654—1739）：法国著名力学家，以哥白尼理论为基础制作了第一个转动式天体仪。

　　⑥ 约瑟夫·吉夏·杜维内 （法文Joseph Guichard Duverney，1648—1730）：法国解剖学家和耳鼻喉科专家，18世纪法国解剖学派的创始人。曾担任彼得堡科学院未来院长布留缅特罗斯特的老师。

取其中自认为有用的部分。沃尔夫参与邀请外国学者到俄国服务的工作。他在1723年6月写给彼得堡科学院首任院长布留缅特罗斯特①的信中表示，对俄国而言，最好不建立科学院，而是开设几所大学。沃尔夫担心，俄国即使建立了科学院也无法获得类似柏林科学院的成就。事实证明，彼得一世坚持己见。他认为，与科学院相比，大学"不能为发展生产打下科学基础"（Копелевич，1974）[177]。

二、彼得堡科学院发展的"内生"过程

彼卡尔斯基（Пётр Петрович Пекарский）是俄罗斯最早研究彼得堡科学院史的学者。他认为，彼得一世关于在彼得堡建立科学院的想法产生于1720年以前。（Пекарский，1870）[28]1721年初，彼得一世在该设想的实现方面迈出实际步伐。

第一，派人赴西欧进行调研做前期准备。

1721年2月，彼得一世派图书馆馆员舒马赫尔②出访法国、英国、德国、荷兰等国，为筹建彼得堡科学院做前期准备工作。具体任务包括：从巴黎科学院天文台索取工具图纸；在荷兰订购物理实验所需各类仪器；在巴黎邀请天文学家德利尔和解剖学家杜维内，在哈雷（德

---

① 拉夫连基·拉夫连基耶维奇·布留缅特罗斯特（Лаврентий Лаврентьевич Блюментрост，1692—1755）：彼得一世的御医，1725—1733年担任彼得堡科学院首任院长。其父拉夫连基·阿尔费利耶维奇·布留缅特罗斯特（俄文Лаврентий Алферьевич Блюментрост，德文Laurentius Blumentrost，1619—1705）是德国医生，1668年应沙皇阿列克谢之邀来到俄国担任御医，是前彼得时期俄国主要医学专家。

② 伊万·丹尼洛维奇·舒马赫尔（俄文Иван Данилович Шумахер或Иоганн Даниэль Шумахер，德文Johann Daniel Schumacher，1690—1761）：德裔法国（俄罗斯）科学家，历任俄国医学部秘书，彼得堡科学院秘书、顾问等职，曾负责管理科学院图书馆、珍品陈列馆、印刷厂等。

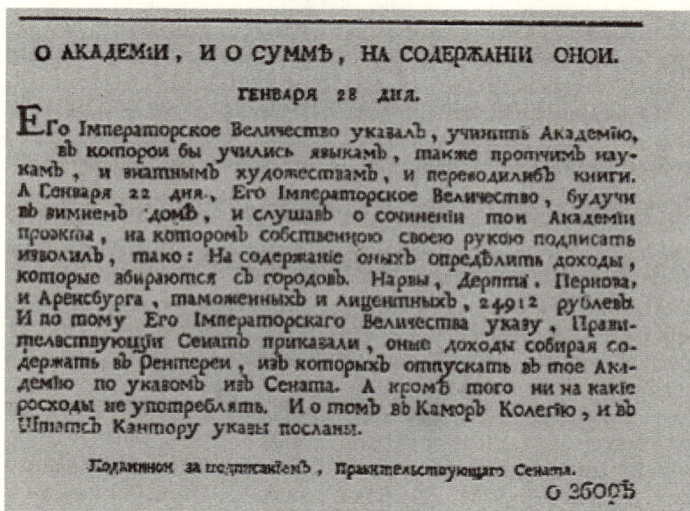

图2-2　1724年2月8日枢密院关于成立彼得堡科学院的批件

国城市）邀请沃尔夫，在伦敦邀请工具制造师赴俄工作。

　　在为期一年半的出访过程中，舒马赫尔深入了解巴黎科学院的运作模式，参加英国皇家学会的会议，与西欧学者交流了里海新地图、西伯利亚鸟类的绘画和文字说明等俄方研究成果，走访多个城市的图书馆和博物馆，并通过多种途径购买了图书、各类实验仪器和设计图纸，以充实彼得堡图书馆藏书和珍品陈列馆的藏品。他出色完成了彼得一世交办的大部分任务。

　　当舒马赫尔返回俄国时，彼得一世还在波斯湾访问途中。1723年初，彼得一世回到彼得堡，听取了舒马赫尔的详细出访报告，查看了他带回的所有物品。同年，彼得一世利用俄国在北方和南方战争[①]中

----

　　① 1721年，俄国结束与瑞典20多年的北方战争。两国签订《尼斯塔德条约》。瑞典丧失大片土地，俄国则取得了波罗的海的出海口，并从此称霸波罗的海，成为欧洲列强之一。1723年，俄国通过南方战争占据波斯的巴库和拉什特。

图2-3　彼得堡科学院首任院长布留缅特罗斯特（1692—1755）

取得军事胜利所带来的和平期，指示御医布留缅特罗斯特规划彼得堡科学院的建设规模以及专业设置，编制科学院章程草案。

第二，制定并颁布彼得堡科学院章程草案。

彼得一世亲自制定了《科学与艺术研究院章程草案》（Проект положения об учреждении Академии наук и художеств，以下简称"章程草案"）的基本框架。1724年2月2日（俄旧历1月22日），俄国枢密院讨论并通过了《章程草案》。该文件虽名为"草案"，但在1747年以前却是彼得堡科学院唯一的章程性规定。《章程草案》明确了彼得堡科学院的性质、目的、组织机构、学术研究领域及日常工作管理等内容，共计29项条款。

《章程草案》首先界定了"大学"（университет）和"科学院"（академия）之间的区别：大学指在科学上达到一定水平，并负责教授年轻学生的科学家集合体。在科学院中，那些通晓科学成就的科学家们的职责在于通过新的发现来努力完善和增加科学知识。建立

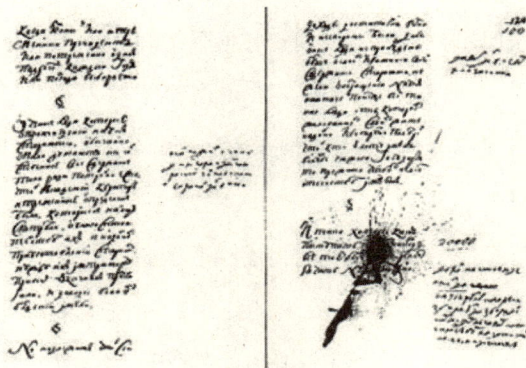

图2-4 彼得一世修改章程

科学院的目的就是：增长人类知识，促进国民教育，以便提升国家名誉。（Невская，2000）[25]

《章程草案》规定：彼得堡科学院属于国家机构，不从属于枢密院，而直接"在皇帝的管理和保护下"（Копелевич，1974）[190]。就内部管理而言，这个机构应该"自主管理"，有权从自身成员中选举"常任"院长。（Копелевич，1974）[190]①科学院聘用的研究人员属于国家公职人员，由枢密院挑选、任命。研究人员的年薪、住宅、木柴和蜡烛等物资条件（大致与当时西欧大学教授获得的物质保障相当）也由国家提供。（Невская，2000）[29]因此，彼得堡科学院的研究活动属国家行为，研究成果相应地归国家所有。这对于刚刚形成"把科学事业作为国家公务"概念的俄国非常重要。

彼得堡科学院拥有数学、物理、人文等三级研究领域，下设附属中学和大学。科学院聘用的研究人员分为院士（академик，即教授

———————

① 事实上，在彼得一世逝世以后的很长时间内，彼得堡科学院并未享有管理自主权。

профессор）和研究助理（адъюнкот）两种类型。科学院成员肩负发展科学和普及知识的双重使命，院士兼职附属大学教授，而院士培养出的优秀大学生则兼任中学教师。彼得堡科学院没有自主选举院士的权利（这条规定直至1747年才得到修订。1747年以后，俄国科学院开始自主选举院士）。

《章程草案》强调了彼得堡科学院作为"研究团体"（исследовательский коллектив）的作用，对院士的权利和义务进行了规定。院士享有自由使用图书馆和珍品陈列馆、通过图书管理员借出必要书籍和工具等权利，但同时必须履行以下义务：跟踪了解本领域的科学发展成就，并努力推动其后续发展；出席每周的学术例会，展示个人研究成果，并在例会上与其他专业的研究人员分享研究经验、发表意见（Невская，2000）[29]；向科学院秘书处报告自己的发明和发现，并在必要情况下接受皇帝及幕僚们的评论；为一些优秀的外国科学书籍编写摘要，并将所讲授的教科书翻译为俄语。

与其他国家的科学院章程不同的是，《章程草案》明确了彼得堡科学院的经费规模——24912卢布。这在当时是一笔数目惊人的经费，相当于从纳尔瓦、杰尔普特、派尔努、阿伦斯堡（均为爱沙尼亚的城市）等城市征缴的商业税总额。（Копелевич，1974）[187]根据此预算，除去支付工资部分，彼得堡科学院还有5500卢布的额度可用来购买书籍、进行试验或支付木柴、蜡烛及其他开销。而当时巴黎科学院类似开销是12000里弗尔（约合3000卢布）；柏林科学协会相关额度为1000泰勒（约合750卢布）。（Копелевич，1974）[192]①

---

① 里弗尔和泰勒分别为法国和德国的古代货币。

第三，向西欧通报信息并邀请西欧科学家。

1724年2月8日枢密院发布成立科学院的命令之后，俄国政府马上通过以前建立的各种渠道，向西欧各国通报成立科学院的消息。由于渠道畅通，4月17日出版的莱布尼茨的《新学术消息》（Новые ученые ведомости）杂志刊登了这条消息，同时刊登了彼得堡科学院《章程草案》的摘要（主要涉及院士的义务部分）。此后，该杂志又陆续介绍了科学院附属大学简况、拟讲授的课程、邀请西欧科学家到彼得堡工作的有关进展等，对创建初期的彼得堡科学院进行了良好宣传。

按照设想，彼得堡科学院拥有三级研究领域，在最初阶段设立11名院士。（Невская，2000）[7]相关研究领域包括：

第一级：数学。包括高等数学（算术、代数、几何的理论研究）、应用数学（天文学、地理学、航海学所需要的数学知识）、力学、生理学。

第二级：物理学。包括理论与实验物理学、解剖学和动物学、化学和应用医学、植物学等研究方向。

第三级：人文学科。包括演说与教会史、古代与近代史、自然法与公共法、逻辑与形而上学等研究方向。（Невская，2000）[26]

由于拟邀请的科学家将来除了从事科学研究工作，还需在科学院附属大学用拉丁文进行授课，因此彼得一世要求邀请具有"大学风格"的科学家，以便将科学院框架下的教育提升到欧洲大学的水平。（Копелевич，1974）[192]

彼得一世任命舒马赫尔为科学院的责任秘书，负责从国外邀请彼得堡科学院未来的院士。布留缅特罗斯特也开始频繁与国外进行通信予以推动。候选人员的挑选和推荐工作得到了德国哲学家沃尔夫、德国天文学家多佩尔迈尔[①]以及莱布尼茨的杂志《科学论文集》（Acta Eruditorum）出版人门克等人的积极协助。

俄国驻法国大使库拉金（Борис Иванович Куракин）、驻普鲁士大使格罗夫金（Александр Гаврилович Головкин）等俄国外交官在挑选西欧科学家的工作中发挥了重要作用。1725年3月6日（俄旧历2月23日），叶卡捷琳娜一世[②]转发了彼得一世颁给库拉金大使的诏书"关于邀请科学家至俄罗斯科学院并为有意前往者提供必要补助"（О приглашении учёных людей в Российскую академию наук и о выдачи, желающим ехать в Россию, нужных пособий）。俄罗斯科学院档案馆保存了彼得一世与驻外使臣之间的数十封信件。信中显示，驻外使臣利用自己在欧洲科学生活中消息灵通的优势，积极贯彻彼得一世的政策并维护祖国的利益。他们编写相关科学家的简要介绍材料，并负责考核一些被推荐的人选。格罗夫金在给布留缅特罗斯特的信中建议，不论是对于那些"对我们急需发展的事业有益"的人员，还是对于通过与彼得堡之间的谈判来抬升自己在欧洲的价值的人员，俄国方面都应保持克制和谨慎。（Копелевич，1974）[193-194]

根据欧洲的惯例，彼得堡科学院与被邀请的科学家签署书面合同，确认相关权利和义务。第一份合同于1724年9月1日签订，对方签约人是德国植物学家巴克斯鲍姆（Johann Christian Buxbaum）。（Кузнецова，1999）[26]他是首批院士中唯一一位在俄国签合同的人。

---

① 约翰·多佩尔迈尔（Johann Gabriel Doppelmayr，1677—1750）：德国数学家、天文学家、制图家。

② 叶卡捷琳娜一世（Екатерина Алексеевна，1684—727）：彼得一世的第二任妻子，俄罗斯帝国第二位皇帝，1725—1727年在位。

之前他在俄国政府设在彼得堡的医学部已经工作多年，负责管理药用植物园。巴克斯鲍姆一生研究了约500种植物，发现了若干俄国稀有植物品种。截至1725年，共有17位西欧科学家接受了彼得堡科学院的邀请。除巴克斯鲍姆外，还有多位当时在欧洲学术界已拥有相当地位的人物，比如法国天文学家德利尔[①]（他当时既是巴黎科学院院士，也是法国历史最悠久的学术机构法兰西公学院的数学教授。与他的谈判持续了好几年，后来在库拉金的协助下，终于成功将其邀请至彼得堡）、瑞士数学家赫尔曼[②]（他是数学界久负盛名的瑞士"伯努利家族"[③]中雅各布·伯努利的得意门生。早在1701年他就当选了柏林科学院院士。来到俄国之前，他已在意大利帕多瓦大学及德国法兰克福等地担任教授长达20年，在欧洲数学界享有广泛知名度）、"伯努利家族"中的尼古拉·伯努利[④]和丹尼尔·伯努利[⑤]两兄弟、德国数学家

---

① 约瑟夫-尼古拉斯·德利尔（俄文Жозеф-Никола Делиль，法文Joseph-Nicolas De L'Isle，1688—1768）：法国天文学家、制图家。

② 雅各布·赫尔曼（Jacob Hermann，1678—1733）：17—18世纪杰出的数学家。专门研究经典力学等问题。可能是最先表明拉普拉斯-龙格-楞次矢量守恒的科学家。柏林科学院、彼得堡科学院、法国科学院院士。1725年任彼得堡科学院院士并获得高等数学教授职称，从1731年起任彼得堡科学院外国名誉院士。

③ 世居瑞士的伯努利家族（Bernoulli family）是数学史和科学史上最杰出的家族之一。17—18世纪，该家族三代中出现了八位非常了不起的数学家和科学家。其中以雅各布·伯努利（Jacob Bernoulli）、约翰·伯努利（Johann Bernoulli）和丹尼尔·伯努利（Daniel Bernoulli）三人的成就最大。伯努利家族在17—18世纪的微积分的发展和应用上扮演着领导角色。

④ 尼古拉·伯努利（俄文Николай Бернулли，1695—1726）：瑞士法学家、数学家。1716年成功解决莱布尼茨提出的"矩形路径"问题。1725年应邀到彼得堡工作，次年因病去世。

⑤ 丹尼尔·伯努利（俄文Даниил Бернулли，1700—1782）：瑞士物理学家、数学家。气体动力学、流体力学和数学物理奠基者之一。

比尔芬格[①]（来到俄国之前，他已拥有德国哈雷-维滕贝格大学的哲学教授和数学教授头衔）等。

在西欧，特别是德国，拥有"教授"头衔的人享有崇高的社会地位。邀请这些人放弃原来的一切而来到彼得堡科学院工作并不是一件容易的事情。为了吸引并留住这些外来科学家，彼得一世为他们提供了最优惠的物质条件，不仅支付高额的薪酬，还免费提供住房及生活用品，并报销差旅费等一些必要开支。彼得堡科学院成立当年，俄国政府拨付给科学院的经费占全国年收入的0.3%。（Пономарева，1999）[5]据1870年出版的《彼得堡皇家科学院史》记载，科学院研究人员的薪酬较高。比如，1726年德利尔的年薪是1800卢布，赫尔曼的年薪为1500卢布。由于他们在来彼得堡之前就已在欧洲享有知名度，而且是其他科学院的院士，因此他们获得了高收入。其他教授的年薪从500到1000卢布不等，研究助理的年薪则是300卢布。（Пекарский，1870）[34]叶卡捷琳娜一世登基后，布留缅特罗斯特利用叶卡捷琳娜一世对科学院的庇护和支持，为院士及他们所带的学生争取到了彼得堡瓦西里岛上的住处，相关费用由国家承担。房子的原主人是男爵莎菲罗夫（Пётр Павлович Шафиров），他曾是彼得一世时期的高级外交官，也是俄罗斯帝国最高荣誉勋章——圣安德烈大帝勋章（Императорский орден Святого апостола Андрея Первозванного）的获得者。他的住所是当时彼得堡最好的房子之一。可见，外国院士们在俄国的待遇相当不错。

---

① 格奥尔格·比尔芬格（Georg Bernhanrd Bilfinger，1693—1750）：德国数学家、物理学家、哲学家。1725年任彼得堡科学院院士，1726—1730年任彼得堡科学院逻辑学和数学教授，为俄国创办实验物理和理论物理学派。从1731年起任彼得堡科学院外国名誉院士。

　　更重要的是，俄国提供了便利的科研条件。学者们不受教条和权威的束缚，不迷信于权威。这样的学术环境对于那些希望另辟蹊径开创学术辉煌的外国科学家（尤其是年轻科学家）而言颇具吸引力。1725年11月10日，比尔芬格在给友人拜耳[①]的信中写道："在这里，我们拥有科学发展的一切必要条件。每个人从事的都是自己最喜爱、最熟悉的科学研究……我相信，其他任何一个科学院或者大学都没有类似这里的保障和特权。关于这里的图书馆，我要说，请您相信我，只要是与科学有关的任何一本书，不管是数学的、医学的还是物理的，哪怕是相当稀缺的书籍，在这里没有找不到的。"（Смагина，2004）彼得堡科学院院士、后来享誉欧洲的数学家L. 欧拉[②]也曾回忆道："我和所有其他有幸在俄罗斯帝国科学院工作的人都不能不承认，我们的现状和拥有的一切都应归功于我们以前在那里所享有的优越条件。"（格雷厄姆，2000）[27]

　　1725年，彼得堡科学院首批院士终于如期抵俄，其中德国科学家占据多数；他们平均年龄为24岁，多数单身，年龄最大的47岁（当年彼得堡科学院全体成员信息见表2-1）。（Кузнецова，1999）[27-28] 1726年1月1日（俄旧历1725年12月21日），枢密院发布"关于成立科学院并任命御医布留缅特罗斯特为院长"（О заведении Академии наук и о назначении президентом оной лейб-медика Л.Л. Блюментроста）

---

　　① 高特利普·拜耳（俄文Готлиб Зигфрид Байер，德文Gottlieb Siegfried Bayer，1694—1738）：德国哲学家、历史学家，彼得堡科学院首批院士之一。俄罗斯"科学史"学科奠基者。

　　② 莱昂哈德·欧拉（Leonhard Euler，简称L. 欧拉，1707—1783）：瑞士数学家、自然科学家，18世纪数学界最杰出的人物之一。不但在数学领域成果卓著，而且把数学用到了几乎整个物理领域，包括天文学。对彼得堡科学院的组织管理沥尽心血。1783年去世后葬于俄罗斯圣彼得堡。

的命令。1726年1月7日（俄旧历1725年12月27日），彼得堡科学院成立庆典暨首次全院大会隆重举行。叶卡捷琳娜一世携安娜公主和伊丽莎白公主出席，枢密院议员、教会主教、将军、外国使节等彼得堡所有的显贵悉数到场，参加活动的总共400余人。比尔芬格和赫尔曼分别就"科学在社会生活中的作用""彼得堡科学院的任务"以及"在陆地和海洋上确定经度的最佳方法"等当时最重要的若干科学问题做了学术报告。（Невская，2000）[6, 44-45]俄国近代科学研究的大幕正式拉开。

表2-1　1725年彼得堡科学院全体成员一览表[①]

序	姓名	生卒	国籍	职务	抵离科学院时间
1	赫尔曼（Я. Герман）	1678—1733	瑞士	高等数学院士	1725.8.14—1730.9
2	马尔基尼（Х. Мартини）	1699—1739	德国	逻辑与形而上学院士	1725.6—1729.5
3	科尔（И. П. Коль）	1698—1778	德国	演说学与教会历史院士	1725—1727.8
4	比尔芬格（Г.Б.Бильфингер）	1693—1750	德国	实验与理论物理院士	1725.8.11—1731.1
5	尼·伯努利（Н.Бернулли）	1695—1726	瑞士	力学院士	1725.10.27—1726.7.29
6	丹·伯努利（Д.Бернулли）	1700—1782	瑞士	生理学院士	1725.10.27—1733.6.24
7	德利尔（Ж. Н. Делиль）	1688—1768	法国	天文学院士	1726.2—1747

[①] 作者根据俄罗斯学者专著及维基百科俄文版整理。

续　表

序	姓名	生卒	国籍	职务	抵离科学院时间
8	巴克斯鲍姆（И. Х. Буксбаум）	1693—1730	德国	植物学院士	1725—1729.8.11
9	哥德巴赫（Х. Гольдбах）	1690—1764	德国	科学院学术秘书	1725—1742.3.18
10	比格尔（М. Бюргер）	1686—1726	德国	化学与实用医学院士	1726.3.13—1726.7.26
11	杜维诺伊（И. Г. Дювернуа）	1691—1759	德国	解剖与动物学院士	1725.12—1740.5.25
12	拜耳（Г. З. Байер）	1694—1738	德国	古希腊与古罗马学院士	1726.2.17—1737
13	贝肯斯坦（И. С. Бекенштейн）	1684—1742	德国	法学院士	1726.6.24—1735.5
14	迈尔①（Ф.Х.Майер）	1697—1729	德国	数学"特职教授"②	1725.8.11—1729.12.5
15	葛罗斯（Х.Гросс）	1696—1742	德国	道德哲学"特职教授"	1725.8.11—1731
16	威特布雷希特（И.Вейтбрехт）	1702—1747	德国	研究助理	1725—1747
17	米勒（Г.Миллер）	1705—1783	德国	研究助理	1725.11—1765

---

　　① 迈尔和葛罗斯是作为比尔芬格的学生与其一起来到俄国的。他们在来俄一年之内均被聘为特职教授。

　　② 特职教授（俄文Экстраординарный профессор，德文Außerordentlicher Professor）是德国高等教育体系中的一种职称，不属某一具体教研室。

第二节 近代科学在俄国的本土化进程

　　1724年彼得堡科学院的建立，标志着俄国近代科学建制化的开端。彼得一世以后的历任皇帝基本上延续了把科学研究视为国家利益载体的思想，通过行政命令、财政支持等多种方式维持彼得堡科学院的继续存在和正常运转。虽然彼得堡科学院时常面临财政预算困难的问题，拖欠研究人员工资的情况也曾发生，但科学院研究人员获得的工资足以满足其个人和家庭的需求。比如，L. 欧拉在彼得堡科学院研究期间的家属数量曾一度超过18人，但科学院的薪酬仍能使他的家庭维持较为丰裕的生活。由于生活上衣食无忧，实际教学工作也并不繁重，彼得堡科学院的研究人员得以全身心地投入到科学研究中去。总之，在18世纪的俄国，彼得堡科学院是唯一把科学研究工作当作主业，并完全保障运行经费的机构，彼得堡科学院的研究人员也成为俄罗斯历史上的首批职业科学工作者。

　　下面这一组数字可反映出俄国科学家群体的规模变化。1725年彼得堡科学院首批研究人员为17人（其中包括赫尔曼等13位教授，米勒等2位研究助理，迈尔等2位大学生），此外还有17位辅助人员（包括3位教师、3位翻译、2位抄写员、2位绘图员、2位珍品陈列馆工作人员等）；1727年8月，科学院的编制超过80人，其中从事科学工作的人员为25人（包括15位教授、1位研究助理、9位大学生），另有7人在新成立的科学院印刷厂工作；到1741年，科学院工作人员的规模达到321人，但是教授数量却没有变化。（Копелевич，1974）[203]从这组数字可以看出，18世纪上半叶，教授级科学家的数量在俄国增长很慢。从整个18世纪来看，在彼得堡科学院供职的院士和研究助理只有110人。（Невская，2000）[7]

然而，正是在为数不多的学者中间，产生了以L.欧拉（来自西欧）和罗蒙诺索夫（来自俄罗斯本土）为代表的世界级科学大师。1745年，罗蒙诺索夫被评为彼得堡科学院化学教授。1746年，年仅18岁的拉祖莫夫斯基[①]被任命为彼得堡科学院的院长。他是科学院史上第一位俄籍院长（1746—1798年在任，领导科学院超过半个世纪）。此后，克拉舍宁尼科夫[②]（1750）、波波夫[③]（1751）、鲁莫夫斯基[④]（1767）、列皮奥欣[⑤]（1771）等俄籍科学家陆续当选彼得堡科学院院士。通过这些俄籍科学家的生平资料可发现，他们的学术成长轨迹大致相同：首先进入彼得堡科学院附属中学或大学学习，然后被官方派往西欧的大学进行深造，最后返回俄国，成为相关科学领域的领军人物。至18世纪末期，在彼得堡科学院中已有27名俄籍院士或研究助理。（Невская，2000）[7]这标志着俄国本土职业科学家已初步形成规模，俄国科学开始进入"本土化"的发展时期。

----

① 拉祖莫夫斯基（Кирилл Григорьевич Разумовский，1728—1803）：伯爵（1744—）。随兄拉祖莫夫斯基（伊丽莎白女皇的秘婚丈夫）到圣彼得堡。15岁被女皇派到法国、意大利留学，曾师从L.欧拉。

② 克拉舍宁尼科夫（Степан Петрович Крашенинников，1711—1755）：俄国博物学家、民族学家、地理学家，任彼得堡科学院自然史研究助理（1745—1750）和植物学、自然史教授（1750—1755），参加第二次堪察加考察，著有《堪察加地志》（1756）。

③ 波波夫（Никита Иванович Попов，1720—1782）：俄国天文学家，在月球理论方面有新发现，曾在伊尔库茨克参加金星凌日观测。

④ 鲁莫夫斯基（Степан Яковлевич Румовский，1734—1812）：俄国天文学家。整理分析了对金星凌日的观测资料，编制了俄罗斯第一份天文点一览表。

⑤ 列皮奥欣（Иван Иванович Лепёхин，1740—1802）：俄国博物学家。

图2-5 纳尔托夫和其改造过的车床

一、纳尔托夫的贡献

纳尔托夫从1709年起在莫斯科数学–航海学校当车工。1712年彼得一世发现了纳尔托夫的才华，把他招到圣彼得堡做宫廷御用车工技师。为了复制浮雕工艺品，纳尔托夫设计和制造了一系列机床。1717年，纳尔托夫在世界上首次发明了带移动刀架和配套齿轮的螺纹加工机床[①]（токарно-винторезный станк с механизированным суппортом и набором сменных зубчатых колёс）。该发明不仅引发了车床业的革命，更为俄国从手工工场生产向工厂生产转变创造了重要的技术前提。此外，他还发明了速射炮台、调节角度用的升降螺杆、车削炮耳轴的机器等多种机械。1718年彼得一世派纳尔托夫到普鲁士、荷兰、法国和英国"学习力学和数学知识"以完善车床工艺。纳尔托夫回国后，改进了彼得一世从国外购买的车床，提升了加工能力。在这个过

---

① 亨利·莫兹利（Henry Maudslay，1771—1831）于1800年制造出与之类似的带移动刀架、丝杆和光杆的螺纹加工机床，被称为"英国机床工业之父"。

程中纳尔托夫增进了与彼得一世的私人关系，提升了个人在宫廷中的地位。

纳尔托夫在彼得堡科学院为发展实验物理学起到了重要作用。根据纳尔托夫的建议，在《科学与艺术研究院章程草案》中，明确规定：科学院的工作人员不仅包括科学家，还包括艺术家、雕塑家、设计师和木工、细木工、车工、钳工、雕刻技师等。彼得一世去世后，由于叶卡捷琳娜一世强调在科学院中应该主要发展科学，致使纳尔托夫的建议没有得到有效实施。但是，纳尔托夫为彼得堡科学院制作出各种实验设备、工具，奠定了俄罗斯实验物理学派的实验基础。

二、罗蒙诺索夫对俄国近代科学发展的作用

米哈伊尔·瓦西里耶维奇·罗蒙诺索夫在18世纪俄国科学文化中占据重要位置。1711年，他出生于位于北德维纳河三角洲的阿尔汉格尔省杰尼索夫卡村一个较为富裕的渔民家庭，是波莫里亚人[①]的后代。这个地区虽位于遥远的北极地区，但特殊的地理位置使它幸免于蒙古–鞑靼人的统治，并逐步发展为由西欧经阿尔汉格尔斯克等港口的主要海运进口通道。因此，这个地区工业、商业和文化均较为发达，识字人数较多，受外来文化的影响也较深。童年时代，罗蒙诺索夫酷爱阅读，喜欢在船厂观察水车、制材机以及各类车床工作的情况，对机械技术产生了浓厚兴趣。1730年底，他前往莫斯科求学，1731年初假冒贵族身份成为莫斯科斯拉夫–希腊–拉丁学院的学生，1734年转入基辅–莫吉拉学院学习。在莫斯科和基辅学习期间，罗蒙诺索夫主要研读神学、哲学和逻辑学、物理、数学方面的书籍。1735

---

① 指白海、巴伦支海沿海的俄罗斯居民。

图2-6　罗蒙诺索夫（1711—1765）

年，适逢彼得堡科学院正设法解决附属大学生源不足的问题，罗蒙诺索夫幸运地成为被保送进入附属大学的12名学生之一。1736年1月，他正式转入彼得堡科学院附属大学学习。随后，由于被发现进入斯拉夫–希腊–拉丁学院时的身份文件造假，他不能继续学习神学，转而学习自然科学。不久，对他学术成长至关重要的机会降临。为满足国家对采矿化学家等人才的需求，彼得堡科学院决定选拔并派遣留学生赴德国学习。1736—1740年，罗蒙诺索夫被派往德国学习矿业和冶金，其中三年在马尔堡大学，师从沃尔夫；大约一年在弗莱堡大学，师从亨克尔①。1741年，他回到彼得堡科学院，1742年成为物理学研究助

①　约翰·亨克尔（德文Johann Friedrich Henckel，1678—1744）：德国医生、矿物学家、冶金学家、化学家。

理。1745年，罗蒙诺索夫被评聘为彼得堡科学院化学教授，同时成为科学院史上第一位俄籍科学院士。1748年，他创建了俄国第一个化学实验室。1755年，在伊丽莎白①女皇和舒瓦洛夫②的支持下，罗蒙诺索夫创办了莫斯科大学，对发展俄国地质学、矿业学、语言文学、历史、经济、地理等领域的科学学派起到重要作用。1760年和1764年，罗蒙诺索夫分别当选瑞典科学院院士和意大利博洛尼亚科学院院士。1765年4月15日因肺炎在彼得堡逝世。

在自然科学领域，罗蒙诺索夫的成就主要体现在化学和物理方面。他最早应用天平来测量化学反应的重量关系。1756年，他将金属锡置于一个密闭容器中燃烧，结果发现燃烧前后的重量并未发生变化，但如果放在空气里加热，质量就会增加。通过这个实验，罗蒙诺索夫得出"参加反应的全部物质的重量，等于全部反应产物的重量。所有化学变化只能从一种形式转化为另一种形式"的结论，提出在化学变化中存在物质质量守恒的思想。他在1748年7月5日写给L. 欧拉的信件中提出，"一种东西失去多少，另一种东西就获得多少"的规律适用于运动的诸法则，"一个物体如果靠本身的动力使另一物体产生运动，那么前者由于推动而失去的动量，必然等于后者受推动时获得的动量。"这说明，罗蒙诺索夫意识到在自然界中存在能量守恒规律。

---

① 伊丽莎白·彼得罗芙娜（Елизавета I Петрóвна, 1709—1762）：彼得一世与叶卡捷琳娜一世的第三个女儿，1741年登基，也称"伊丽莎白一世"（Елизавета I）。

② 舒瓦洛夫（Иван Иванович Шувалов, 1727—1797）：俄国政治活动家，伊丽莎白女皇的宠臣，慈善家，莫斯科大学和圣彼得堡美术学院（即现在的"列宾美院"）创建人之一。

1752年，罗蒙诺索夫在彼得堡授课时首次提出"物理化学"（即用物理学原理和方法研究化学现象）的概念（Vucinich，1970）[388]，开创了化学领域里的一个重要分支。这种"交叉科学"的思想在当时非常超前，今天看来仍然具有重要意义。因此，他被称为"物理化学的鼻祖"。

罗蒙诺索夫把化学的理论部分与应用部分分别称为"物理化学"和"工艺化学"。在工艺化学方面，罗蒙诺索夫利用化学知识提出了植物学中的"碳素营养"概念，研究出了制造各种彩色玻璃的配方，恢复了马赛克工艺，并于1753年在俄国创办了玻璃马赛克工厂。由他完成的著名马赛克镶嵌画《波尔塔瓦战役》得到沙皇叶卡捷琳娜二世的认可。

在物理领域，他提出了微粒-原质学说，认为物质是由非常小的微粒组成的，而微粒又是由原质组成的。如果物质是由同一种粒子组成的，便是单质；如果物质是由几种不同粒子组成的，便是化合物。物质的性质并不是偶然形成的，它取决于组成物体微粒的性质。这里的"微粒"相当于后来的分子，而"原质"就相当于后来科学上所称的原子。罗蒙诺索夫的"微粒-原质"学说（相当于"原子-分子"学说），把原子说向接近物质结构的本质推进了一大步。

他反对当时盛行的热素说①，创立了热的动力学说，指出热是物

———————

① 流行于18—19世纪的"热素说"认为，热是一种特殊的、没有重量和体积的物质，即所谓热素，它可以渗透到一切物体之中，物体的冷热决定于含热素的多少，热素能够从高温物体流向低温物体，并且不生不灭。直到有关的科学知识在这种假说的指导下逐步积累起来以后，才最终被英国科学家戴维在真空中做的冰块实验所推翻。冰块因摩擦发热而融化成水的事实彻底否定了热素说，使热的运动说成了有充分科学根据的真理。

质本身内部的运动，从本质上解释了热的现象；1741年提出了气体分子运动论，认为气体是大量做永不停息随机运动的分子，快速运动的分子不断地碰撞其他分子或容器的壁。气体分子运动论通过分子的组成和运动来解释气体的压强、温度、体积等宏观性质，否定了牛顿关于气体压强来自分子之间静态排斥的猜想。

此外，他还研究电而且揭示了雷电的奥秘；研究地貌并提出了极地巨冰的起源说与近代大地构造说，将海洋和山脉的形成解释为地层的下沉或上升；对大气电、闪电和北极光等自然现象做出了正确的解释，发明了避雷针、水平仪、夜间望远镜、风速计、航海气压计等仪器；研究并发现了金星外围大气层的存在，创立了地球以外的其他星球存在生命的假说，改变了人们对宇宙的观念；首次记录了水银的凝结现象；写作了俄罗斯第一首新体长诗，用俄文撰写了《修辞学》（Риторика，也有人译为"讲演术"）与《俄国（语言）语法》（Российская грамматика）等。

罗蒙诺索夫是俄罗斯历史上第一位百科全书式的科学家，其研究领域涵盖了物理、化学、地质学、天文学、矿物学、冶金学、航海学、哲学、文学、语言学、历史学等诸多领域。他的很多科学思想具有超前性，被誉为俄罗斯自然科学的奠基者，"俄罗斯科学史上的彼得大帝""俄罗斯的第一所大学"（普希金语）。罗蒙诺索夫的符号意义还在于，他为当时的俄国埋下了宝贵的科学种子，他的科学探索精神成为后世效仿的楷模。

三、科学家在俄国的地位

随着科学研究活动在俄国成为一种有组织的社会活动、科学家作为一种新的社会角色出现，一个以科学家声望标准为基础的新的职业等级制度也随之建立。或者说，科学成为社会价值的一个新的评价尺度。与其他欧洲国家不同，除教授、研究助理等技术等级外，俄国还将科学家的职业等级纳入政府官员的官阶管理制度中。比如，罗蒙诺索夫在1745年7月25日获得彼得堡科学院化学教授头衔的同时，根据俄国官阶制度被核定为政府七品文官，也被称为"宫廷顾问"（Надворный советник）。1757年，他被晋升为政府六品文官，成为"委员会顾问"（Коллежский советник）。

表2-2 彼得一世时期《官阶表》简表[①]

官阶	文官	武官
一品	大臣（Канцлер）、现职一等秘密顾问（Действительный тайный советник 1-го класса）	陆军元帅、海军元帅
二品	副大臣（Вице-Канцлер）、现职秘密顾问（Действительный тайный советник）	步兵上将、骑兵上将、炮兵总监、海军上将等
三品	秘密顾问（Тайный советник）	海军中将等
四品	现职国务顾问（Действительный статский советник）	陆军少将、海军少将、近卫军中校等
五品	国务顾问（Статский советник）	准将、近卫军少校等
六品	委员会顾问（Коллежский советник）、军事顾问（Военный советник）	陆军上校、海军上校等
七品	宫廷顾问（Надворный советник）	海军中校等
八品	委员会法官（Коллежский асессор）	海军少校、陆军少校、哥萨克中校等

不得不承认，科学家在18世纪的俄国并不拥有类似在西欧的崇高社会地位。在彼得一世引入近代科学的初期，俄国社会上上下下都对科学采取冷漠的态度。其原因在于，俄国社会环境还没有做好接纳新

[①] 此表中的文职官员采取了直译法。比如，Коллежский асессор是指"八品文官"，但为了突出此类官制的具体指向，本文中直译为"委员会法官"。

事物，并将外来的科学文化嫁接到本地土壤的准备。西欧的近代科学是在新教、天主教、理性主义、神秘主义的互动背景下形成的，而对从西方传入的天主教和新教的厌恶和怀疑却已经在俄罗斯社会扎根数世纪。（克柳切夫斯基瓦，1996）[282]因此，俄国人在对待科学时的第一反应是：它是不是危险的？对道德和信仰的纯洁性是否有害？正因如此，化学知识在俄国就曾被认为是"巫术和骗术"（Дмитриев，2003）。19世纪俄国思想家赫尔岑也曾指出，"在俄罗斯，自由的科学还没有被排除在异端之外"（Кузнецова，1999）[51]。

即使到18世纪中期，学术活动与国家公务和军事比较起来，仍处于"不时髦"的地位。譬如，以著名的数学猜想闻名于世的哥德巴赫[①]于1727年应邀来到彼得堡科学院，却并未在数学领域受到重用，于1728年起被派任彼得二世的教师。由于彼得二世对科学知识不感兴趣，哥德巴赫只得经常陪着他打猎娱乐。（Кузнецова，1999）[55]1742年，他移居莫斯科，任职于俄国外交部，更加远离科学研究工作。再如，作为俄国本土的科学大师，罗蒙诺索夫获得六品文官的级别已属不易，其社会地位仍远远落后于一些国事活动家和军队将领（陆军和海军中的高位均由贵族占据）。直到1748年，时任彼得堡科学院附属大学校长的米勒在他编制俄国高等教育史上第一部大学章程草案时，还在为提高科学家社会地位的问题而疾呼，并建议皇帝至少给予他们相当于"宫廷顾问"的地位。（Алферов，2010）[65]

尽管如此，得益于彼得一世打下的基础、以几代沙皇为首的统治

---

① 哥德巴赫（俄文КристианГольдбах，德文Christian Goldbach，1690—1764）：德国数学家，彼得堡科学院院士、数学教授（1725—1764）。1742年哥德巴赫给L.欧拉写信，请L.欧拉帮助证明"任一大于5的整数都可写成三个质数之和"。L.欧拉至死没能证明。由此留下"哥德巴赫猜想"。

阶级的支持以及俄国进步人士创造的有利条件，以彼得堡科学院为代表的科学界逐渐巩固了自己的社会地位。18世纪具有相当影响力的俄国历史学家、彼得一世的幕僚塔季谢夫就是进步人士中的代表者，他集科学家、思想家于一身，积极宣传科学的益处。他的著作《两个朋友关于科学和学校益处的谈话》（Разговор двух приятелей о пользе наук и училищ）模拟两个朋友之间的对话。其中一人对科学和学习的好处表示怀疑，而另外一位则热烈地坚持科学和教育的必要性。后者的观点实际上代表了塔季谢夫本人的思想。作品中一共出现121个问答。例如第34个问题是："科学知识本身是不完善的，人们基本上无法获得所有的知识。为什么要学习呢？"另一位朋友回答道："一个人从出生到老，都离不开别人的帮助和教导，否则就无法前进。你每天与别人打交道和交谈，一定会听到以前从来没有听说的，或者即使以前听过，也与现在的场合和讨论不同的东西。特别是与科学家打交道时更是如此。这种'无形学习'必将贯穿人的一生。"塔季谢夫极力宣传科学对国家和个人的意义。比如他在回答第46个问题时指出："较之蛮横、野蛮，科学对国家的益处更大"，"科学是有益的，而无知与愚蠢或多或少会对社会产生危害"。1735年塔季谢夫在给舒马赫尔的信中写道："我不能认为，也不能说，科学院在目前情况下通过自己的贡献而带来好处……但我们有让人满意的论据"。塔季谢夫对科学院的态度，是科学文化获得俄国社会进步阶层认可的重要证明。

彼得一世另外一位具有相当影响力的幕僚、国务活动家普罗科波维奇①同样也强调发展科学的重要性以及重视教育与文化的必要性。

---

① 普罗科波维奇（Феофан Прокопович，也被称为 Архиепископ Феофа́н，或 Елеазар Прокопо́вич，1681—1736）：俄国东正教大主教，政治家、文学家、哲学家，彼得一世的挚友。

他认为科学、教育、文化是全体俄国人民生活幸福的重要手段。

可见，俄国科学家的成长氛围是逐渐形成的，并向文化生态化方向发展。

四、俄国科学的制度特色和普及过程

整个18世纪，彼得堡科学院是俄国唯一的科学中心。相应地，在彼得堡科学院工作的职业科学家也是整个18世纪俄国的主要科学力量。正如苏联著名物理学家谢尔盖·瓦维洛夫[①]所说，"18世纪和19世纪初，（彼得堡）科学院就是俄罗斯科学的同义词"（Осипов，1999）[30]。所以，可以认为：彼得堡科学院在科学组织方面的特色也代表着俄国科学制度的特点。

不可否认，彼得堡科学院借鉴了柏林科学院、巴黎科学院的运行模式，但俄国特殊的国情决定了它具有区别于西欧科学院的特色。比如，彼得堡科学院在创建之初的名称为"科学与艺术研究院"，艺术在彼得堡科学院中占据了较为重要的位置。这里的"艺术"不单指绘画、雕刻等视觉艺术和造型艺术，更多地特指地图、建筑图、机械图、动植物图和人体图的绘制以及试验仪器的制备等"工艺"。再比如，与一般西欧的"科学中心"不同，彼得堡科学院除致力于传统的科学研究外，还承担了国民教育、科学普及、民族文化成果保存等多项任务。

---

① 谢尔盖·瓦维洛夫（Сергей Иванович Вавилов，1891—1951）：苏联物理学家，物理光学学派的创始人，苏联科学院院士（1932—）和苏联科学院主席团主席（1945—1951）。苏联著名生物家尼古拉·瓦维洛夫（Николай Иванович Вавилов，1887—1943）的弟弟。

（一）自上而下的组织形式

"在欧洲其他国家，最早的科学院或科学协会大多是依靠科学家群体'自下而上'推动建立的，而彼得堡科学院的创建则正好相反。"（鲍鸥，2012）[50]以彼得一世为首的统治阶级确立了建立欧洲强国的目标，产生了"科学强国"的思想，但是由于18世纪初的俄国在经济、文化、教育上均远远落后于西欧先进国家，并不具备产生或接纳西欧近代科学的社会基础，因此科学组织的工作必须依靠国家的力量来完成。也就是说，彼得堡科学院自创建伊始就与国家政权捆绑在一起。

首先，以俄国皇帝为首的统治阶级在彼得堡科学院的创建和发展中发挥了举足轻重的作用。彼得一世虽然奠定了创建科学院的基础，但并未完成这项工作。1725年1月28日（旧历），当俄国与被邀请来俄工作的西欧科学家的谈判进行到最紧张的时候，彼得一世逝世。很多对彼得一世改革持有异议的枢密院官员趁此机会极力宣扬科学院"无用论"，认为最好把给它的经费节省下来。后来又发表意见说，科学院唯一的好处就是出版日历和报纸，而它出版的那些关于高等数学、古人类研究、解剖观察的出版物对俄国的实际利益很小。在此情况下，原本有意赴俄工作的西欧科学家也开始担心科学院未来的命运。2月23日，彼得一世的妻子叶卡捷琳娜一世签署命令，在宣布彼得一世逝世消息的同时，表示将继承彼得一世对彼得堡科学院的政策，继续对其给予支持。她还建议那些签署了合同的科学家按期前往彼得堡。该命令通过格罗夫金和库拉金对外发布后，立即打消了已签约科学家的疑虑。1725年，科学院几乎所有的空缺都按原计划被填补。由此可见，叶卡捷琳娜一世在科学院生死存亡的关键时刻发挥了关键作用。后来，伊丽莎白女皇批准了彼得堡科学院历史上首个正式章程（1747年章程），并对罗蒙诺索夫等俄籍院士的学术研究以及发展国民教育的实践活动给予大力支持，推动了近代科学在俄国的"本土化"，奠定了俄国国民高等教育体系的基础。而叶卡捷琳娜二世实行"开明专制"制度，对科学家的科研工作给予了较大自由，她把当时已经几乎全盲的数学家L. 欧拉再次请回彼得堡科学院工作①，曾批准斥资2000卢布用于购买开普勒的所有手稿；还亲自光顾一些科学家的实验室，成就了俄国数学等领域的辉煌。亚历山大二世②等俄罗斯皇帝在执政期内都把保护、发展俄罗斯的科学和教育列入国家发展战略进行统筹安排，促进了国家的科学发展。

其次，虽然彼得堡科学院在国家机构系统中的地位没有专门文件予以确定，但国家实际上对科学院的活动行使了较大管理职能。具体表现是：俄国政府将科学院纳入国家行政体系，将科学院的研究人员确定为国家公职人员，并根据"官阶表"（Табель о рангах）为其核定相应级别；整个18世纪，科学院院长均由沙皇任命，院长兼任科学院的政府监理官（1733年布留缅特罗斯特被降职并失去院长职务的事例证明，失宠于皇室的院长是干不长的）；1724年科学院《章程草案》和1747年章程均由政府审批，其中1747年章程的制定被俄国政府

————————

① 叶卡捷琳娜二世应允L. 欧拉在彼得堡科学院工作的条件是：发给L. 欧拉3000卢布月薪；发给其长子1000卢布月薪；安排其次子做宫内御医，三子担任兵工厂的主管；在其去世后发给其妻退休金；另拨8000卢布作为其购房补助金。

② 亚历山大二世（Александр II，1818.4.17—1881.3.13）：俄罗斯帝国皇帝，1855—1881年在位。推动一系列俄国改革，包括废除农奴制，推动君主立宪制进程，支持俄罗斯科学、教育事业。于1881年被激进的民粹主义者炸死。其在俄罗斯近代史中的历史作用与彼得一世、叶卡捷琳娜二世齐名。

视为外交事务，章程首先由外交部进行审批，这可能在世界科学院史上都绝无仅有；枢密院根据国家发展需求给科学院下达科学研究课题或交办其他任务，部分科学成果甚至被定性为"国家秘密"（比如地理考察后形成的地图、地理考察报告）等。

（二）由外至内的发展路径

18世纪俄国本土科学家的缺失决定了彼得堡科学院只有依靠"由外至内"的路径才能快速发展。

在建立之初，彼得堡科学院的17位研究人员全部来自国外，许多人都已在本国获得教授职称并在欧洲享有相当知名度，而且其中不乏L. 欧拉、伯努利、哥德巴赫这些后来成为世界级科学大师的人物。据统计，从1724年至1736年，在彼得堡科学院供职的40个院士及研究助理，有32人来自德语国家，其余12人来自欧洲其他国家（Смагина，2003）[47]；整个18世纪，在彼得堡科学院供职的110名院士（或研究助理），75%是外国科学家（包括67名德国人、7名瑞士人、5名法国人、2名瑞典人、1名英国人、1名西班牙人）（Невская，2000）[7]。这些外国科学家成为支撑俄国科学体系的重要力量，在提升俄国科学研究水平、培养俄国本土科学家方面发挥了不可替代的作用。

科学发展"内在论"观点的持有者往往强调科学发展的相对独立性和内在规律性。而科学发展的第一个基本特点就是科学知识的历史继承性："科学不是某一个时代、某一个民族、某一个阶级的产物，而是全人类在所有历史时期内不断积累起来的知识的结晶。"（李佩珊等，1999）[结束语]由于俄国科学从一开始就站在了"巨人的肩膀"上，因此能在很短的时间内从无到有、从小到大发展起来，并逐渐走到世界科学舞台的中央。譬如，在数学领域，L. 欧拉创立了俄国第一个数学–力学学派，培养出包括数学家科捷利尼科夫[①]、J.欧拉[②]、富斯[③]、舒伯特[④]、古里耶夫[⑤]、天文学家列克谢利[⑥]和物理学家戈洛温[⑦]等几位未来的彼得堡科学院院士。L.欧拉的学生继承其学术思想和成果，在数学、力学、天文学等领域编写出一系列经典教科书，对俄国相关学科的后续发展产生了深远影响。再如，在天文学领域，在法国天文学家德利尔的帮助下，俄国第一座天文台得到发展；后来著名的彼得堡普尔科沃天文台[⑧]也是根据德利尔的弧度测量方案而建立的。此外，德利尔还创立了著名的彼得堡天文学学派，培养了波波夫、鲁莫夫斯基、伊诺霍德采夫[⑨]等俄国第一批天文学家。（鲍鸥，2012）[70]

---

① 科捷利尼科夫（Семен Кириллович Котельников，1723—1806）：俄罗斯数学家，是俄罗斯第一本力学教科书的作者。

② J.欧拉（Euler Johann Albrecht，1734—1800）：数学家、物理学家、天文学家，L.欧拉的长子，曾任彼得堡科学院物理学教授（1766—1800）。

③ 富斯（Fuss Nikolaus，1755—1825）：瑞士数学家，曾任彼得堡科学院数学院士（1783—1825）。

④ 舒伯特（Schubert Friedrich Theodor，1758—1825）：普鲁士数学家、天文学家、大地测量学家，曾任彼得堡科学院数学研究助理（1786—1789）、数学院士（1789）、天文学院士（1803—1825）。

⑤ 古里耶夫（Семён Емельянович Гурьев，1766—1813）：俄罗斯数学家、力学家，曾任彼得堡科学院数学和力学研究助理（1796—1798）、院士（1798—1813）。

⑥ 列克谢利（Lexel Andreas Johann，1740—1784）：瑞典天文学家，曾任彼得堡科学院天文学助理（1769—1771）、教授（1771—1784）。

⑦ 戈洛温（Михаил Евсеевич Головин，1756—1790）：俄罗斯物理学家、力学家、数学家，曾任彼得堡科学院数学研究助理（1776—1786）、名誉院士（1786—1790）。

⑧ 普尔科沃天文台（Пулковская обсеватория）：1839年建立，位于圣彼得堡南部。

⑨ 伊诺霍德采夫（Петр Борисович Иноходцев，1742—1806）：俄罗斯天文学家。曾观测到金星凌日，确定了俄罗斯多座城市的地理坐标。

（三）科教一体化的独特思想

早在12世纪末至13世纪上半叶，随着欧洲教育思想的传播，对科学知识需求的增长，科学与教育活动职业化必要性的凸现，在欧洲开始出现并发展"大学"，并逐渐以大学为基础产生了专业性的科学协会或科学院。在18世纪的西欧，大学已发展成为国民教育中心，而科学院则是专门从事科学研究的单独机构。彼得堡科学院在创建之初虽然只设置了数学、物理和人文科学等三级学科，但囊括了在西欧相对独立的三大机构：科学院（专职进行科学研究）、大学（向年轻一代传授科学知识）、高级中学（为各大学培养后备生）（格奥尔吉耶娃，2006）[170]，体现了"科教一体化"（即科学与教育结合）的独特思想。在此之前，西欧各国中没有任何一所大学诞生在科学院内部。而彼得堡科学院把科学探索、培养科学家、开展教育活动三项功能集中在一个机构里，一帮人马、统一领导、统一财政预算。这种"科教一体化"模式在世界史上当属首创。

"科教一体化"的创举取决于俄国当时的特殊国情。彼得一世认为，考虑到俄国当时的状况以及"学生和老师的一般性和特殊性"，俄国不能照搬其他国家的模式。一方面，利用国家财政单独开设大学非常困难；另一方面，在俄国建立大学的条件还不具备，在中学都还不存在的情况下，建立大学"不可能带来多少益处"。因此，需要建立一个既要"使得国家不断增长知识的荣耀扩散"，又要"让教育使得人民受益"的机构。（Копелевич，1974）[186-187]此外，虽然以莫斯科斯拉夫–希腊–拉丁学院为代表的教会学校在彼得一世时期做出了有目共睹的贡献，但彼得一世不想让大学教育落入教会之手。在他看来，如果大学受控于教会，则国家对教育的控制就会变得很艰难。

彼得堡科学院《章程草案》中规定：科学院"最好的科学家"

应该承担发展俄国教育的义务，包括：第一，院士有义务把个人的研究成果和科学进展编入教科书，定期开设面向社会的科学公开课（每位教授在每周中需要授课4天，每次1个小时，所有课程时间从早上7点持续至晚上18点）（Алферов，2010）[50]；第二，每位院士有义务挑选并培养1—2名可能成为"研究助理"的"大学生"，在保障足够生活费的前提下，让这些大学生担任科学院附属中学的老师，给中学生们教授最基础的科学知识，以便他们以后能运用科学理论。由此可见，科学院的人才培养是通过"院士—大学生—中学生"的教育活动路径进行的。（Копелевич，1974）[187-188]

"科教一体化"的重要意义还在于，它有利于打破科学院在科学文化中一枝独秀的局面，使得大学有机会成为另外一个科学文化中心。特别指出，直到今天，俄罗斯政府依然坚持"科教一体化"的政策，力争打造科学院和大学两块科学阵地。两者既相互竞争，又相互支持、取长补短。如今，科学院的学者在大学内领导教研室以及科学院与大学合作实施科学研究项目的例子在俄罗斯比比皆是。

（四）开放活跃的学术环境

或许正如莱布尼茨所说，在俄国这片未被开垦的土地上建设科学院，既可避免以前在别国科学院创建之路上所走的弯路，也可摆脱在别的老牌科学院中可能存在的一些条条框框。这种独特的创建环境加上"由外至内"的特殊创建过程和发展路径，决定了彼得堡科学院开放式的学术环境。

首先，科学家流动频繁。彼得堡科学院对来自西欧的科学家实行"合同聘用"制，对科学家的离开或重返并不设置障碍。比如，第一个签订合同的植物学家巴克斯鲍姆在1727年离开了彼得堡科学院。此后，数学家丹尼尔·伯努利和赫尔曼、物理学家和哲学家比尔芬格也先后离开。至18世纪40年代末，彼得堡科学院第一批院士或去世或离开彼得堡。（Копелевич，1974）[226]此外，西欧科学家往返俄国与他国之间的情况也并不少见。L.欧拉的经历证明了这一点。

其次，学术交流、合作和竞争均形成机制。创建伊始，彼得堡科学院就开始实行"学术报告会"（научные собрания）制度。除每周两次的院士内部学术交流会议外，科学院还定期举行对外公开的学术报告会（1725—1733年，公开学术报告会每年举办一次。1742年，该制度得以恢复）。在这些学术报告会上，报告人和与会者之间毫不避讳展开世界观和科学理论的尖锐争辩。在1725年12月27日举行的科学院首次公开学术报告会上，比尔芬格与赫尔曼就在地球形状问题上各执一词，就笛卡尔自然哲学与牛顿力学理论的分歧展开辩论。[①]比利芬格与丹尼尔·伯努利之间也曾产生尖锐的辩论。这场辩论虽然名义上是关于确定大海宽度方法上的争论，但实际上是比利芬格的"形而上学"遭遇了解释自然现象的牛顿理论。在彼得堡科学院没有科学教条主义，不仅科学家可以在学术报告会上自由表达观点，而且科学院对科学论文的发表也没有任何特别限制。

根据1747年彼得堡科学院颁布的新章程，科学院每年均针对当时迫切需要解决的自然科学和技术问题，举行面向全世界科学家的有奖学术竞赛活动，涉及电力产生的原因、行星引力影响下彗星的运动、光在不同密度的物体中的折射、消色差透镜的制备、造血关键技术、

---

① 牛顿根据万有引力理论和一些科学考察结果断定，地球是一个赤道处凸起、两极略扁的扁球体。而当时在科学界占统治地位的笛卡尔学派则认为，地球在赤道处收缩，两极处伸长。巴黎天文台台长也出面证明，说他自己经过测量，地球确实是尖长的。当时有人形象地形容双方的争论：在英国人看来，地球似橘子，而在法国人看来，地球竟如梨子。

从矿石中获取金属的最佳方法、金银分离方法、防止树木腐烂的方法、利用火力和蒸汽推动的机械原理等广泛领域。这种鼓励学术竞赛的方式，经常能引发学术上的讨论甚至争论，成为促进学科发展、推动新发现的重要推动力。

　　譬如，1749年举行的首次竞赛上，L.欧拉提出的题目是"通过观察而获得的关于月球运动不平衡（周期性偏差）的观测资料和数据是否符合牛顿引力理论"。竞赛引发了激烈争论，许多欧洲著名科学家参与其中。最后，法国数学家克莱罗[①]的论文《关于月球的理论》（Théorie de la lune，1750年发表）获奖。该论文对月球的运动规律做了数学描述。通过此次学术争论，学界消除了对万有引力定律的质疑。1759年，彼得堡科学院就植物性别和杂种的研究课题举行有奖公开竞赛。瑞典植物学家林奈[②]凭借《论植物的性别》一文获奖。他利用婆罗门参属（菊科下的一个属）的两个种进行杂交实验，在对相关实验结果进行分析和研究的基础上提出了"植物性别"的概念，对植物学研究做出了重要贡献。

　　彼得堡科学院不仅鼓励学术竞赛和学术辩论，也强调学术合作。1724年的《章程草案》规定，在实验中需要加强不同专业科学家之间的相互合作（比如解剖学家与力学家之间的合作等）。这种既自由开放，又强调合作的学术风气推动了年轻的彼得堡科学院的快速成长。

　　最后，对外学术联系成为常态。自1726年起，彼得堡科学院向伦敦、巴黎、乌普萨拉（瑞典城市）等城市发送本院的首批学术出版

---

　　① 亚历克西斯·克劳德·克莱罗（法文Alexis Claude de Clairault，1713—1765）：法国数学家、天文学家、地球物理学家。1743年发表著作《关于地球形状的理论》，首次阐述了地球几何扁率与重力扁率的关系，即著名的克莱罗定理。
　　② 卡尔·冯·林奈（瑞典文Carl von Linné，1707—1778）：瑞典植物学家、动物学家和医生，瑞典科学院创始人之一，奠定了现代生物分类学和现代生态学基础。

物。得益于与国外科学机构有效的图书交流，彼得堡科学院图书馆的藏书变得足够丰富，为读者了解世界最新科学技术成果提供了便利条件。科学院的学术杂志《评论》（Комментарий）以及后来的《新评论》很快在欧洲图书市场拥有较大需求，并被莱布尼茨创办的《新博学学报》（Nova Acta eruditorum）等西欧多家科学杂志评论。考虑到欧洲图书市场对《评论》的巨大需求，来自博洛尼亚（意大利城市）的私人出版社再版了《评论》的前6册。1747年以后，新版《评论》出版更加频繁。1747年至1775年，共出版20册《评论》。杂志中刊登了罗蒙诺索夫、L. 欧拉等著名科学家在低温反应、大气电学、地理、天文等领域的科学论文，受到国际科技界的关注和重视。

　　科学家之间的学术通信也逐渐频繁。譬如，德利尔与世界上所有大型天文中心保持着学术书信交流，甚至包括遥远的北京。由于科学院享有免费寄信的特权，科学家们有义务向院士会议提交自己收到的信件以及回复，信件往来中的信息也就成为全体院士的共同财富。为进一步扩大与西欧科学界的学术思想交流，彼得堡科学院还积极聘请当时最有名的外国科学家担任名誉院士。除免费获得科学院的主要出版物外，部分名誉院士每年能获得100—200卢布的薪酬。（Копелевич，1974）[224–225]

　　18世纪40年代末至50年代，克莱罗、詹姆斯[①]、拉孔达明[②]、林

---

① 布拉德雷·詹姆斯（Bradley James，1693—1762）：英国天文学家。1725—1728年发现了光行差，为地球运动提供了有力的证据。1728年后，经过近二十年的观测发现了地轴的章动。从1742年起至去世一直担任英国皇家天文官。1748年获得科普利奖章。

② 查尔斯·拉孔达明（法文Charles-Marie de la Condamine，1701—1774）：法国天文学家、地理学家、博物学家。一生中最主要的探险活动是在南美进行的考察，其目的在于确定地球的起点。

奈、穆森布罗克①、拉凯叶②、博斯科维奇③等欧洲著名科学家以及
远在中国北京的法国传教士宋君荣④成为科学院的外籍名誉院士。
（Микулинский et al.，1977）[40]1759年，彼得堡科学院设立"通讯院
士"称号。该称号最早源自彼得堡科学院与俄国外省科学家之间的联
系。第一位获此殊荣的科学家是地理学家、经济学家和历史学家雷奇
科夫⑤。他全面深入研究了奥伦堡边疆区的自然与经济，著有《奥伦
堡历史》和《奥伦堡地理》。据统计，在18世纪彼得堡科学院的名誉
院士和通讯院士中，有160多名外国科学家。相应地，L. 欧拉、罗蒙
诺索夫、鲁莫夫斯基、列皮奥欣、帕拉斯⑥也成为国外科学院的名誉
院士。

　　科学不是职业科学家的专利，向社会大众普及科学知识、传播科

---

　　① 彼得·范·穆森布罗克（荷兰文Pieter van Musschenbroek，1692—
1761）：荷兰物理学家，"莱顿瓶"的发明者。莱顿瓶是一种用以储存静电的装
置，是原始形式的电容器，因在荷兰莱顿城发明而得名。莱顿瓶的发明标志着对
电的本质和特性进行研究的开始。

　　② 尼古拉·路易·德·拉凯叶（法文Nicolas-Louis De la Caille，1713—
1762）：法国天文学家。他测定罗列出10035颗南天恒星，测量了1°长的子午线
弧度，与柏林天文台的拉朗德精确地测定了月球的周日地平视差，提出确定彗星
轨道的方法，计算出横跨1800年的星食表。其创建的14个新星座流传至今。

　　③ 罗杰·朱塞佩·博斯科维奇（塞尔维亚文Руђер Јосип Бошковић，
1711—1787）：拉古萨（古国名，在现在克罗地亚的达尔马提亚地区一带，首都拉
古萨现名杜布罗夫尼克）物理、天文、数学家，被称为"大地测量学的鼻祖"。

　　④ 宋君荣（原名安托万·戈比，Antoine Gaubil，1689—1759）：法国人。
1704年入耶稣会，1722年到中国广州，在中国度过了大半生，1759年死于北京。
通晓汉文、满文，在中俄谈判时，为清朝政府担任翻译。

　　⑤ 彼得·伊万诺维奇·雷奇科夫（Петр Иванович Рычков，1717—
1777）：彼得堡科学院首位通讯院士。

　　⑥ 彼得·西蒙·帕拉斯（德文Peter Simon Pallas，1741—1811）：德国博物
学家，出生于柏林，曾先后在哥廷根大学和莱登大学学习，之后前往西欧考察，
其间研究出了新的动物分类。1767年应叶卡捷琳娜二世邀请到彼得堡科学院工作。

学理念、方法和精神是职业科学家应尽的义务。历史告诉我们，科学普及与科学家的科研工作不但紧密相连，而且互相辉映、融为一体。如果没有伽利略等人的宣扬与普及，即使哥白尼提出了"日心说"，也难以掀起近代科学革命的风暴；如果没有赫胥黎斗犬般的维护与宣传，达尔文提出的进化论也不会逐渐深入人心。（朱效民，2000）

彼得堡科学院并没有"闭门造车"，而是通过一系列历史上从未有过的介质和手段，积极与外界互动，向社会传播科学知识和科学精神。

其一，院士公开课。彼得堡科学院从创建伊始就向社会大众打开大门。1726年1月24日，科学院院士正式向社会各阶层开放公开课，为来自俄国各地追求科学的年轻人提供了难得的学习机会。为吸引更多听众，公开课的安排以及相关通知提前10天就分发至各有关单位，并在彼得堡大街上张贴。那个时期公开课的主讲人基本是外国人，他们或使用拉丁语，或使用德语。如果说语言障碍对听众的出席和接受产生了一定负面影响的话，那么到了18世纪下半期，这个障碍已不复存在。随着近代科学在俄国逐渐本土化，俄语作为科学语言的地位也得到提升。1785年至1802年，用俄语讲授、面向所有科学爱好者的公开课成为彼得堡文化生活中的亮丽风景线。这些公开课几乎全部由俄籍院士或研究助理讲授，涉及数学、物理、矿物学、自然历史等多个领域，吸引了大量听众。

其二，科学出版物。彼得堡科学院的经典学术杂志是《评论》，类似于巴黎科学院的《学术论丛》（Мемуарам）。杂志把读者定位于外国人，因此用拉丁文出版。其间仅有一期曾尝试用俄语撰写内容摘要，但不成功。1728年，彼得堡科学院开始定期用德文和俄文为《圣彼得堡消息报》编写《诠注》（Примечания к Санкт-

Петербургским Ведомостям），这是俄罗斯历史上的第一份科普类刊物。最初《诠注》只是对《圣彼得堡消息报》上的文章进行评论，但从1729年起，《诠注》开始自主刊登数学、化学、自然、天文、历史、哲学等领域的科学论文。科学院几乎所有的教授和研究助理都参与了这项工作，他们就科学问题撰写通俗的描述文章，介绍俄国国内外的仪器、发明等。与《评论》不同的是，《诠注》中出现了关于文学及思辨哲学问题的文章。《诠注》曾于1742年停刊，并在1765、1766、1787、1791年几次复刊（Берков，1952）。根据罗蒙诺索夫的建议，彼得堡科学院在1754—1764年每月定期用俄语出版科普类《公职人员娱乐教育月刊》①（Ежемесячные сочинения，к пользе и увеселению служащие），刊登各类与科学有关的文章或翻译作品，印数近两千份。除科普杂志外，彼得堡科学院还在印数很大的日历上刊登科普文章。

随着科学知识和思想在俄国社会的不断普及，对科技书籍的需求也在猛增。据统计，18世纪60年代以前科技书籍的平均出版量是每年18本（这一时期出版了1134本书籍），而18世纪60、70、80年代的出版量则分别快速增加至每年105本、146本、268本。（Микулинский et al.，1977）[23-24]

其三，国家图书馆。国家图书馆建立于1714年，当时被称为"皇家图书馆"，其历史早于科学院。国家图书馆免费向公众开放，促进了大众对近代科学的接受，是俄国进行科学普及的重要介质。

---

① 该刊物曾几度易名。1758—1762年称《公职人员娱乐教育文刊与译丛》（Сочинения и переводы к пользе и увеселению служащие），1763—1764年称《学业月刊》（Ежемесячные сочинения и известия о ученых делах）。

　　事实上，俄国早在彼得一世时期之前就出现了图书馆。当时规模最大的图书馆隶属于基辅神学院，在17世纪的藏书量有3500余册。但其中大部分书籍仅涉及历史、神学、哲学领域，有关自然科学的书籍很少。与基辅相比，在彼得堡和莫斯科的科学藏书相对丰富，但同样不占主流。在医务衙门、地理事务衙门等政府部门的图书馆以及斯拉夫–希腊–拉丁学院等地方有一定数量的科学藏书，但这些书的收藏是无意识的，数量不多。

　　彼得一世时期的"皇家图书馆"是俄国第一个真正意义上的"科学图书馆"，其所藏书籍不仅涉及传统的历史、哲学领域，也涵盖数学、物理、天文、力学以及一些实用科学等领域。在创建之初，图书馆的主要书籍来自教育程度较高的波罗的海三省（旧称"近波罗的海边疆区"或"奥斯特泽伊边疆区"），是俄国占领后，在当地图书馆收获的"战利品"。仅在拉脱维亚的米塔瓦（叶尔加瓦的旧称）就收获2500册图书。但这些书籍不是图书馆科学书籍的主体。1718—1719年，彼得一世的宫廷医生阿列斯金等人的私人科学藏书逐渐进入图书馆，使得图书馆在医学、物理等领域的藏书日益丰富。1727年和1735年，科学院图书馆获得彼得一世与布留斯男爵的私人藏书，这进一步扩大了图书馆的科学藏书量。

　　1728年，彼得堡科学院获得对进口俄国新书的鉴定权，科学院图书馆自此开始系统地从国外进口科学书籍。科学院的通讯院士、外籍院士、传教士等有权获得进口书籍。根据1742年出版的3册图书馆书籍目录记载，当时图书馆的藏书量已高达15000册（其中包括丰富的东方学藏书），堪称欧洲大型图书馆。在很长时间内，该图书馆都是俄国国内唯一对公众开放的国家图书馆。

　　其四，珍品陈列馆。珍品陈列馆是彼得一世授意建造的俄国第一座国家博物馆。于1714年对外开放，1718年开始修建新的馆址，1728年建成并移交给科学院使用。其藏品包括彼得一世出访西欧期间收集的绘画与雕塑等艺术作品以及各种自然科学的收藏品、18世纪俄国科考队从西伯利亚与堪察加等地区带回的动植物与矿物标本、俄国政府从全国各地征集上来的"古旧和稀罕"物品（古文献、畸形人标本）等，种类繁多。与图书馆一样，珍品陈列馆也免费向公众开放。在珍品陈列馆展出的物品都是普通人平时根本看不到的新鲜事物，因此能够引发公众的好奇，便于对公众进行科普教育。

　　彼得一世为创建珍品陈列馆做出了很大贡献。早在1698年的"大使团"活动期间，彼得一世造访了许多私人博物馆，并在那里为未来的珍品陈列馆购买了部分鸟类、爬行类、鱼类标本。他的搜集爱好也影响了周围的人（比如近臣布留斯男爵、宫廷医生阿列斯金等）。在阿姆斯特丹，著名解剖学家、医生鲁斯奇①的解剖室给彼得一世留下了深刻印象。1716年1月，当彼得一世再次拜会鲁斯奇并得知他想出售解剖室时，马上决定予以购买。最终，彼得一世以3万佛罗伦②的价格购买了鲁斯奇几乎整个解剖室里的标本，包括2000多个胚胎和人体解剖标本，1179个小型哺乳动物、爬行动物和昆虫标本，259个鸟类标本，2箱植物标本以及大量蝴蝶、贝壳标本等。由鲁斯奇发明的器官标本保存技术当时属于秘密，后来辗转被阿列斯金掌握。当年2月，彼得一世指示购买阿姆斯特丹药剂师西巴③的收藏品。这些收藏

① 弗雷德里克·鲁斯奇（俄文Фредерик Рюйш，荷兰文Frederik Ruysch，1638—1731）：荷兰解剖学家。自17世纪末开始就系统性地搜集器官标本，后来发明了有效的器官保存技术。

② 旧时佛罗伦萨的金币或银币，后来欧洲许多国家照此铸造。

③ 阿尔伯特·西巴（俄文Альберт Себа，德文Albertus Seba，1665—1736）：荷兰药剂师、动物学家和收藏家。

品包括南美洲的动物标本以及中国、日本、南美的服饰、艺术品、武器等。这些收藏品被运回彼得堡，成为珍品陈列馆的重要藏品或陈列品。此后，彼得一世还指示舒马赫尔在访欧过程中为珍品陈列馆购买藏品，包括宝石、古灯、圆柱形镜子、长笛、颅骨模型等。1718年，彼得一世颁布命令，凡民间有畸形的人、动物和家禽以及年代久远的石刻等"不同寻常"的东西，必须上缴国家。这些从民间搜集来的标本和藏品后来也成为珍品陈列馆的基本收藏品。在珍品陈列馆刚刚正式开放之时，彼得一世还指示通过免费入场、为参观者提供午餐等方式，吸引更多的人了解自然科学知识。

18世纪30年代，珍品陈列馆已经被公认为世界上最大的自然博物馆之一。需指出，珍宝陈列馆不仅能满足普通民众对科学的兴趣，也是院士们开展科学研究的材料提供地。1725—1746年，在珍品陈列馆内陆续开设了解剖室（Анатомический театр）、物理研究室（Физический кабинет）等，专门进行有关科学研究。在这里，威特布雷希特撰写了多篇解剖韧带的重要科学论文；杜维诺伊第一次证明了猛犸不同于大象的特性。后来，K. 沃尔夫[①]以陈列馆中提供的动物和人类畸胎样本为基础，写出了关于畸形人的著名学术论文，创建了胚胎学。从这个意义上来说，珍品陈列馆不仅代表着俄罗斯博物馆事业的开端，也是俄国现代科学"研究所"的雏形。

其五，社会性的科学协会。科学社会组织的出现也在科学普及方面发挥了积极推动作用。由于俄国近代科学起步较晚，直到19世纪俄国才开始全面发展了西欧国家常见的社会团体性质的科学协会

---

① K. 沃尔夫（俄文Каспар Фридрих Вольф，德文Kaspar Friedrich Wolff，1733—1794）：德国、俄国生物学家，胚胎学创始人。

组织。俄罗斯学者普遍认同，俄罗斯历史上的第一个科学协会是圣彼得堡自由经济协会（Санкт-Петербургское вольное экономическое общество）。协会成立于1765年，直接得到叶卡捷琳娜二世以及其他一些知名人士的支持。（Микулинский et al.，1977）[24]协会的会员定期就国民经济相关问题（也包括机械、建筑等领域的新发明、新工艺等）互相通报信息并进行讨论。圣彼得堡自由经济协会后来在很多城市建立了分部或分会，吸纳那些希望提高生产效率的领主、工厂主等广泛人群参加，促进了农业知识与技术以及自然科学知识的推广。圣彼得堡自由经济协会的活动直至1908年，其运作模式成为后来俄罗斯科学协会的经典典范。

第三节　俄国科学文化

笔者认为，所谓俄国科学文化，是以俄国近代科学制度的建立为前提、以俄国科学家群体文化为开端的一种体现科学精神和理念、方法论、价值观的新型文化。

一、科学共同体和科学精神

"共同体"（社区）系德国社会学家滕尼斯（Ferdinand Tönnies）于1887年在其成名作《共同体与社会》中提出的一个重要社会学概念。在他看来，"共同体"（社区）是通过血缘、邻里和朋友等关系建立起来的，以"本质意志"为基础的有机整体，而与之对立的"社会"则是靠人的理性权衡（即"选择意志"）而建立的人群组合。1942年，英国科学家、哲学家波兰依（Michael Polanyi）在《科学的自治》一文中首次提出了"科学共同体"（Scientific community）的概念，即由具有共同信念、价值、规范的科学家组成的社会群体。他认为，"今天的科学家不能孤立地实践他的使命。他必须在各种体制的结构中占据一个确定的位置。一个化学家成为研究化学的专门职业的一个成员；一个动物学家、一个数学家或者一个心理学家，每一个人都属于专门化了的科学家的一个特定集团。科学家的这些不同的集团共同形成了科学共同体"。（沈铭贤，2013）

1724年成立的彼得堡科学院是俄罗斯历史上的第一个科学共同体。正如美国科学史学家普赖斯（Derek Price）在《小科学，大科学》（1967）中指出的，"与具有强烈个人色彩的艺术家不同，科学家需要同行们的承认，科学家的象牙塔必须是一幢可容纳他及其同行的大厦。"（普赖斯，1982）[60]随着科学研究在俄国开始成为一种具有自身价值的、相对独立的职业化社会劳动，科学知识的生产也自然由传统的个人行为转变为集体协作的社会活动。而维系这个科学共同体的纽带正是科学精神、科学信仰以及科学规范等。这些则是科学文化形成的标志。

如果从源头上进行考察就会发现，俄国科学文化在17—18世纪的出现与确立具有一定偶然性。近代科学在欧洲产生的实践告诉我们，科学的产生是多种特殊因素共同作用的结果。其中发挥关键作用的因素包括：其一，具有资产阶级性质的工商阶层的出现，正是他们保障了对科学发明与研究成果的需求；其二，接近于科学理性的新教思想的出现；其三，教育的普及。而这些条件在18世纪俄国创建彼得堡科学院时并不存在。仅举两例，17世纪中期，当英国宣布成立代表小资产阶级利益的共和国的时候，俄国却颁布了确立农奴制的法典，这意味着封建社会的生产方式将在俄国长期存在。当时的俄国在经济上、文化上也远远落后于西欧先进国家。根据俄罗斯学者米留科夫（Павел Николаевич Милюков）的统计，17世纪末，俄国总人口为1600万，平均2400人拥有一本教科书，到18世纪末，总人口增长至2600万，但1573人中只有一人在世俗学校学习过。（Кузнецова，1999）[15]由于教育和科学水平的低下，大多数俄国人并不知道近代科学为何物，更谈不上拥有自己的科学研究机构和本土科学家。

从俄罗斯文化传统上来看，反理性的宗教文化传统也不利于科学文化的出现。反理性主义是俄罗斯宗教传统的一个主要特征，这与探索大自然所需的科学在实质上是不相容的。18世纪之前俄国自然科学的发展之所以落后于西欧，与此也有关联。构成俄罗斯传统文化的基本要素之一是源于拜占庭的精神和艺术。不可否认，拜占庭神学解释中的自然哲学观点会对俄罗斯传统文化产生潜移默化的影响。但也应看到，988年弗拉基米尔大公将基督教定为基辅罗斯的国教时，他为自己的臣民选择的基督教不是来自罗马教皇，而是君士坦丁堡。由于语言差异等原因（罗斯东正教通常使用的是古斯拉夫语，与希腊语有关联，但和拉丁语差别较大），客观上造成了俄罗斯文化与拉丁文化的剥离和隔绝。在拉丁文化中，存在观察、探索自然现象的传统，习惯通过知识和理性形式走向最高境界。与之不同的是，拜占庭文化最本质的内容则是信仰，其兴趣点不是自然界和世界观，而是人的"精神体验和精神道路"。因此，与自然科学比较起来，他们更倾向于能表达人的精神与情绪的艺术。以教堂风格上的反映为例，中世纪西方天主教堂试图深入探究神性自然的秘密，而在拜占庭和俄国的教堂中更倾向于表达一种凌驾于人类固有特征之上的对神的虔诚崇拜。教堂中面部威严的圣像看起来像某种先验的存在，给崇拜者带来神圣的敬畏。基督被理解为神的化身，而人类的特征隶属于神力的伟大。这种神秘的深思往往带来极大的精神压力，因此产生一个有趣的现象：当15世纪末天主教徒达·芬奇已经开始设计飞行器并绘制草图、哥白尼已提出宇宙体系思想的时候，俄国正在提心吊胆地等待世界末日。因为按照希腊神父的预言，自耶稣诞生之日起计算，世界只能存在一千年。（Новиков，1960）[8]

此外，自10世纪"罗斯受洗"以来，希腊东正教传统逐渐植根于俄国文化土壤中，俄国社会对从西方传入的天主教一直持怀疑甚至厌恶的态度，自然对来自天主教中心的西欧近代科学也不会产生好感。

当时，科学院在西欧也刚刚起步。建科学院无疑是一个不切实际的想法，绝不是"水到渠成"的事情。难怪彼得一世在改革过程中赖以依靠的一些最亲密的幕僚对于此事也有不同看法。比如塔季谢夫就反对建立科学院，他认为"如果没有初级的学校教育，这种耗资巨大的科学院毫无用处"。连当时这样的大学者都持如此看法，不难想象，这一改革在彼得一世周围的人士中间并未得到多少赞许。（苏联科学院历史所列宁格勒分所，1994）[203]俄罗斯历史学家也认为，这是一个"冒险"的想法，可能彼得一世本人并未完全意识到在当时俄国"松动的、多沼泽的"的文化土壤上建立科学机构的难度。（Кузнецова，1999）[23]另外，还要注意到一个历史细节：彼得一世正式启动创建科学院工作的时间是1723年。1700—1721年俄国与瑞典历日旷久的北方战争消耗了大量人力、物力，阻碍了创建科学院这一设想的实施，只有在北方战争获胜的条件下才使得彼得一世有时间来考虑这个问题。换言之，何时启动科学院的创建工作，在一定程度上取决于北方战争何时能以俄国获胜而结束。这更加印证了上述"偶然性"。

在研究彼得堡科学院的创建过程时，不能不考虑到彼得一世这位被恩格斯称为"真正的伟人"的成长经历与个性。彼得一世成长的年代，正是俄国走向西方的时代。大批外国科学家、艺术家进入俄国，为少年和青年时代的彼得一世近距离接触西欧文化提供了可能。而彼得一世从小就表现出来的对科学和技术的兴趣是其科学思想形成的天然基础。少年时代，有两件事情对彼得一世科学思想的形成具有启蒙作用。第一件事是他16岁得到一个星盘仪。这激发了他对数学、天文学的兴趣，从此跟随老师系统学习数学等相关知识。另一件事是他在先辈的废弃物中找到一艘小艇。这激发了他对航海的兴趣，也使他迷上了海军和造船。（卡芬加乌兹等，1997）[733]在日后成长过程中，彼得一世的科学思想与政治抱负相融合，才有了后来"大使团"活动期间的"科技之旅"。

从彼得一世治国方式的角度来看，彼得一世时期国家管理的一大特点就是：引入新制度非常坚决，而且付诸法律。比如，1714年1月20日俄国颁布法律，规定贵族子弟如未获得实验中学的结业证书，就不能结婚。同样，这种"自上而下"创建科学院的举措，也应该归功于彼得一世个人的科学思想和铁腕治国手段。正如列宁所说，彼得一世"曾不惜用野蛮的斗争手段对付野蛮，以促使野蛮的俄罗斯加紧仿效西欧文化"（列宁，1995）[526]。在俄国17—18世纪的文化中，彼得一世是一个先驱者。虽然不能说俄国人民并未参与那个复杂的文化现代化过程，但必须承认，彼得一世本人的思想和改革发挥了决定性作用。其背后的支撑力量是绝对君主制在俄国的确立。正是专制制度保证了彼得一世的科学思想得到贯彻和执行，因此它是新的科学文化得以确立的决定性力量。

二、俄国科学文化主体构成

从群体结构看，代表俄国科学文化的群体在当时的俄国社会中不占主流。马克思和恩格斯在1845—1846年合作撰写的《德意志意识形态》中说："统治阶级的思想在每一个时代都是占统治地位的思想。这就是说，一个阶级是社会上占统治地位的物质力量，同时也是社会上占统治地位的精神力量。"（马克思等，1995）[52]换言之，社会主流群体应该是代表统治阶级意志的群体。由于18世纪的俄国是一个君主专制的贵族国家，因此这个群体首先是贵族。此外，还包括随着具有资本主义性质的经济活动的发展而日益发挥重要作用的工商业者。但是，这两个群体都不是科学文化的主要承载者。

早在彼得一世在西欧寻找科学技术的时候，彼得一世对贵族寄予了厚望。因为贵族最有机会接触到西欧文化，也可能是当时最具备吸纳西欧文化的基础的群体。彼得一世派遣贵族到国外考察或学习，希望通过他们将西欧的科学知识带回俄国。比如，1697年初彼得一世在发给出国考察的御前大臣的训令中明确要求，"熟习绘图或地图，指南针及其他航海标记；掌握作战和普通航行中的船舶知识，熟习一切器具及工具"，而且他还强调，要有相关长官的签字和盖章证书，"证明未亏职守"。（普列汉诺夫，1996）[4-5]克留切夫斯基评论道："彼得一世想使贵族成为欧洲军事和航海技术的苗圃，但他很快便发觉技术知识很难灌输到这一等级，俄罗斯贵族很少也很难成为工程师或船长，而且他们所学到的知识在国内也很难实用。"他还举例道："缅希科夫曾同彼得一道在沙尔坦爬横桁，学习制作杠杆，但在本国却成为一名陆地的省长"。（普列汉诺夫，1996）[6]贵族不愿在国外学习科学知识的主要原因大约是语言不通、科学知识深奥以及不愿受到约束。此外，贵族们在国外生活的清苦与其在国内显赫的地位形成的强烈对比也使他们无心学习。虽然从整体上看，贵族在国外还是学习到了一些科学知识，但远远没有达到派遣他们的目的。相对于科学知识而言，他们"当中有许多人一定在学习礼仪上更有兴趣"，或者更关心军职上的升迁。（普列汉诺夫，1996）[14]对于俄国大贵族来说，他们是彼得一世改革的反对者，自然不会支持彼得一世由西欧引进科学的做法。在整个18世纪，虽然也有一些身处高位的贵族认识到科学知识的重要性，甚至希望自己的子女在学习科学上多花些时间，但这样的人毕竟是少数。同样，社会地位日益巩固的工商者阶层关注的是经商和贸易，他们对科学知识依旧不感兴趣。

　　18世纪代表着俄国精神信仰的东正教会也没有参与俄国科学文化的创建。在对待科学的态度上，东正教与天主教或新教有很大区别。近代科学产生在天主教文化中心，在西欧科学历史上，可以找出很多在科学领域做出巨大贡献的天主教徒。哥白尼、伽利略、牛顿等大科学家都是天主教徒。而新教伦理与科学精神也能找到共同点。比如，新教倡导质疑和求知的精神，主张通过与上帝的直接沟通对旧的思想体系做出新的阐释，"新教中神学与形而上学分离、救世逻辑与自然秩序分离、信仰与知识分离、好奇心与求知欲被合法化，为科学地解释世界和促进科学发展创造了条件"（冯增俊，2002）[135]。默顿在《17世纪英格兰的科学、技术和社会》中系统地论证了清教伦理若干原则对科学发展的促进作用。而在18世纪的俄国，却完全是另外一种景象。正如苏联科学家、俄罗斯科学文化史大家维尔纳茨基所说："在当时的俄国，形成了科学和教会两种世界观，两者之间没有交集；那个历史时期的科学以及科学价值观与东正教的世界观是不相容的，因此它们基本上也不会与东正教及其教徒发生碰撞。对东正教会来说，数学等科学知识是陌生和无法理解的，因为它们已经超出了东正教的视野范围。"（Вернадский，1988）或许正因如此，客观上造就了18世纪的俄国比16世纪的西欧更加自由的学术风气。

以上因素导致了俄罗斯历史上的一个有趣的文化现象：在科学文化领域，占主导地位的不是传统的贵族阶级（虽然18世纪俄国的科学与文化改革主要面向贵族阶层）或教会，而是以罗蒙诺索夫为代表的来自平民阶级的科学工作者。因此，有俄罗斯学者将其称为这一时期俄国的"文化革新"（культурная новация）。（Кузнецова，1999）[51]

三、俄国科学文化产生与发展的文化土壤

（一）开放包容的俄罗斯文化属性

俄罗斯文化是融合了"东西南北"四个方向文化的兼容并包的体系。"西方–俄罗斯–东方"问题是学界研究较多的问题。俄罗斯思想家恰达耶夫首先明确地提出了这一命题。他在《哲学书简》中指出，（俄罗斯）既不属于西方，也不属于东方，既无西方的传统，也无东方的传统。恰达耶夫思想最重要的意义在于，这是首次在东西方文化的背景下探讨俄罗斯文化特质的问题。（恰达耶夫，2011）一般认为，俄罗斯文化中的"东西维度"问题与俄罗斯独特的地理位置有密切的关系。早期的俄罗斯地处东欧平原，缺乏天然屏障的保护，经常受到来自东方游牧民族和西方的威胁，这些因素客观上造就了俄罗斯民族的开放性和对外拓展意识。自16世纪中期开始，俄罗斯迅速成为一个横跨欧亚的大帝国。由于地理位置上联系着欧洲与亚洲，俄罗斯随之也成为中西方文化的交汇点，成为包容西方文化影响以及东方文化制约的"文明接合部"。

我们同样不能忽视俄罗斯文化"南北向度"的问题。俄罗斯哲学家利哈齐夫在《解读俄罗斯》中就明确提出，俄罗斯的问题非东西方问题，而是南北方问题，具体来说是拜占庭和斯堪的纳维亚文化的冲突与融合问题。（利哈齐夫，2003）周力在《俄罗斯文化的基本精神与外交》中谈道："早在东斯拉夫部落时期，俄罗斯文化的形成就受到了来自南方和东南方的突厥文化与来自北方和东北方的芬兰-乌戈尔文化的强大影响；东斯拉夫文化和突厥文化、芬兰-乌戈尔文化的融合，形成了古罗斯文化民族起源的原生层；与斯堪的纳维亚文化和拜占庭文化，还有南部斯拉夫的文化进行融合，形成俄罗斯民族文化的再生层。"（周力，2010）[72]在俄罗斯文化传统的形成过程中，受到来自东西南北四个方向文化的影响，在与其他民族文化进行"我—他"式的经常对话中，俄罗斯文化逐渐形成了自己开放包容的特质。而俄罗斯文化的包容性构成了其科学文化生长的前提。

近代科学是根植于西欧文化土壤的产物，它与西欧文化传统中的科学精神、对信仰的执着、对理性的诉求、对世俗生活的兴趣等密切相关。同样，近代科学的成长壮大也需要特定的文化土壤中和环境。来自西方的科学文化能否成功移植或嫁接到另外一个文化中，首先取决于被移植文化是否具有开放式的胸怀来进行接纳。"李约瑟难题"就涉及这个问题。早在中国的明清两代，以利玛窦为代表的西方传教士就试图在中国闭塞的传统文化土壤上移植西方科学。虽然他们的行为受到少数社会上层人士甚至中国皇帝的认可，但最终因为缺乏社会基础而"只是在中国传统文化的大土壤中辟出了一小块西洋科学的盆景"（钮卫星，2004）。而在17世纪末的俄国则是另外一番景象。俄国开放包容的文化属性使得它不仅善于学习、借鉴、吸收其他文化的营养和精华，而且还与外来文化进行文化融合、冲突和重组，最终不断完善自己的文化特色。得益于此，西欧近代科学被有组织、有建制地引进俄国。俄国科学文化以彼得堡科学院为载体和"基地"，并以"星星之火可以燎原"之势逐渐发展为社会大众认可与接受的本土文化。

（二）东西方文化之间的摇摆

在17—18世纪俄国科学文化的衍生过程中，同样存在俄罗斯在"西方化"与"东方情结"之间的摇摆。从上文所述中可看出，俄罗斯文化中的"西方化"或者"亲欧情结"在俄国科学文化的诞生和发展过程中发挥了关键作用。但事实上，在彼得一世考虑将西欧近代科学引入俄国的同时，他的目光同样也瞄准东方，具体来说，是中国。这与16—18世纪欧洲文化思潮中的"中国文化热"有关。中国元代，蒙古骑兵横扫欧亚大陆，西方国家开始试图了解中国。至明代，葡萄牙、法国、意大利等国获中国皇帝的准许，陆续派出传教士来到中国（其中意大利传教士利玛窦最为著名），了解中国国情，研究中国文化，翻译中国文化典籍。清代早期的康熙皇帝和中期的乾隆皇帝也都允许西方传教士继续来中国传教。为了达到更有效地传教布道的目的，西方传教士对中国国情进行了全方位的研究，并将中国文化介绍回自己的国家。在他们的影响下，17世纪下半叶至18世纪中叶，中国学在欧洲成为显学。在彼得堡科学院创建过程中发挥积极影响的莱布尼茨也对中国产生了浓厚的兴趣。他还著有《中国近事》一书，全面地阐述了他对中国的态度，对中国的伦理以及治国学说给予高度评价。

作为近邻，中俄两国很早就开始了间接民间贸易。专门研究中国经济的苏联经济学家斯拉德科夫斯基认为，"中国的丝织品、锦缎等货物早在10世纪就已经由中亚商人传入俄罗斯"（斯拉德科夫斯基，2008）[42]。该观点得到国内部分学者的认同。而乌克兰东方学家库尔茨（Борис Григорьевич Курц，1885—1938）通过考察古希腊作家希罗多德、古罗马史学家马尔切利努斯等人的著作做出大胆推测：在罗斯尚未出现前，中国商品就有可能通过阿拉伯人间接进入其未来领地。（Курц，1929）13世纪初，蒙古帝国向西扩张时与罗斯发生战争。蒙古人在西征以及后来对罗斯两个多世纪的统治过程中，不仅带去了东方精美的器物、服饰、茶叶等生活用品，也传播了火药[①]、算盘、印刷术[②]等先进的科学技术发明。也就是说，在中国的元代甚至更早[③]，中俄科学技术交流的序幕就已拉开。

自17世纪末，俄国政府就开始向中国派遣传教士和留学生（1727年中俄政府间签署的《恰克图条约》对俄罗斯东正教向北京长期派驻、定期轮换传教团的做法给予了法律确认）。俄罗斯政府交给传教团以及来华留学生的一项重要任务，就是在中国寻找技术。譬如，清代学者俞正燮所著《癸巳存稿》中记载："康熙时（1688年）俄罗斯遣人到中国学痘医，由撒纳特衙门移会理藩院衙门，在京

---

① 在叙述1382年莫斯科抵御鞑靼人的文献中，第一次提到罗斯使用了发火武器。莫斯科的工匠制造了罗斯第一批火炮。

② 关于中国印刷术是否西传以及如何西传的问题，目前学术界仍存在争论。意大利历史学家约维斯最早提出了中国印刷术通过俄罗斯传入欧洲的观点。英国学者李约瑟认为，印刷术西传之举，可能是由维吾尔人在蒙古时期完成。据印刷史研究专家张树栋先生等著《中华印刷通史》记载，当蒙古人开始征服中原时，中国的雕版印刷事业正处在历史的兴盛时期。蒙古人统治中原以后不但用汉文，而且还用他们本民族文字译印中国古代文籍。在征服中国北部之后，蒙古人转而向西深入罗斯，印刷物品及其技术随军传入是完全有可能的。

③ 中国元朝由蒙古族忽必烈于1271年所建，而蒙古金帐汗国对罗斯的统治启于1240年。因此，中俄科学技术交流完全有可能在元代之前便已开始。

城肆业。" 回到俄国的留学生们，很快把中国用来预防天花的"人痘接种法"传到了土耳其及欧洲、非洲诸国。（孟庆云，2004）[210]再如，1693年随伊杰斯使团来京的药剂师卡尔斯坦斯，他的任务就是"在这个国度里找寻可以入药的根茎、草和种子"（加恩加，1980）[77注㉓]。由此可以看出，西欧和中国同为17世纪末俄国预想的科学知识和技术的"来源国"。但由于各种原因，俄国最终选择了向西方学习科学文化的道路。

这种文化摇摆性同样体现在俄罗斯民众对18世纪俄国科学文化的态度上，这实际上是俄罗斯民族文化与西方文明在科学领域的博弈。俄罗斯对于较自己发达的西方的态度复杂而矛盾，一方面羡慕、向往和热爱，但另一方面又对西方价值观充满了排斥甚至敌意。比如，陀思妥耶夫斯基一方面承认自己是"憎恶欧洲的人""敌视欧洲的人"，但又满怀深情地讴歌欧洲："对于俄罗斯来说，欧洲如同俄罗斯一样地珍贵；欧洲的任何一块石头都是可爱的和珍贵的。如同俄罗斯一样，欧洲也是我们的祖国，啊，更大的祖国！我对俄罗斯的热爱不能比对欧洲的热爱更多。……近一百年来俄罗斯的存在都不是为了自己，而只是为了欧洲。"（别尔嘉耶夫，1996）[68]在西欧科学文化最开始对俄罗斯传统社会产生影响时，同样存在认可与抵触之间的矛盾。很明显，俄罗斯社会最终接受来自西欧的科学文化的目的只有一个：学习西方，最终超越西方、拯救西方。

（三）国家主义思想

近代科学在俄罗斯的产生远晚于西欧。18世纪彼得一世改革之前"现代欧洲科学在俄罗斯全境内既没有一所大学，也没有任何非宗教机构可以有栖身之处"（Шарф，2003）[21]。俄罗斯科学技术史专家、美国学者格雷厄姆认为："在俄罗斯近代史的早期，直至18世纪，科

学（或用西欧的名称为'自然哲学'）几乎无声无息。"（格雷厄姆，2000）[11]

　　在整个18世纪，俄国科学文化的发展都与国家主义紧密联系在一起，发展科学被上升到国家战略的高度。当科学强国思想上升为治国理念时，科学文化就与政治文化捆绑在了一起。首先，"自上而下"的科学组织形式在客观上克服了当时不利于科学文化确立的负面因素，省去了俄罗斯在近代科学之路上长时间、渐进式的摸索过程；其次，以沙皇为首的统治阶级视科学为国家事业，深入参与科研活动规划与管理，并借助国家舆论机器宣传科学精神，既有助于俄罗斯在较短时间内建立基础较为扎实的科学体系，也有利于科学文化在社会思想领域的确立；最后，在效忠沙皇、争取国家利益等思想的指引下，俄罗斯本土科学家破茧而出并创造出学术辉煌，赋予了科学文化新的内涵。

　　正如上文所述，彼得一世奠定了创建科学院的基础，而叶卡捷琳娜一世继承彼得一世的遗愿，完成了创建科学院的后续工作。当然此后并不是所有的皇帝都能对科学院给予百分之百的支持。彼得二世执政的12年中，执政党与皇权之间的斗争异常残酷，加之彼得二世更喜欢莫斯科，曾公开地表示不喜欢海军以及彼得一世引进的东西，这些都使得科学院处境艰难；1730年安娜女皇登基后，她和她的同僚虽然认为科学院对提高国家威望非常重要，也特别愿意利用科学院为一些庆典活动增光添彩，但是由于宫廷里宠臣当权，被彼得一世取消的许多贵族特权和优待也被恢复，使得学术活动与国家公务和军事比较起来，处于不利地位。由于不间断的军事行动、国家财政的混乱，科学院在那个时期经常遇到经费紧张的问题。但是在此后的一些关键阶段，来自国家政权的支持对俄国科学文化的发展来说功不可没，有时候甚至是发挥至关重要的作用。比如，伊丽莎白女皇时期，正式颁布了彼得堡科学院自成立以来的第一个章程，这标志着国家通过法律手段对科学研究工作进行调控。由于伊丽莎白女皇本人的支持，近代科学在俄罗斯实现了本土化。叶卡捷琳娜二世①实行开明专制制度，对俄国科学家的科研工作给予了较大的自由，不仅使得18世纪末成为俄国科学在世界科学史上的辉煌时期，也推动了科学文化与俄国社会启蒙思想的结合。

　　除了俄罗斯帝国的沙皇，一些国务活动家对俄国科学发展的贡献也不可抹杀。首先要提的是基里洛夫，他从1727年开始担任枢密院行政秘书，并领导印刷及制图工作。通过他与科学院的通信可以看出，他对科学院事务持续保持兴趣，并对它的需要给予关注。他不仅与科学院交流地图材料，在科学院印刷厂印刷俄罗斯帝国全国地图，帮助推广为《圣彼得堡消息报》编写的《诠注》以及科学院的其他出版物，而且是派遣科学家参加1732年第二次堪察加考察的主要推动力。在支持彼得堡科学院的俄国外交官中，除直接参与科学院创建的科洛夫金和库拉金外，还要提到一个人——康杰米尔。他在18世纪30年代先后在伦敦和巴黎担任公使，期间与科学院保持通信多年，协助科学院扩展与西欧国家科学机构的联系。此外，俄罗斯第一位内阁部长奥斯捷尔曼（Андрей Иванович Остерман，1687—1747），在俄国对外政策的制定中发挥了重要作用，安娜女皇的司仪塔季谢夫、米尼赫（Христофор Антонович Миних，1683—1767）元帅，以及枢密院院

----

　　① 叶卡捷琳娜二世（Екатерина Вторая，1729—1796）：德国公主、彼得三世（彼得一世的外孙、安娜公主之子）的妻子。1762年推翻彼得三世成为俄罗斯女皇，1762—1796年在位。

长、诺夫哥罗德大主教普罗科波维奇等国事和军事活动家也扮演着科学院"庇护者"的角色。他们的支持对科学院的生存来说非常重要，因为每个时期都有持科学院无用论的反对者。

应该看到，政治干预对科学文化的影响并不全是正面的。科学发展规律告诉我们，科学建制赖以存在的基础在于科学的自主性或科学的自治。正如默顿所说："在科学获得作为一种社会建制的牢固基础以前，它需要合法化的外部来源。只是到了后来，科学对其他体制化的价值的这种依赖性才开始缓慢地发生变化。科学逐渐获得一种与日俱增的自主性，如同一个人寻求良好的体魄或个人启示一样，它声称合法性为其自身所固有。"（罗伯特，2000）[18-19]在俄国科学文化的发展过程中，科学自主性与政权干预之间的矛盾同样伴随左右。

科学研究和科学建制需要社会和国家的必要支持，但是也要防止和抵制它们不合理、不恰当的干预。如果说俄国枢密院根据国家发展需求给科学院下达科学研究课题与科学研究工作还有一定关系的话，那么皇宫给科学院布置的很多其他任务则经常远离科学。比如，政府把科学院首先看作是能够为"开明君主制"添彩的机构，因此请外国大使和重要客人参观科学院成为常态，向他们展示图书馆和珍宝馆，现场展示一些物理实验等。此外，科学院还被赋予了书报检查的职能，与科学院的本职工作丝毫没有关系。因此，院士们与官僚主义的长期斗争一直贯穿于科学院的发展历程。譬如，18世纪40年代，一些科学家就由于不满当时科学院办公厅（Канцелярия Академии наук）负责人舒马赫尔的独断以及对科学工作的干涉，特别是他在分配经费时自作主张将过多的经费划拨给科学院"艺术"部分，从而使"科学"部分受损，而与他产生尖锐的冲突。最后，事情由权贵组成的委员会化解，纳尔托夫取代了舒马赫尔的位置。再如，1747年的科学院章程是在没有院士参与的情况下制定的。章程没有坚持院士们在开始阶段就争取的关于科学院自主权的尝试，反而强化了院长和办公厅在管理方面的权限，规定在没有院士参与的情况下就可以决定所有行政事宜。为此，罗蒙诺索夫带领其他院士进行了长期斗争。他在与官僚主义的斗争中表现为一个维护俄罗斯科学利益的不妥协的战士。

科学家们与政权官僚主义之间的矛盾，是俄国科学思想不断加深、科学家社会地位不断上升的结果，体现了科学"功利性"与"自主性"的文化冲突。科学发展历史告诉我们，"一旦把科学变成了追逐利益的工具，那么当科学家或科学共同体的追求与政治家（政治集团）或企业家的利益相冲突时，当科学自身发展的逻辑与政治运行的轨迹或市场运行的规则出现矛盾时，科学便可能成为强权政治限制或奴役的对象，科学发展的道路便不可避免地被政治或经济的力量所扭曲。"（李正风等，2011）[130]因此，应对追求科学"功利性"对维护科学"自主性"的挑战，是一个长期而重要的问题。

（四）欧洲理性主义的影响

17—18世纪，随着俄国与西欧在科学和文化上不断接触，许多自然科学和哲学巨匠在俄国已为人知晓，西方以自然科学进步为基础的唯理论的学说和观点对俄国社会逐渐渗透。西欧唯理论也称为理性主义，承认人的理性（能够识别、判断、评估实践理由以及使人的行为符合特定目的等方面的智能）可以作为知识来源，以此为理论基础形成自己的哲学方法。它认为运用抽象推理就可以达到事物及其结构，或宇宙的真理；真理不需要经验的证实，而是由具有逻辑确定性的标准来检验。其代表人物是法国哲学家笛卡尔、荷兰哲学家斯宾诺莎、德国哲学家莱布尼茨和伍尔夫等。与欧洲理性主义相对的另一种哲学方法是经验主义，它的基本观点是知识来源于感性经验，需要用经验来验证。由于欧洲理性主义与俄国反理性主义宗教传统的碰撞，产生了一种折中的"实用主义哲学"。它不关注知识是否来源于理性，而强调知识是控制现实的工具，信仰和观念是否真实取决于它们是否能带来实际效果。

虽然近代科学被强行引入俄国，但俄国社会在很长时间里都对科学采取冷漠的态度，科学家（或科学工作者）的社会地位并不高。这与俄国人文化传统中重实用而轻理论的特点是分不开的。布留斯在他翻译的《直尺和圆规用法》的前言中写道：理论家就像一个工匠，能进行创造性的思维，但不适用（不能把他们的推测用到实处）；理论家又像工程师，（只能）在纸上征服堡垒，却不能在战场上进行战斗；理论家还像水手，但只能手捧地图和罗盘，不出家门地游历美洲。（Соболев，2004）[792]这段话非常形象地描述了俄国社会对科学理论的态度。

苏格兰哲学家休谟①在《人类理解论》一书中主张，人类所有的思考活动都可以分为两种：追求"观念的联结"（Relation of Ideas）与"实际的真相"（Matters of Fact）。前者牵涉到的是抽象的逻辑概念与数学，并且以直觉和逻辑演绎为主；后者则是以研究现实世界的情况为主，一切通过实验、观察而归纳出来的知识都属于此类。无独有偶，塔季谢夫也将科学知识分为五类，分别是：需要的（如经济、医学、军事科学等）；有益的（外语、演说学、天文学、物理、化学、地理和历史等）；精致的或使人开心的（诗歌、音乐、舞蹈等）；好奇的或无用的（占星术、手相、炼金术）；有害的（所有形

---

① 大卫·休谟（David Hume，1711—1776）：苏格兰哲学家、经济学家、历史学家，被视为苏格兰启蒙运动以及西方哲学历史中最重要的人物之一。

式的算命）。（Кузнецова，1999）[47]从中可以发现俄国社会完全是从实用角度来评价科学的。只有那些对俄国社会有用的科学才是俄国的发展方向。

塔季谢夫在《两个朋友关于科学和学校益处的谈话》中回忆，彼得一世曾说：我想收割大堆谷物，但没有磨坊。附近没有水，建不成水力磨坊。水在很远的地方，我又来不及挖渠道。因此我先建磨坊，以迫使后人把水引进已建成的磨坊。（Копелевич，1974）[185]这段话形象地阐述了彼得一世借科学院引入西方科学的步骤：既然来不及修运河，那便先建可以完成的磨坊，至于引水过来开动磨坊的事情，暂不考虑。此外，在不具备建立国民教育体系条件的情况下，彼得一世希望兼顾科学与教育的发展，使科学院能"较少亏损"（Копелевич，1974）[186]。彼得一世逝世后，俄国一些政客认为科学院院士的教学工作量不大（因为学生很少），而科研人员基本上是引进的人才，看不到科学的"实际的应用"，所以质疑继续花钱支持这个新机构的必要性。（Кузнецова，1999）[57]这些事实都是实用主义哲学的典型反映。

18世纪俄国在很多科学领域的发展都与开拓新国土、争夺霸权地位、勘测国家资源、城市建设的实际要求相关联。这不仅涉及地理、植物学、动物学、自然资源研究等，甚至理论力学、数学这类科学也直接或间接地受到客观需求的影响。彼得堡科学院院士们被指派的科学研究任务，在很多时候都是为了寻找那些能带来实际效果的问题解决方案。比如，丹尼尔·伯努利在1738年出版的著名的《流体动力学》前言部分中写道：这本书的主要部分（体力学和液压研究）是在彼得堡科学院的指导、倡议、支持下完成的，所有努力的目的在于通过科学来推动社会利益的增长。（Бернулли，1956）[9]再如，为解决造船和航海中出现的实际问题（包括在离岸数百海里的大海中精确地确定舰船的位置等），数学家L. 欧拉根据科学院的指令在1749年出版了两卷本的《海洋科学》。当然，以上两本著作中不仅包含实际问题的解决方案（力学中的纯数学研究成果在造船和航海中的应用），也有相应的理论归纳，对力学、物理学各个分支的进步和发展产生巨大影响。18世纪下半叶，罗蒙诺索夫建立俄罗斯历史上第一个化学实验室，标志着科学院的科学研究开始减少功利主义色彩，逐步走上理性主义（或者称为"纯科学"）道路。

四、俄国科学文化的社会影响

俄国科学文化的发展丰富了俄罗斯民族语言文化，增强了俄罗斯民族意识并推动了俄罗斯民族思维方式的改变，催生了俄国启蒙哲学，带动了俄国教育思想的发展并在俄国社会思想进步中发挥了积极作用。

（一）俄罗斯民族语言文化

伴随着西欧科学革命的发生，一些用来表达科学概念和思想的专门词汇（"科学术语"）应运而生。库恩就从语言的角度对科学革命的本质问题进行了分析。他认为："科学知识既然是一种历史产品，那么描述科学发展变革的科学理论就要付出改变描述语言的代价，因此，科学革命的核心是语言的改变，科学革命前后的理论在语言层次上是不可通约的。"（张谨，2006）[47-50]我们且不去简单判断库恩的观点是否过于武断，但他正确地注意到一个事实：科学的发展历史同时也是科学语言的发展史。科学无国界，在科学知识对外传播的过程中不可避免地会碰到两个与语言相关的问题：第一，在科学发展史上保持话语权的问题，换言之，保持世界公认的"科学语言"地位的问题。比如，最早在拉提姆地区（今意大利的拉齐奥区）和罗马帝国使用的拉丁语在中世纪就是欧洲不同国家之间进行交流的媒介语，也是研究科学、哲学和神学所必须掌握的语言。在16—17世纪的欧洲，拉丁语是许多新的科学语汇的来源，属于当仁不让的"科学语言"。第二，与科学接收方的语言之间的博弈问题。诚然，使用大家公认的"科学语言"便于科学家间的交流，也有助于快速准确地吸收先进科学思想，但科学接收方出于民族自尊或民族文化教育普及的长远考虑，往往又会极力争取用本民族语言撰写科学著作。

外来语言对俄语的影响早在罗斯洗礼时就开始了，以希腊语为介质，希伯来语（равви-мойучитель、пасха-прехождение、аллилуйя-хвалитеБога）、叙利亚语（мамона-богатый、голгофа-лобноеместо）、波斯语（кораван-скрыня或ковчег）中与宗教有关的部分词汇被保留在俄语中。（Демидова，2009）[140]18世纪初，由于彼得一世实施以学习西欧为目的的改革，大量西欧人以及西欧科学文献不断进入俄国，德语、荷兰语、波兰语、拉丁语等西欧语言中有关政治、军事、科学、文化的词汇开始潮水般涌入俄语语境并与之不断融合。作为当时颇有建树的语言学家，塔季谢夫在如何对待外来语与本国语言之间的关系方面有许多明确的观点。他一方面认为在俄语中出现外来语是自然的、不可避免的现象，比如，физика（物理学）、математика（数学）、навигация（航海学）、фрегат（三桅巡洋舰）等词汇在当时本身就是无法翻译成俄语的词汇；另一方面坚决反对滥用外来语，强调在用俄语能表达同样概念的情况下尽量使用俄语。

在西欧语言与俄语的最初融合中，由于俄语中缺乏表现西欧科学技术中提炼出的某些抽象的思想与概念，西欧语言对俄语的影响仅限于在俄语中借用西欧语言中的某些名词或术语，这类词被称为"仿外来语"，往往给人不伦不类的感觉。随着西欧参与俄国科学发展进程的深入以及俄国本土科学家的成长，西欧语言抽象概念系统逐渐对俄国社会产生更深的影响，反映在语言上便是俄语科学语言的规范化问题。彼得堡科学院的阿多杜罗夫、特列季亚科夫斯基、萨达洛夫、伊利因斯基等研究助理、翻译承担了研究俄罗斯文学语言、科学术语的任务。他们是这项事业的开创者。

得益于渊博的科学知识与扎实的语言修养，罗蒙诺索夫在前人工作的基础上，承担起了建立和完善俄国科学术语体系的历史任务。1757年，罗蒙诺索夫完成了经典著作《俄国（语言）语法》，巩固了俄语的使用规范，统一了正字法规则，勾勒了俄语标准语的形态结构。在如何规范使用外来科学术语的问题上，他强调：首先，把他国的专业术语词转译成俄语。在有些词本来的词汇意义与术语意义不吻合的情况下，应通过扩展这些词原有意义结构来传达相关的术语意义。譬如，俄语中的протяжение，既可表达"长度""高度"等意义，也可扩展至"延伸度"的意义。其次，只有在无法找到对应的俄语词或者外语词已经普遍流行的情况下才可以音译。第三，即使是音译，也应该使音译的外语词汇具有某种俄语的习惯形式。（郑述谱，2002）[85]罗蒙诺索夫在翻译《沃尔夫实验物理》的过程中以及在公开学术研讨会上使用俄语发言时，创造并完善了许多科学术语，至今仍在被广泛使用。

18世纪60年代后期，彼得堡科学院每期出版的《新评论》杂志均有论文的俄语摘要，与1728年用俄语撰写《科学院评论简要描述》相比已不能同日而语，这反映了俄语科学术语的日益规范和固定。而这一切都与罗蒙诺索夫的贡献密不可分。

科学文化对民族语言文化的影响还体现在科学术语对民族语言的丰富与推进上。原本在某一狭窄专业范围内使用的术语（比如，化

学中的реакция——反应、анализ——分析、элемент——元素以及物
理学中的сила——力、энергия——能量、фокус——焦点等）被不断
引入文学、政论等读者群更为广泛的作品中。一些与科学知识本身、
对待科学的态度有关的语句逐渐沉淀在俄罗斯民间谚语和历史典故
中，成为俄罗斯民族文化的宝藏。比如，"Ясно, как дважды два——
четыре"（"像二二得四那样，明摆着的"）、"Знание——сила"
（"知识就是力量"——16—17世纪英国唯物主义哲学家培根的名
言）、"Стиль-это человек"（"风格即人"——18世纪法国科学家
布丰①1763年8月当选法国科学院院士时的讲话）、"А все же Земля
движется"（"可是地球真的在动"——伽利略在宗教法庭前被迫放
弃日心说的主张之后喃喃自语）。

　　需要指出的是，在科学精神的指引和科学方法的指导下，18
世纪出现了专门词典编纂热潮，这成为彼得一世去世后一个值得注
意的文化现象。其中具有代表性的是彼得堡科学院院士帕拉斯的工
作。在叶卡捷琳娜二世的支持下，帕拉斯于1787年在彼得堡出版了
世界语言学史上第一部目录式词典《全球语言和方言比较词典》
（Сравнительный словарь всех языков и наречий），共收入世界上
200种语言的词汇。1791年，该词典第二版问世，收入的语言数量增
至272种，涉及欧洲、亚洲、美洲和非洲的部分方言。（柳若梅，
2010）[134]当活的语言被固定在词典里的时候，语言的发展速度就会快
很多倍。帕拉斯院士所编纂的词典及其继任者的补充、完善是彼得堡

---

　　① 乔治-路易·勒克莱尔，布丰伯爵（Georges-Louis Leclerc，Comte de
Buffon，1707—1788）：又译蒲丰、比丰。法国博物学家、数学家、生物学家，
启蒙时代著名作家。

科学院赋予俄罗斯民族文化发展的一个重要贡献。俄罗斯学者指出，如果没有帕拉斯院士以及彼得堡科学院所进行的有针对性的工作，"就不可能出现普希金富有诗意和情感的语句，也不可能出现19世纪俄罗斯散文和诗歌的辉煌"（Кузнецова，1999）[50]。

（二）俄罗斯民族意识和民族思维

18世纪俄国科学文化史深深打上了俄罗斯民族自尊的印记。如果说在彼得一世之前的时代俄罗斯民族凝聚力主要依靠种族血缘和东正教信仰维系的话，那么彼得一世时代俄罗斯民族意识中则增加了新的内涵——对民族国家的认同、忠诚以及在对外交往中对国家利益的维护。这种民族心理在俄罗斯科学文化的创建与发展过程中得到了突出体现和印证。

不可否认，在俄国近代科学产生、科学文化确立的过程中，外来因素功不可没。早在17世纪末，莱布尼茨就积极推动科学在欧洲各国的发展，希望借助信仰和智力的力量来克服在欧洲存在的宗教与政治之间的冲突。他劝说俄国沙皇建立欧洲模式的科学院，并将未来的彼得堡科学院视为德意志帝国与东方联系的桥梁。正因如此，他的倡议在柏林社会得到了必要的支持。得益于"由外到内"的发展模式，彼得堡科学院在创建时直接站在西欧若干"科学巨人的肩膀上"。

L. 欧拉等西欧科学家的贡献固然重要，但彼得一世创建彼得堡科学院的目的却在于借外部力量培养俄国本土科学家，这一思想从来没有改变过。不断上涨的俄罗斯民族自尊决定了俄国不可能一直或完全依靠西方的力量来发展自己的科学文化，他们将科学视为在与西方文明接触甚至斗争的过程中争取民族和国家利益的工具和手段。彼得一世对科学院进行设计时，在他的许多思想中明确体现了维护科学本土化的初衷。比如，他在制定"科教一体化"政策时，就希望在"科学院—大学—中学"这三个层次中，俄国的成分从底层逐渐成长到顶层（彼得堡科学院创建时，顶层和中间层分别被从西欧来的院士及其带来的大学生占据）（格雷厄姆，2000）[14-15]；再如，在规定彼得堡科学院教授们的教学工作时，他希望在斯拉夫民族中挑选学生，以便将来更方便地教授俄罗斯人。

众所周知，蒙古统治罗斯240年，带来了东方文化，也使罗斯与西欧在经济、文化领域的距离明显拉大。在西欧人的意识中，俄国是"野蛮"的国家，俄罗斯人被排除在先进欧洲人之外。因此，彼得一世在阐述建立彼得堡科学院的目的时表示："他们（科学院的院士）关于科学和新发明的论文，将用拉丁文出版，通过这种方式，为我们带来在欧洲的荣耀和尊重。外国人将会知道，我们也有科学，而不再认为我们鄙视科学，将我们视为野蛮。"（Кузнецова，1999）[25]按照彼得一世的思想，科学院和大学就是培养本土科学家的地方，一定要改变那种认为俄国人没有能力独立进行科学工作的观点。俄国本土院士罗蒙诺索夫后来在《伊丽莎白女皇登基日颂》中也极力号召本国同胞向世界证明：俄国完全可以培养出自己的柏拉图和牛顿。

18世纪上半叶，彼得堡科学院中外国人所占比例高达90%。（Турнаев，2007）[7]1725—1775年，科学院成员的一半都是德国人或讲德语的人。由于来自德语区的科学家数量居多且长期拥有科学院的领导权，因此德国文化传统始终弥漫在俄国科学体系中。一开始德国人对俄罗斯人来说不危险，因为他们是来帮助俄国建立本国科学的，但是从彼得一世逝世以后，情况开始发生变化，德国人把科学院看作自己的财产。而在俄国科学家看来，俄国人应该成为科学院的主人，应该捍卫自己的权利。因此，外国院士与俄国本土科学家之间长期处于抗争状态。譬如，当罗蒙诺索夫1741年由德国返回彼得堡后，以舒马赫尔为首的一批德国人对他进行打压，经过几年的斗争，罗蒙诺索夫直到1745年才获得教授职务。后来，陆续出现了俄籍科学家争取学术平等地位的"纳尔托夫运动"（Турнаев，2007）[9]、罗蒙诺索夫与米勒1749年关于俄罗斯历史的争论（罗蒙诺索夫反对米勒关于罗斯国家起源的"诺曼说"，积极维护俄罗斯民族的独立生存能力、创造能力以及俄罗斯民族在人类历史上发挥的重要作用）（Турнаев，2007）[13]、科学院在改革后辞退不会俄语的教师（Турнаев，2007）[18]（从18世纪40年代起，在彼得堡科学院中越来越多地听到俄语；50年代，彼得堡科学院学术刊物语言由以前的拉丁语改为俄语）等重要事件。

在彼得堡科学院中之所以产生"民族冲突"，除了或多或少存在于西方科学家身上的对俄国这个"野蛮"国家的"俯视"态度外，还有另外一个更深层次的重要原因：外国人在俄国社会中的不稳定的状态。对这些外国科学家来说，能对他们的社会地位产生威胁的只有俄罗斯人。由于俄国本土科学日益壮大，俄罗斯人希望成为自己国家的主人，甚至提出了"俄罗斯属于俄罗斯人"（Россия-для русских）的主张和口号，而外国科学家们并不希望放弃已经在俄国打下的基础而回国。德国人采取的策略是，从一开始就积极投身科学行政机构的建立，争取多数，然后再邀请其他德国人来俄国工作。作为俄国社会中的"异族"，他们通过"结盟"的方法来保持在俄国科学中的领导地位，消除来自俄国本土科学家的威胁。

别尔嘉耶夫曾指出："在俄罗斯精神中，东方与西方两种因素永远在相互角力。"这种角力在西方文化背景下的俄国科学文化中同样存在。它既是彼得堡科学院中民主化倾向不断增强的结果，更是俄罗斯民族自我意识不断增长的反映。反过来看，俄国科学文化的发展和不断完善同样会刺激俄罗斯民族的自我意识，进而对俄罗斯民族心理甚至思维方式产生潜移默化的影响。最为典型的例子莫过于俄罗斯民族心理中独特的"全人类意识"和"全宇宙意识"，即站在全宇宙、全人类的角度和高度来思考问题。不可否认，这种意识最初一定来源于基督教中的弥赛亚意识，但科学文化因素的加入，特别是相关科学知识和科学观念的支撑使得这种意识得到强化和发展。俄罗斯宇宙主义的奠基者费奥多罗夫的思想具有一定代表性。他建立了一种"共同事业"的哲学，包括复活祖先和自然调节等两个基本方面。自然调节的第一个阶段是对整个地球的气象调节（包括利用科学知识控制大气过程、调节地震-火山现象、合理利用地下资源以及太阳能等新能源），实现对地球的控制和驾驭；第二个阶段则是驾驶"地球船"走向宇宙，因为"人类活动不应只限于地球范围内"，当地球资源枯竭之时，走向宇宙便成了人类唯一的出路。（徐凤林，2006）[94-99]这种当时看来非常超前甚至异想天开的思想日后不仅对俄罗斯宇航科学产生直接推动作用，同时也成为俄罗斯民族心理中的重要内容。

（三）俄国启蒙哲学

哲学发展的历史证明，科学与哲学从根本上来说是同源的。自然科学成果既是对未知自然规律的揭示，也蕴含着具有普遍意义的哲学新思想。因此，自然科学是哲学思想产生和发展的源泉，是推动哲学前进的动力。在16—17世纪的西欧，培根、伽利略、笛卡尔等许多著名的科学家同时也是哲学家。俄罗斯哲学史家弗洛罗夫斯基（Георгий Васильевич Флоровский）在《俄罗斯神学之路》（Пути русского богословия）中指出，俄国在18世纪出现了独立的哲学。此处的哲学指的是广义上的哲学，即对现实问题所进行的理论层次上的沉思。俄罗斯东正教思想研究者张百春认为，"这是一种脱离宗教束缚，甚至是与宗教对立的世俗哲学，即启蒙哲学。它最主要的标志是在科学的基础上出现的唯物主义哲学和革命性的政治理论"，"由于俄罗斯科学技术的迅猛发展（特别是'原子论'等理论的出现）颠覆了神学的基础，自然科学知识成为俄罗斯哲学社会思想中革命民主潮流的支撑力量"。（张百春，1997）

罗蒙诺索夫是18世纪俄国哲学的代表性人物。早在基辅–莫吉拉学院学习期间，罗蒙诺索夫所学的课程就包括利用亚里士多德的学说阐述的哲学和逻辑学；在德国的马尔堡留学时，罗蒙诺索夫师从17—18世纪之交的德国著名唯心主义哲学家、物理学家沃尔夫。这些经历对于罗蒙诺索夫的哲学启蒙非常重要。罗蒙诺索夫在哲学方面的最大贡献在于，他摆脱了宗教唯心主义的束缚，开创了俄罗斯哲学中的本体论传统，为俄罗斯近代唯物主义哲学体系的形成和发展开辟了道路。正因如此，罗蒙诺索夫被称为"俄罗斯唯物主义哲学之父"，俄罗斯哲学史学界中许多人将他作为俄罗斯哲学发展阶段的划分标准。

罗蒙诺索夫认为，"宇宙中我们所能看见和一时还看不见的东西都是物质"。他把物质定义为组成物体并决定物体本质的东西，认为一切物体都是由独立存在、不可分割的原子组成；广延性（占有空间）、不可透性、形态、惯性和机械运动是物质的基本性质，而气味、颜色、滋味、声音等"第二性的质"也是自然界各种事物本身所固有的，是客观存在的。这否定了机械论哲学家波义耳、经验论哲学家洛克关于"物体第二性的质是由人们的感觉产生的"的观点。

尽管没有明确提出"物质第一性，精神第二性"的观点，但罗蒙诺索夫坚持认为"物质的本质（或内部）取决于物质本身"。在研究酸性物质和酸味感觉之间的关系时，罗蒙诺索夫得出结论："舌神经上的酸性物质一接触到放在舌上的酸味质点便发生一种运动上的变化，而大脑也便感到这种变化。嗅觉便是这样发生的。"他认为人的感觉是物质作用于感觉器官的结果，是物体客观存在的特性在意识中的反映，这无疑是唯物主义哲学的主要标志之一。

罗蒙诺索夫继承并发展了笛卡尔提出的动量守恒原理，通过化学实验证明了物质和运动守恒的自然规律，并提出了物质与运动具有统一性的思想。这为唯物主义哲学提供了自然科学依据（因为唯物主义的基本原理就是自然界一切现象的本质都是物质，物质的能量既不能被创造，也不能被消灭，而只能从一种形式转换为另一种形式），同时也否定了笛卡尔、牛顿等人的"运动是由'最初的神的推动力'或'第一推动力'等外力加在物质上的东西""运动可以消灭，也可以从无中产生"等唯心主义观点。

罗蒙诺索夫对许多不同领域的自然现象进行了综合研究，认为它们在某种程度上是互相关联的。比如，他在《真正物理化学教程》中证明，物理现象和化学现象并不彼此孤立，而是相互联系的，因此完全可以使用物理学的原理与方法研究化学问题。这与辩证法中"一切事物都处在相互联系中"的基本观点是吻合的。此外，罗蒙诺索夫还试图从科学的角度来解释山脉、矿物、动植物有机体的产生问题，进而提出了"运动是物体不可分割的特性，物体的变化通过运动发生"的辩证思想。比如，他在《论地层》中指出，整个宇宙发生过无数次巨大变化，相对宇宙的微小颗粒——山脉和人类肉眼看不到的底层同样也发生了变化；运动是从天体到最微小的物质粒子不可分割的特性。当然，罗蒙诺索夫所理解的运动是指不同形式的机械运动。

罗蒙诺索夫基于自然科学观点对理论思维、理性认识的作用问题进行了思考。他认为，洞察现象本质强有力的手段是理性，探求真理的最佳方式是根据观察制定理论、通过理论校正观察。他在《论地层》中形象地写道："依靠理性探索我们摸不到看不见的地层深处，依靠思考游历地狱，依靠推断穿过狭窄的缝隙，把埋葬在长年黑夜中的昏暗不可解的事物和活动拿到明朗的阳光下来，这是一项伟大的工作。"（穆志强，1995）

总之，罗蒙诺索夫继承了俄国思想家塔季谢夫、康捷米尔等前人的相关哲学思想，开创性地利用科学知识以及机械唯物主义原则解释了自然界的各种现象，同时发展了同自然科学的进步密切相关的辩证唯物主义认识论，为俄国科学和哲学的发展做出了重要贡献。在罗蒙诺索夫身上，体现了信仰与理性、科学与宗教之间的和谐。他既笃信上帝的存在，又承认上帝不能替代科学的力量。他曾说："如果一位数学家想用圆规测量上帝的意志，那么他是不对的。而如果一个神学家认为可以在圣诗中学会天文学和化学，那么他也是不对的。"通过科学方法研究自然界以便证明造物主的智慧，在罗蒙诺索夫的思想体系中得到了统一。

拉吉舍夫延续了罗蒙诺索夫和法国百科全书派①的思想传统，对俄国科学发展做出了合理的哲学结论。拉吉舍夫在《从彼得堡到莫斯科的旅行》《关于人及其死亡与永生》等著作中认为，科学知识是排斥宗教与唯心主义的。在《关于人及其死亡与永生》中，拉吉舍夫从自然科学的角度研究人的问题，这是俄国哲学史上的创举。他从人的物质属性（即人是从自然中产生，遵从自然物质世界的规律）的角度出发，论述"死亡论"观点。他将人与动物做对比，结论是人与动物

---

① 百科全书派（法文Encyclopédiste）：18世纪法国一部分启蒙思想家于编纂《百科全书》（全称为《百科全书，或科学、艺术和工艺详解词典》）过程中以狄德罗为核心形成的一个学术团体。主要人员有孟德斯鸠、魁奈、杜尔哥、伏尔泰、卢梭、布丰、孔迪亚克、达朗贝尔、马布利、霍尔巴赫、爱尔维修等不少法国启蒙运动时期之著名人物。

的主要器官在结构和功能上并无实质区别，因为人和动物都同属"物质"。从中可以发现法国机械唯物主义关于人的观念对他的影响。而在论述"永生论"时，他认为，根据物质不变定律，物质是不会消失的，而思维和精神是靠物质器官完成的，是物质发展到高级阶段的产物，所以，即使人死后精神也不会消失，或转到另一个人或比人低级的动植物身上，或上升为一种高于人类精神的完善状态。

在拉吉舍夫的论文中，用大量篇幅讨论了"运动"的概念。他认为自然现象的基础是运动着的物质，物质和运动密不可分，运动是物质固有的、不可分割的、最重要的属性；他还论述了"时间""空间"和"存在"等概念，与牛顿的绝对时空观不同，他认为空间和时间是物质存在的方式，时间和空间不能离开物质而独立存在；此外，他还探讨自然的统一性以及自然物体的等级服从关系的问题。从瑞士哲学家和博物学家伯奈提出的"物质等级"概念[①]出发，拉吉舍夫认为，大自然（特别是有机世界）是一个历史发展过程，这在19世纪的科学中是能找到依据的。他还指出，人的思想是不断完善认知能力的结果，这种认知在最简单的生物体上的表现形式就是基本的生物应激性。

---

① 中世纪的基督教接受了亚里士多德的观点，认为宇宙间的万物可以根据其完善性排成一个"自然界等级"，等级的一端是非生物，经过植物、昆虫、软体动物直到鱼、鲸、卵生四足动物（两栖爬行类）、鸟和胎生四足动物（哺乳类），再到接近完善的人，人之上则是天使。根据一个物体在这个等级上的位置，可以判断它是高等还是低等。18世纪的瑞士博物学家伯奈（Charles Bonnet，1720—1793）由此提出了一个有趣的想法：在自然界等级之中，随着时间的推移，低等的生物会逐渐向高等的生物转化，植物会变成动物，动物会变成人，而人则会变成天使。尽管物种的总数是不变的，没有新物种产生，也没有旧物种灭亡，但是就生命的"灵魂"而言，它的形态却在不断进步。就这样，伯奈让原本静态的"自然阶梯"动了起来，从而把三大俗常生物观中认为物种各有其本质、本质不会改变的本质论清除掉了。

应该说，以罗蒙诺索夫、拉吉舍夫等为代表的18世纪俄国启蒙哲学逐渐形成体系，为19世纪俄国哲学的繁荣奠定了基础。19世纪俄国哲学中的许多重大问题最终都能追溯至18世纪的俄国启蒙哲学。俄罗斯宇宙主义就是其中的重要例证。宇宙主义是一种探讨"人类与自然""小宇宙与大宇宙"相互关系问题的哲学世界观。俄罗斯宇宙主义形成于19世纪至20世纪初，但在18世纪罗蒙诺索夫关于宇宙变化、金星外围存在大气层等思想中便已经可以找到宇宙主义的倾向。有学者指出，俄罗斯宇宙主义的独特之处在于，它找到了人类通向宇宙的现实道路，为20世纪迅猛发展的宇航学奠定了坚固的哲学思想基础。（王润华，2014）这正是科学文化与哲学互相交融的典型例证。

（四）俄国教育思想

众所周知，科学与教育之间的关系密切。教育是科学进步的基础，是连接科学过去与未来的桥梁，是完成科学知识再生产以及科学知识大规模有效传播的基本途径。反过来，科学的发展催生社会对教育的更大需求，促进教育思想的深刻转变，并对教育的内容、方法和手段产生直接影响。18世纪上半叶，由于俄国国民教育体系的缺失，彼得堡科学院的科学家们在开展科学研究的同时，也承担了科学院附属中学和大学的教学任务。俄国近代的教育活动也由此拉开序幕。从这个意义上说，俄国近代的教育思想是在科学文化的带动下逐步发展起来并得到巩固的。

18世纪初，关于在俄国应该优先发展大学（教育）还是优先发展科学院（科学）的问题曾引起广泛讨论。曾参与邀请外国学者到俄国工作的沃尔夫的观点具有相当代表性，他在1723年6月23日给布留缅特罗斯特的信中写道："与那些已经成家并且在德国享有一定地位的知名科学家之间的谈判非常困难。我不得不告诉您，一些人认为，对这个国家而言最好不是建立科学院，而是开设几所大学……这个方案倒是能找到人选。可以接纳那些具有一定地位的能力但还没有占据相关地位的人。他们随着时间成长，最后可以承担第二个任务。"（Копелевич，1974）[184]但是，彼得一世从俄国当时的实际国情出发，产生了"科教一体化"的想法并将其付诸实施。

1727年，彼得堡科学院附属中学成立，主要教授语言（主要是拉丁语和希腊语）以及数学、历史、地理、逻辑修辞等学科的基本知识。学生中的佼佼者有的进入科学院附属大学，有的则在科学院的其他机构供职。1727年，彼得堡科学院附属中学共有112名学生（主要是居住在俄罗斯的外国小孩），此后人数逐渐减少，2年后锐减到74名，到1737年只有19人。就学生数量来看，附属大学的状况也不好，前6年只有8个学生，全部来自维也纳；1731年学生人数为零，枢密院只得从莫斯科斯拉夫–希腊–拉丁学院派了12个学生；1783年和1796年，学生数量分别是2人和3人。（Кузнецова，1999）[34]科学院附属大学的教学不是按照彼得一世分三个系（法律、哲学、医学）的设想来进行的，主要采取公开课或者对学生进行单独授课的方式。虽然大学的学生人数不多，但培养了知名作家康捷米尔、科学院第一个俄籍研究助理阿多杜洛夫（他在1762年被任命为莫斯科大学的督学[①]）等一批著名学者。当然，还有毕业生后来成为科学先锋人物，那就是罗蒙诺索夫和利赫曼[②]。客观来说，与同时期的科学活动比较起来，彼

---

① 指旧俄时代领导某一地区范围内教育等机关的官吏。

② 格奥尔格·威廉·利赫曼（德文Georg Wilhelm Richmann，俄文Георг Вильгельм Рихман，1711—1753）：生活在俄国的德国物理学家。利赫曼是电气和大气电研究的先驱，并且进行热量测定，他和罗蒙诺索夫合作进行上述研究。在圣彼得堡进行大气电学实验时触电身亡。

得堡科学院附属中学和大学的教学情况并不理想。但是，发展教育的思想逐步深入到社会文化结构中。尤其值得注意的是：第一，在俄罗斯历史上首次出现政府开办的非宗教教育机构，打破了教会垄断教育的传统，也为科学文化的传播扫除了潜在的障碍；第二，彼得堡科学院附属中学和大学主张打破贵族的受教育特权，为俄罗斯历史上平民"知识分子"的出现奠定了基础，大大推进了包括科学文化在内的文化普及与传播。

1755 年1月，伊丽莎白女皇签署了创立莫斯科大学的法令。在莫斯科大学的创建和发展过程中，充分体现了曾担任彼得堡科学院附属大学负责人的罗蒙诺索夫的教育思想。他认为，俄国应培养高素质的专业技术人才，使得俄国在科学领域显示才能和智慧；应坚持教育的世俗性原则，不主张在俄国大学中开设神学院（在建立之初，莫斯科大学设立哲学、法学、医学等三个学院，此外内设师范学院和附属中学，以培养俄国教育所需的高素质的师资队伍、确保大学生生源质量）；坚持教育的无阶级性原则，主张废除等级制，任何出身的学生（甚至包括过去的农奴）均可进入大学学习；反对繁琐哲学，强调教师要用通俗易懂的语言和方法讲授课程，主张理论与实践结合、教学与科研结合；主张教师用俄语授课，认为这样既能保证俄国本土学生更容易地理解教材的内容，又能使学生在接受知识的同时受到爱国主义教育。莫斯科大学的创建对俄国国民教育体系的建立具有划时代意义。它是俄罗斯历史上第一所真正意义上的综合性大学，标志着俄罗斯国民高等教育体系建设的开端。顺便指出，莫斯科大学自成立以来为俄国近现代的经济社会发展培养并输送了大批高素质人才，其中包括数位诺贝尔奖获得者。如今，莫斯科大学也是俄罗斯国内仅有的两所直接向联邦政府负责的高校之一。

俄国教育思想在叶卡捷琳娜二世时期有了质的飞跃。这与她深受法国启蒙思想家强调教育重要性的观点的影响也是分不开的。1766年，叶卡捷琳娜二世责成立法委员会修订1649年制定的法典，其中特别强调了教育以及道德、伦理的培养的重要性，并提出了公共教育的若干基本原则。叶卡捷琳娜二世在教育领域的突出贡献还在于：1764—1765年，先后开创性地设立了两所专门招收女性学生的学院，在教育普及方面迈出新步伐；1783年，成立了培养师资力量的专门教育机构——师范学院；1786年，设立了国民教育部，对公共教育进行专门管理。叶卡捷琳娜二世的这些举措，对提高国民教育和文化水平、加速先进文化的传播和普及、带动社会思想的进步均具有积极意义。

（五）俄国社会思想

科学文化的社会价值除了体现在通过科学技术来提高社会劳动效率、发展社会劳动生产力外，更体现在通过科学知识来改变人们的传统思想观念（比如，由于医学知识的发展而淡化灵魂崇拜的观念，因天文学知识的发展而改变对宇宙的观念等），通过科学精神来引导人们以更加理性、客观的态度来思考一些社会问题。笔者认为，18世纪俄国科学文化同样在推动社会思想进步方面发挥了一定的作用；但是应该承认，与主流的启蒙思想比较起来，俄国科学文化对社会思想的影响还很有限，它可算得上俄国启蒙思想对俄国社会产生影响时的"帮手"。

18世纪俄国科学文化对社会思想的推动作用首先体现在人们新的价值观念方面。18世纪俄国官方确立的专制思想使沙皇为公众和社会服务的思想代替了以往为宗教服务的思想。与之相对应的是，人的价值以及个性化问题被重新认识。认真履行公民义务、具有爱国主义精神的人被视为最理想化的典范，他们的民族属性或出生背景则退而次之。在与西欧国家争取平等发展机会的背景下，科学事业成为最能体现俄国国家利益的重要领域。而随着"科学强国"思想的贯彻，人的价值首先被确定为造福于祖国的观念逐步得到强化。从统治阶级、社会进步集团到普通国民，开始逐步关注国家利益，并将其视为一切社会活动的根本诉求。以彼得一世为例，他崇尚为国家服务的思想，把自己视作国家的仆人；为了俄罗斯民族和国家的利益，他全心投入到改革事业中，不怕流言蜚语，甚至不惜处死叛逆的独子。彼得一世不仅自己以身作则，而且对被赋予大权的人也做出规定，要求他们必须关心国家利益，为众人的福祉而操劳。正如赫尔岑评价彼得一世所说，"国家就是一切"（Иллерицкий，1952）。再如罗蒙诺索夫，他一生的科学活动都与维护俄国与俄罗斯民族的利益紧紧联系在一起：由对传统村社精神的坚守，到对"好沙皇"的无限忠诚，再到对国家利益的追求。人在观念上的转变反映了俄国社会思想的进步过程。

　　当科学文化在俄国确立与传播的同时，来自西欧的哲学思想和社会思潮也在同步对俄国进行逐步渗透，两者在很大程度上呈现出契合性状态。自彼得一世时期起，俄国与西欧国家在政治、经济、文化等方面的交流频繁，西欧的人道主义思想和唯理论思想随之开始在俄国传播。笛卡尔的唯理论、洛克的感觉论以及伽桑狄、霍尔巴赫、爱尔维修等的唯物主义观点，丰富了俄国本土的认识论观点，为俄国科学文化的发展提供了新的方向；而笛卡尔、培根等西方哲学家的思想对提高社会生产力的需求产生直接影响，继而促进自然科学以及技术的发展。实行"开明专制"的叶卡捷琳娜二世继承并发展了彼得一世的西化政策，与当时法国著名启蒙思想家伏尔泰、孟德斯鸠、卢梭进行书信往来，并将他们的思想著作引入俄国。此外，来自英国的共济会思想也在俄国传播。法国启蒙思想家注重理性思想、尊重宇宙自然法则的原则以及共济会探索"神、自然与人"关系的基本宗旨与客观、求实、理性的科学精神在本质上具有一致性，因此能够相互融合、相互促进。而且，科学文化的发展为叶卡捷琳娜二世时期的俄国启蒙运动增添了新的内容。俄国启蒙运动挖掘了等级身份之外的个人价值，展示了农民阶级的新形象，甚至视农奴为与贵族等同的人，但是任何人也没有提出取消俄国等级制度的问题，阶级斗争反而越发激烈。（格奥尔吉耶娃，2006）[229]随着科学文化在俄国逐步发展，俄国进步人士认识到，科学的发展有赖于相应的社会、政治和文化环境。他们由此逐渐产生了要求确立农民财产权、发展国内贸易的思想。其代表人物是戈利岑公爵（Александр Михайлович Голицын）。1766年，他给叶卡捷琳娜二世的信中写道：科学院的创建为俄国科学和艺术发展提供了保障，但从历史经验来看，如果不发展国内贸易，则（科学投入）经费太少；如果不逐渐确立农民的财产权，则内部贸易无法繁荣。（Кузнецова，1999）[33]这种思想在农奴制盛行的时代无疑具有进步意义。

　　以上笔者从俄罗斯民族语言、民族意识、民族思维方式以及启蒙哲学、教育思想、社会思想等方面阐述了18世纪俄国科学文化对俄罗斯民族文化的推动作用。概括而言，俄国科学文化不仅在丰富俄罗斯民族文化的内涵、推动俄罗斯民族的形成方面发挥了重要作用，而且通过它所代表的科学精神与新观念对人们的世界观、价值观、思维方式、道德情操等产生了深远的影响。

第三章
工业革命与俄罗斯工业化
（18—19世纪）

马克思说："工业的历史和工业的已经产生的对象性的存在，是一本打开了的关于人的本质力量的书"（马克思，1979）[127]。

第一节　俄罗斯的传统技术

早在9世纪，基辅罗斯就拥有了当时较为先进的物质和精神文明，相对独立的古罗斯拥有独特的地方性知识，主要包括与日常生活和贸易活动相关的应用性知识，在算术、医术、手工艺、绘画、首饰加工等技术方面具有独特传统，建筑业已达到很高的水平。
（Микулинский et al.，1977）⁷15、16世纪之交，罗斯出现了一种
独特的计算工具，即后来闻名世界的"俄罗斯算盘①"（Русские
счеты）。与古罗马时期出现的"罗马算盘"比较起来，俄罗斯算盘
计算更为方便，属世界上较早出现并得到应用的计算工具之一。

图3-1　复制的罗马算盘（左）和17世纪的俄罗斯算盘

在农耕中俄罗斯人拥有独特的作物种植方法；在狩猎、采集蜂
蜜、捕鱼等经济活动中俄罗斯人积累了关于森林草原地带的自然条件
和动物、植物知识；通过冶金铸造等手工业生产俄罗斯人掌握了关于
金、银、铜、铁等金属以及青铜等合金的性能等。

一、俄罗斯传统冶金铸造工艺

乌拉尔山脉蕴藏储量丰富的铜和铁，是俄罗斯众多冶金开发地之
一。这里的冶金技术开发可以追溯到公元前4—3世纪的铜器时代，那
时已经拥有一定规模的铜矿开采和冶炼。

考古发现表明：在南乌拉尔卡尔加拉地区，5000至6000年前已

---

①　俄罗斯算盘单纯采用十进制，没有东亚算盘中间的横梁，除了其中一档
只有四颗算珠外，每档有十颗算珠，每个算珠表示一个单位，杆微微向上弯曲呈
拱桥状。俄罗斯算盘使用时，一般为档横向，算珠左右移动。

有铜矿开采技术。孔雀石、蓝铜矿遗址的采矿面宽度达20俄丈（42.7米），厚度达5俄丈（10.7米）。矿层深度从3—5米到30—40米，更深层的矿层可以达到40—90米。（Алексеев et al., 2008）[240]

10世纪末乌拉尔地区的冶铜业、铜合金加工和冶铁业促进了地区的社会文化发展和与其他地区的贸易往来。特别是10—12世纪在乌拉尔地区与伏尔加-保加利亚地区之间，涉及东南欧洲地区的密切商贸和文化往来中起到重要作用。从11世纪末期起，诺夫哥罗德商人开始用兽皮交换乌拉尔人的铁制品。12—15世纪，俄罗斯人定居在维亚特卡河和卡玛河盆地。由于地区交往频繁，使得更高级的铜、铁制品冲击了乌拉尔当地的原有铜铁技术，从而使这一地区的铜铁冶炼和加工业逐渐衰落。但在个别地区，冶金行业得到集中发展。例如：1631年开办了尼青斯基生铁厂。到18世纪初期，俄罗斯的铁合金加工业已经达到较高水平。主要在提炼，小型铜矿石加工，例如：绿色孔雀石加工、蓝色天青石加工。把孔雀石与天青石按9∶1的比例冶炼合金。乌拉尔地区的冶金业奠定了俄罗斯工业化的基础。到19世纪中叶，乌拉尔地区的冶金工业产品占全国产量的70%。但由于乌拉尔地区的冶金业属于农奴制经济形式，因而严重地制约了俄国冶金业的发展速度。1800—1860年俄国冶金业产量仅增长2倍，而同期英国冶金产量增长了24倍。（Ковнир，2011）[177]

伊凡四世之所以能够实现疆土扩张野心，与俄罗斯拥有传统高超的铸造技术不无关系。俄罗斯的铸造业起源于10世纪的铸钟技术，由于制炮技术与铸钟技术工艺相仿，所以，基辅罗斯时期就有专业的制炮匠。14世纪末，各罗斯公国兴起制炮业。到伊凡四世时期，因军事扩张需要，莫斯科大力发展制炮技术。（Истомин，2000）[10]莫斯科炮院是当时的专业制炮厂、军火库兼制炮匠学校。至今可以查到33名当时著名的铸钟匠和制炮手。安德烈·乔霍夫（Андрей Чохов，约1545—1629）是其中最著名的一位制炮手和铸钟匠。如今，凡是参观过克里姆林宫广场的游客，无不为广场上"炮王"（Царь пушки）的硕大体态和优美造型所震撼。"炮王"（1586年制）即安德烈·乔霍夫的杰作之一，它重达40吨，炮长5.34米，炮身外径120厘米，炮口带装饰图案部分的外径134厘米，炮口内径92厘米，炮尾内径44厘米。（Истомин，2000）[15]据记载，当年曾用了200多匹马才把"炮王"从炮院运到红场靠近莫斯科河的渡口边。"炮王"实际是霰弹枪，不能发射炮弹，只能发射石子。安德烈·乔霍夫一生制作的钟、炮作品无数，其中除"炮王"以外，还有"能装100只炮弹并能开炮100响"（Истомин，2000）[16]的大炮（1588年制）、41口径的狮子炮（1590年制）、重达2000普特的"列乌特"大钟（1622年制）等都堪称杰作。铸炮工艺异常复杂，对制炮手要求严格。制炮手不仅需要懂得精确计算，能够按时交货，而且还必须亲自参与发射过程。曾发生过制炮手在试射过程中不幸丧生的惨剧。然而，安德烈·乔霍夫因工艺精湛、细致认真，在其60多年制作经历中从未出过重大事故。当时，铸造工艺主要通过师傅口传身授得以传承，一名师傅通常带5—8名学徒。沙皇通过赏赐貂皮、锦缎、伦敦呢等物，发放嘉奖令并在作品上雕刻工匠姓名等方式奖励工匠及其学徒。例如：安德烈·乔霍夫率徒弟在铸成"阿喀琉斯"铜炮后，获得全罗斯沙皇米哈依尔·费奥多罗维奇的奖赏："3月14日奉沙皇之命，因铸造阿喀琉斯新炮有功，特赏赐铸工、炮匠安德烈·乔霍夫40张貂皮（价值10卢布）、9俄尺锦缎（每俄尺锦缎价值20卢布6个3戈比4个半戈比[①]）、4俄尺英

---

① 当时1卢布=33个3戈比2个半戈比=200个半戈比；1个3戈比=6个半戈比。

国呢（每俄尺英国呢价值30个3戈比）。赏赐其徒德鲁日诺克·罗曼诺夫、博格达舍夫·卡恰诺夫、瓦斯克·安德烈耶夫、米基托克·普罗沃托尔霍夫每人一块4俄尺英国呢（价值2个半卢布）。以资鼓励。"（Истомин，2000）[16-17]

可见，俄罗斯之所以能够在较长时间内相对独立发展，与其内部形成的特殊制度、生产力模式和文化传承方式具有内在关联性。以往学者通常把这些民族特性当作落后原因加以批判，实际上是出于西方文明中心论的立场，缺乏对地方性知识的宽容、正视、理解的视角。

二、俄罗斯生产模式的转变

17世纪，封建制的俄罗斯在以农业和家庭手工业为主的经济模式中逐渐出现手工工场（Фабрика）。这种经济生产实体包括官办手工工场、私人手工工场和外商创办的手工工场三种形式。（陶惠芬，2007）[21]官办手工工场主要从事皮革加工、玻璃生产和冶金业。其中，图拉的冶金手工工场成为未来俄罗斯重要兵工厂的雏形。以场主身份划分，私人手工工场可划分为农庄主和商人两大类。私人手工场主要涉及烧碱、制革、烧砖、酿酒、制盐、炼铁等领域。有的私人手工工场在人数上达到上万人规模。外商创办的手工工场有水力鼓风炼铁场（1632年，荷兰商人建）、玻璃场（1624年，瑞典人建）、炼铁场（1639年，丹麦人建）。

上述三种类型的手工工场是俄罗斯从农业国向工业国转化的生产基础。这些过渡性的手工工场在生产和销售产品过程中采用了精细化分工，开始雇佣工人，逐步形成了全国统一的市场，促进了对外贸易交流。在与西方进行商品交换的过程中，手工工场主引进了西方技术成果和交易形式，同时扶持了俄罗斯的商人资本家阶层的成长。俄罗斯这一特殊阶层成为后来工业化的主要支撑力量。

从1804年到1860年，在欧洲经济及技术发展的促进下，俄国生产模式发生了两次转型：第一次是从手工作坊转向手工工场；第二次是从手工工场转向机器工厂。其间，雇工数量增加8.6倍，生产效益不断增加。以机械制造业为例，从1851年至1860年，俄国机械制造厂从19个增加到99个，机械制造业的雇工人数从1470人增加到11600人。生产产品可以满足60%的国内市场需求。如果以1825年机械制造厂每位雇工生产产品的数量作为基数，则该基数比1804年增长125%，而1863年的产量比1825年的基数增长490%。（Ковнир，2011）[177-178]

随着劳动力数量增加，手工工场的规模不断扩大，并向各大城市、地区的中心聚集，形成规模化生产。生产的迅速发展在封建制俄国衍生出两个新阶层：企业资本家（靠手艺致富的工匠、庄园中被解放的有手艺的农奴和中间商）及雇工（城市中破产的小手工艺者、乡村中的家庭艺人、猎户和以工代役的农奴）。与此同时，以往的村落在手工工场聚集过程中逐渐形成专业化生产中心，即未来城市的雏形。莫斯科州的丝织品、特维尔州的鞋、雅拉斯拉夫州的麻织品以及科斯特罗马州的木制品成为未来城市的代言品。这些手工工场奠定了城市化和工业化的发展基础。技术引进伴随着雇工集中化管理的需求，人口逐渐向城市集中。

17世纪中叶是俄罗斯城市化发展的小高峰。1649—1652年俄罗斯境内除乌克兰和西伯利亚地区以外，共有216座城市。到17世纪末，全俄共有5.25万户城市居民。莫斯科当时有20万人。（陶惠芬，2007）[22]经过1个半世纪到19世纪中叶，1811—1863年俄罗斯的城市已经发展到1032座，城市人口达到600万。（李宝仁，2008）[25]

19世纪俄国的城市化进程与农奴制改革、经济需求以及工业化集成规模逐渐加大等因素之间存在内在关联性。

　　在1861年农奴制改革以前，俄罗斯土地的所有权主要掌握在皇亲国戚、贵族、大地主和教会总管等领主手中。从事农业劳作的人分为自由农民和农奴。自由农民靠租赁土地耕种生活，可以自由迁徙，改变居住地。农奴则属于领主的私有财产，被领主任意处置、婚配或买卖。一方面，农奴制为领主取得农业收入提供了基本的劳动力来源；另一方面，农奴制限制了农奴的人身自由，阻碍了农业产量的提高和农业经营规模的扩大。19世纪初，俄国上层社会取缔农奴制的呼声不断高涨。1853—1856年的克里米亚战争以俄国失败告终。俄国知识分子认为农奴制是造成战争失败的重要原因之一。1858年俄国有大约2300万农奴。他们被"圈"在领地中，既没有人身自由，又不能直接为国家利益服务。1861年2月19日，亚历山大二世诏令废除农奴制，解放了1000万农奴，从农奴主手中释放出1/3的土地权，迈出了俄国近代史上从封建君主制向资本主义过渡的最关键的一步。自由农民以及被解放的农奴大量涌入城市，成为俄国工业化的最廉价劳动力。俄国从此以拥有大规模数量的产业工人而进入欧洲工业化国家行列。

　　俄国第一次人口普查结果表明，从1858年到1897年，俄国人口从7400万增加到1亿2640万。同期，城市人口达1700万。（Ковнир，2011）[231]城市化是工业化的社会基础。城市居民对住宅、交通、饮食等日常生活的需求又为工业化提供了发展的理由和空间。

　　俄国在工业化进程中，各种产业的发展不论在地区分布还是在行业分布上都不均衡，缺少国家级的战略性规划。以交通业为例，由于国家地域辽阔、气候条件复杂、缺少统一规划和施工，俄国的公路建设十分缓慢，乃至俄国人提及本国的道路都会引用著名文学家、历史学家卡拉姆津①的名言加以讽刺："俄国有两大悲哀——傻瓜与路。"但由于俄罗斯具有丰富的水系，所以俄国的航运较为发达。特别是在19世纪初期，俄国在原有水系基础上建设了运河网。19世纪以后，俄国蒸汽船造船业迅速成长，蒸汽船逐渐成为俄国的主要水路运输工具。1815年，涅瓦河上行驶了第一艘蒸汽船。从1840年到1860年，俄国内河行驶的蒸汽船从40艘增加到339艘。（Ковнир，2011）[179] 俄国的铁路运输业从19世纪30年代起步，到19世纪末期，已经成为拥有最长铁路线的国家。俄国铁路建设还带动了其钢铁制造业、采矿业、电报、电话、信号、铁路沿线设施建设与维护等行业的发展。

俄国工业化发展依赖于俄国金融体制与银行业的完善。为了应对俄罗斯政治和经济形势的变化，俄国逐渐产生了新兴贵族与企业管理阶层。

---

① 卡拉姆津（Николай Карамзин，1766—1826）：俄罗斯文学家、历史学家。名言：俄罗斯有两大悲哀——傻瓜与路（В России две беды：дураки и дороги）。

第二节 工业革命时代的俄国计量制度

　　计量是人类在生活和生产过程中提炼出的方法和制度。人类为了保证进行公平的商品交换，发明了用于测定长度、容积和重量的度量衡。随着国家和地区之间贸易往来的规模不断扩大化，度量衡逐渐成为国家或地区的重要法器，以度量衡制度为标志的计量制度也逐渐从区域化走向国际化。工业革命以后，为了适应大机器工业以及国际贸易的快速发展，现代化先驱们为推动建立国际标准、制定统一的度量衡制度进行了不懈努力。应该看到，度量衡制作以及度量衡制度的形成一方面成为推动社会发展的动力，另一方面也成为贸易保护主义的屏障，甚至被作为保护国家安全的借口和措施。所以，考察计量制度发展史可以作为审视一个国家现代化进程的必要维度。在这个前提下，梳理俄国计量制度发展历程将有助于理解俄国现代化进程的复杂性和曲折性。

一、俄国的度量衡及计量制度的演化

　　从古罗斯起，俄罗斯人为了实现贸易往来的便利和商品交换的公平，逐渐积累了一些度量长度和重量的方法。以长度为例，人们根据人体结构或行为方式约定度量长度的方法和长度单位。俄寸（Вершок，维尔勺克）是食指指骨的长度；扨（Пядь，古俄语Пядень）是拇指和食指伸开后的长度；肘（Локоть）是从中指尖到肘弯的长度，约半米；俄尺（Аршин，阿尔申）是男人的臂长；俄丈

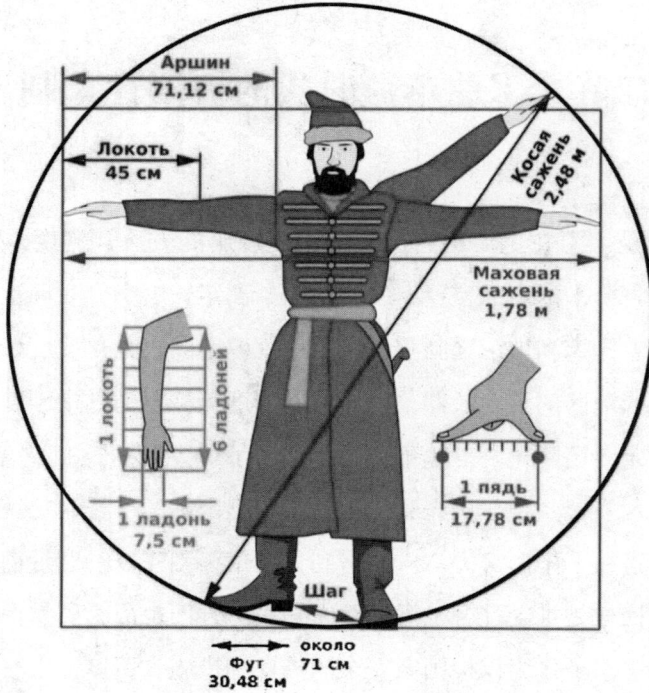

图3-2　古罗斯长度单位[1]

（Маховая Сажень，拓，沙绳）是男人伸开双手够得着的距离；斜俄丈（Косая Сажень，斜沙绳）指男人从左脚到向上伸直的右手中指尖的长度；俄里（Верста，维尔斯塔）指犁地从起点到垄沟尽头往返的距离[2]。这些度量方法通过口传身授被传承下来。但是，由于古罗斯各

---

①　引自https://yandex.ru/images/search?text=аршин&family=yes&lr=20577&p=2&pos=64&rpt=simage&img_url=https%3A%2F%2Fl-files.livejournal.net%2Fog_image%2F71266484%2F6275%3Fv%3D1519636467

②　20世纪初，在俄国采用国际长度单位制以后，1俄寸（Вершок，维尔勺克）等于0.044米；1俄尺（Аршин，阿尔申）等于0.71米；1俄丈（Сажень，沙绳）等于2.134米；1俄里（Верста，维尔斯塔）等于1.06公里。

公国长时间分立，加上经过长达240年的鞑靼蒙古人统治，致使古罗斯在16世纪中叶以前没有形成统一的度量衡单位，没有标准的度量衡器。

16世纪中叶，俄罗斯首位沙皇伊凡四世为了强化皇权，于1550年颁布了新《法典》（Судебнак），也称《百项决议集》（Стоглав），同时下令在全俄推广散体物容量单位——奥西米那（осьмина，大约等于105升），并设定了铜制标准容器。这是俄国第一个官方商业标准，具有国家法器的效力（Менщеко，2004）[11]。各地方官员的工作之一是保存奥西米那铜制样本，同时以奥西米那铜制样本作为标准，甄别、确认、裁定市场上的木制量具。为什么伊凡四世仅推出奥西米那一种国家量器？在目前所查到的俄罗斯计量史文献中没有找到明确答案。笔者通过比较研究16—17世纪俄国经济史和俄国宗教史发现：1547年，东正教会的莫斯科和全俄都主教为17岁的伊凡四世举行了加冕仪式。伊凡四世正式成为首位"全俄沙皇"，但他坚持皇权大于教权。（岳峰，2008）[98]为了打破东正教会对盐业生产的垄断局面，伊凡四世为民间盐场减税，鼓励发展民间盐业生产和贸易。这是奥西米那出台的政治、宗教和经济背景。俄国著名盐业家族斯特罗加诺夫（Стронановы）在这个时期因获得20年免税优惠（1558—1578年），迅速起家成为俄国富商。（Ковнир，2011）[90]

17世纪中叶，俄国沙皇阿列克谢·米哈伊洛维奇为了积极推进扩大贸易，开始关注度量衡问题。政府明确规定俄磅的重量、俄丈的长短以及度量衡的存放、测量等，还规定了对破坏度量衡的人课以重罚，甚至判处死缓。（Менщеко，2004）[12]度量衡的监造、测量任务由设在莫斯科的测量房（Померная изба）和总海关（Большая таможня）两个机构主管，同时委托军事部门和地方机构，交由头领、地方官员以及其他"可信的人"（верные люди）①配合执行监察工作。即便如此，俄国境内的度量衡也没有实现统一。比如，在西伯利亚地区，一俄里（верста）等于1000俄丈（сажень），在南方，一俄里（верста）等于500俄丈（сажень）。

17世纪末，彼得一世为了实现"破窗入欧"战略，清晰地意识到需要在俄国使用与欧洲相同的标准。为了使俄国与造船业发达的英国进行技术接轨，彼得一世引入英尺（foot-фут）、英寸（inch-дюйм），并将其与俄尺（аршин）和俄丈（сажень）做了换算规定：

1俄丈=3俄尺=7英尺；

1俄尺=28英寸=$2\frac{1}{3}$英尺；

半俄尺=$1\frac{1}{6}$英尺；

1英尺=12英寸（Шостьин，1975）[99]。

从此以后，俄国造船业全部采纳英尺制，纺织业逐渐淘汰俄尺制。但是，由于传统习惯强大，致使俄国在18世纪始终保持俄尺–英尺"双长度单位制"共存。例如：海军部（Адмиралтейств-коллегия）在测量贝加尔湖深度时使用1俄丈=3俄尺=7英尺的换算制；冶炼厂和冶金加工业混用俄尺与英尺。甚至在政府文件中经常出现双制混用的记录。如：1741年7月24日枢密院在建筑规范文件中规定："（房屋）从地面到底层地板的高度不能低于2½ аршин（俄尺）。为了防水，（房屋的）其他部分要高于（压水机）出水口1英

———————

① 俄文верные люди的原意是"执行丈量的人"。其中верные的词根为вер-，来源于вершок（俄寸）、верста（俄里）。верные люди转译为"可信的人""诚信之人""主持正义的人""忠实的人"及"可靠的人"等。

尺。"①（Шостьин，1975）[116]同期，各部门官员虽然理解在国内统一标准的重要性，但是由于实施过程过于烦琐，加上当时俄国没有统一掌管度量衡的机构，海军部、贸易局（Коммерц-коллегия）、矿物总局（Берг-коллегия）与彼得堡科学院等机构之间不存在权力归属问题，最终各司其职，制定在部门内部通用的标准。贸易局依然沿用传统的俄尺制；矿务总局为了测量采矿、管理冶炼厂及造币厂的生产颁布了行业内部标准；彼得堡科学院出于科研目的，统一了角度、时间和温度单位，保存了法国长度单位都阿斯②（туаз）和英国重量单位英镑（фунт）的标准样本。（Менщеко，2004）[12]（Хабибуллин，2016）[208]在这一时期甚至还存在把1сажень（俄丈）换算成6фут或8фут的现象。因为一些人（如木材商人）习惯使用巴黎尺③（парижский фут），另一些人（如拥有普鲁士文化背景的彼得堡科学院学者）愿意使用莱茵尺（Рейнский фут）。（Шостьин，1975）[116]18世纪末以后，俄国境内逐渐统一使用1俄里（верста）等于500俄丈（сажень）。

1736年，俄国枢密院决定成立度量衡委员会（Комиссия весов и мер），任命造币厂总管戈洛夫金（М. Г. Головкин）伯爵担任委员会主席，彼得堡科学院的L. 欧拉应邀参加委员会工作。在度量衡委员会的领导下，俄国拥有了铜制俄尺（аршин）、木制俄丈（сажень）、

---

①　原文为：в указе Сената от 24 июля 1741 г. предписывалось，чтобы сооружавщиеся дома располагались "от земли до нижнего пола на самых низких местах вышиною в 2 1/2 аршина，а на прочих местах，которые воде не столь подвержены，на один фут выше дольшой прибылой воды"。

②　1都阿斯=6巴黎尺。

③　巴黎尺/英尺=1440/1350。

液量器维德罗①（ведро）以及铜制俄磅量器。从此，俄国的重量标准俄磅②（фунт）拥有了法律地位。（Менщеко，2004）[12]度量衡委员会虽然仅存在十年，没有完成统一度量衡的大业，但是该委员会为俄国向标准化过渡奠定了重要基础，是科学研究与国家制度、生产实践相结合的样板。

上述现象折射出俄国在实施国家标准化过程中所面临的困难和复杂性。从17世纪末至18世纪末，俄国尽管处于混乱、无统一标准的状况，但经过百年努力，已经初具度量衡制度雏形，在一些工业和贸易领域部分实现了与英国、法国、普鲁士、意大利等国接轨。

1812年"俄法战争"的胜利为俄罗斯未来的军工生产赢得了社会舆论和政府支持。沙皇尼古拉一世③尽管以镇压"十二月党人"留下历史恶名，然而在推动俄国近代工业生产转型、促进对外贸易，特别在完善俄国度量衡制度方面做了不少实在工作。

为使俄国产品达到出口要求，尼古拉一世于1835年颁布《俄罗斯度量衡制度令》④。在该项法令出台后，俄国政府监制并封存了白金制俄丈（сажень）和俄磅（фунт）。1842年6月16日，尼古拉一世批准建立俄国史上第一个国家级度量衡机构——度量衡贮存库（Депо

---

① 1维德罗=12.3升。

② 1俄磅=409.51克。

③ 尼古拉一世（Николай I，1796—1855）：俄罗斯帝国皇帝，1825—1855年在位。叶卡捷琳娜二世之孙，保罗一世皇帝第三子，亚历山大一世皇帝的二弟。因其长兄亚历山大一世去世后没有男嗣，次兄康斯坦丁大公不愿继承皇位而获得皇权。上台后采取严厉专制统治，对内镇压"十二月党人起义"（1825年），严查新闻、出版业，对外镇压波兰起义（1830年）、匈牙利民族运动（1849年）和其他欧洲反专制运动，被称为"欧洲宪兵"。1855年死于克里米亚战争。

④ 《俄罗斯度量衡制度令》：《О системе Российских мер и весов》.

образцовых мер и весов ）。

从现代化史或从全球史的视角审视俄国建立度量衡贮存库事件，可以发现：度量衡贮存库是19世纪上半叶俄国政府的制度性安排，标志着俄国为了进一步推进与西欧工业化接轨，把国家标准化实践与计量学研究紧密相连，全面开始科学规范管理国内生产和贸易。

度量衡贮存库从1845年1月1日起启用。其工作内容包括：集中储存俄国及其他国家馈赠的度量衡标准样本以及向俄国各地推广使用国家统一计量系统标准。这是一个艰巨的国家标准化过程。

从机构领导人聘用人选来看，由于度量衡标准涉及计量学研究，所以，俄国政府在聘用度量衡贮存库库长时，没有选择皇亲国戚，而是选择在计量学、物理化学方面的著名科学家。第一任库长是物理化学家、计量学家、彼得堡科学院的库普费尔[①]院士。1865年库普费尔去世。第二任库长由物理学家、计量学家格卢霍夫[②]教授担当。1892年11月19日，著名化学家门捷列夫被任命为第三任度量衡贮存库库长。

从机构选址来看，1842—1880年，度量衡贮存库设在彼得保罗要塞——圣彼得堡城市的发源地。这里安保措施严密，便于储存度量衡。随着俄国度量衡事业的发展，为了更好地贮存新收纳的各种度量衡并便于从事计量学研究，1879年格卢霍夫把度量衡贮存库搬到圣彼得堡市内的后贝加尔大街（今"莫斯科大街"）19号。

从1842年到1892年的50年间，俄国度量衡机构从无到有，成为国家实现现代化的有力工具。俄罗斯学者认为，这50年是俄国计量事业

---

① 库普费尔（Адóльф Яковлевич Кýпфер, 1799—1865）：俄罗斯科学院院士（1828—），物理化学家、计量学家。
② 格卢霍夫（Влади′мир Семё′нович Глу′хов, 1813—1894）：俄罗斯物理学家、计量学家，交通工程学院计量学教授。

发展的第一阶段——自发成长阶段。（Хабибуллин，2016）[208]

1893年6月8日（俄新历6月20日），根据门捷列夫的建议，俄国财政部把度量衡贮存库更名为"度量衡总局"。从此，度量衡总局统领俄国全境度量衡事务，贮存包括质量、长度、温度、压力、时间、电单位的标准样本。例如：1899年度量衡总局监制并封存了精确的俄磅标准（1俄磅等于0.40951241公斤）。到20世纪初期，度量衡总局已经成为具有国际水平的国家标准数据库。从1892年到1917年的25年是俄国计量事业发展的第二阶段——本土化阶段，开启了计量事业的"门捷列夫时代"。

1917年十月革命以后，俄国的度量衡制度进入第三发展阶段——标准化阶段。1918年9月4日，苏俄人民委员会颁布《使用国际公制度量衡制度令》（Декрет《О введении Международной метрической системы мер и весов》），真正实现了俄国度量衡与国际公制的接轨。如今，度量衡总局易名为全俄门捷列夫计量学研究所，是俄罗斯计量学研究中心。

二、俄国计量事业的门捷列夫时代

德米特里·伊万诺维奇·门捷列夫[①]是以发现元素周期律而闻名世界的化学家。1890年，门捷列夫因庇护学生与教育部长闹翻，愤而辞去国立圣彼得堡大学教授职务，转而关注俄国的关税及工业发展等

---

① 德米特里·伊万诺维奇·门捷列夫（Дмитрий Иванович Менделеев，1834—1907）：俄国化学家、物理化学家、物理学家、计量学家、地理学家、经济学家，在众多学科领域做出重要贡献。他提出的《门捷列夫周期表》享誉世界。彼得堡皇家科学院通讯院士、国立圣彼得堡大学教授、国立圣彼得堡技术大学教授。

问题。门捷列夫辞职后，立即被俄国海军部聘用，专门负责研制无烟火药。门捷列夫为了完成研制工作，出访英国、法国，于1891年在俄建立火药研究实验室，1892年发明了无烟火药。

19世纪末俄国工业迅速崛起，生产了大量机器产品，需要投入国际市场。然而，俄国与欧洲度量衡标准不统一。这成为阻碍俄国发展外贸规模的"瓶颈"问题。由于门捷列夫务实、爱国、做事严谨，被时任财政大臣的改革家维特①推举为度量衡贮存库第三任库长。

1892年门捷列夫出任度量衡贮存库库长后，一面推广度量衡的统一和普及工作，一面把度量衡作为科学研究对象从事科学研究。他比较了俄国与国外度量衡，指出：当时世界上最有效力的度量衡有英制、法制和俄制体系，还没有形成世界公认的公制。在这个大背景下，需要出台俄国国家政策、法规，制定精准的俄国度量衡，并向全俄进行度量衡知识的普及化推广工作等措施，以达到逐步普及、统一度量衡的最终目的。门捷列夫认为俄国度量衡统一工作需要经过一个必不可少的从乱到治的过渡期。这个时期将非常漫长，且不宜过快结束。门捷列夫向财政部提出设立国家度量衡总局并在各地设立分局的建议。维特采纳门捷列夫的建议，批准把度量衡贮存库改制为度量衡总局，并拨款帮助门捷列夫在彼得堡、莫斯科、华沙、敖德萨、里加成立分局。门捷列夫计划20年内在全俄境内成立100个度量衡分局。

---

① 维特（Сергей Юльевич Витте，1849—1915）：俄罗斯帝国政治家，对19世纪末20世纪初的俄罗斯工业化发展起到重要的促进作用，起草《十月宣言》——俄国第一部宪法的前身。曾任俄罗斯帝国交通大臣（1892）、财政大臣（1892—1903）、大臣委员会主席（1903—1905）和第一任俄罗斯帝国大臣会议主席（1905—1906）。

门捷列夫的改革措施包括：

首先，矫正并封存了俄制的长度和重量度量衡样本，奠定了俄国国家统一度量衡标准的基础。

第二，把度量衡总局建成国家计量学研究中心，从事计量学的科研与实践工作。

第三，研发度量衡单位的规律，获得法律支持。

第四，在俄国各大城市建立度量衡总局的分支机构，形成度量衡系统，监察、推广度量衡的使用工作。

第五，筹备从俄制向公制的转化工作。（Гинак，2008）[53]

与此同时，门捷列夫注意随时引入欧洲新标准及新产品。例如：门捷列夫学习德国物理技术学院和法国国际度量衡局的新知识和管理经验，从慕尼黑购买了24小时误差在1/100秒之内的钟表，安置在冬宫对面陆军总司令部大门上，并通过电线从度量衡总局发信号矫正钟表误差。1905年，门捷列夫开始设立俄国全境的时间标准，并在首都全城实施。由于俄罗斯全境横跨11个时区，所以门捷列夫实施的统一全俄时间标准的工作具有重要的现实意义。

门捷列夫不仅重视制定统一度量衡、标准等工作，而且还重视在全社会普及和宣传相关知识。尽管实际应用效果甚微，但还是引起很大社会反响。为了吸引社会各界对度量衡问题的关注度，门捷列夫采取了一系列措施：在报纸上做宣传海报；向国内外人士开放度量衡总局，展示从国外进口的仪器；在各地开设分局时举行隆重的开局典礼；提高度量衡官员工资等。同时，门捷列夫把度量衡总局办成科研机构，开展俄罗斯计量学研究：创办俄文杂志《计量学》；发表科研成果和实际工作报告；培养研究人员。

门捷列夫之所以能够推行计量改革，主要得益于维特的支持。但是，由于爆发了1900—1903年的世界经济危机、1905年的俄日战争及1905年的革命，维特被迫下台。在维特下台后，俄国各项政策都受影响。门捷列夫对计量事业的各项改革措施没有得到彻底落实。

尽管如此，门捷列夫的计量改革还是对俄国现代化发展起到了不容忽视的历史作用。

第一，门捷列夫的计量改革是俄国19世纪末20世纪初在财政部大臣维特主持下的一系列发展国家工业、科学、商业的改革计划之一。

第二，在门捷列夫的领导下，俄国首次成立了较为完整的计量体系，在全国范围内解决了度量衡的统一问题。

第三，门捷列夫成立度量衡总局并在全国设立度量衡分局的建议在俄罗斯当时是必然、必须和非常及时的。

第四，门捷列夫在度量衡总局提出"三位一体"的改革规划：进行计量学科研；开展统一并推广度量衡、计量体系的实践工作；完成统筹组织管理工作。"计量学的演进清晰而显著地展示了概念思维经历了从偶然、随意、主观走向共识、规范、客观，从混乱走向有序，从独立、分散走向相互关联和统一，从经验走向科学的过程。"（Шостьин，1975）[13]这种"科研—应用—组织""三位一体"的规划与国际水平接轨，与俄国工业发展需要相符。

第五，门捷列夫推动计量普及工作，向百姓说明为什么需要进行计量改革；计量改革既顺应民意，又对国家对促进社会发展大有益处。

第六，门捷列夫通过提高计量工作人员工资，达到提升他们的社会地位与名望的目的，促进了公众对计量事业以及计量工作人员作用的关注和理解。

第七，门捷列夫的计量改革为俄国计量体系后续与国际公制接轨，为制定俄国的国家标准制度奠定了理论与实践基础。

第三节　工业革命背景下的西伯利亚大铁路

在西方第二次工业革命过程中，铁路已经成为工业化的集成者，代表着国家科学、技术和工业制造的国际竞争力。国家拥有铁路的里程成为衡量其世界地位的标志。就这一点而言，19世纪初，俄罗斯还游离在欧洲先进国家圈之外。

铁路交通业的产生与发展为俄罗斯工业化开辟了新天地。

一、铁路建设与俄罗斯的工业化

由于铁路工程关系到国家的军事部署、经济发展，乃至人才培养、外交关系等国家大政方针，所以，俄国的铁路建设从一开始就受到皇帝重视。

1837—1838年，俄皇尼古拉一世命交通工程师学院（Институт корпуса инженеров путей сообщения）的教授、工程师梅里尼克夫（П.П.Мельников）中校率团考察欧美国家的铁路建设情况。梅里尼克夫回国后开始大规模组织建设俄国的铁路。

19世纪30年代至60年代初，是俄国铁路建设第一个高潮。

俄国第一条铁路于1833—1834年在乌拉尔的下塔吉尔工厂内建成通车。1837年，在圣彼得堡与皇村和巴甫洛夫斯克镇之间铺设了第一条26.5公里长的皇室专用铁路线。而真正发挥经济效用的铁路是1843年设计、1851年建成的莫斯科—圣彼得堡铁路线。在此基础上，彼得堡—华沙铁路（1853—1862年）、里加—迪纳堡铁路（Динабург,

1858—1861年）和莫斯科—下诺夫哥罗德铁路（1858—1862年）等相
继建成，并入欧洲铁路网。到1862年农奴制改革前，俄国已铺设了约
1600公里铁路线。但与同期已建成16000公里铁路线的英国相比，俄
国工业化的速度和程度都处于落后状态。显然，1600公里的铁路长度
不能满足地域庞大的俄罗斯帝国的需要。

19世纪60年代至70年代，铁路运输的货物中粮食所占比重为
40%，19世纪90年代时降至25%。运输的主要商品变为金属、木
材、石油、煤以及工业加工产品。在这30年中，开采出的煤中有
36%、石油中有44%、金属中有40%用于铁路修建。（Кабанов，
1959）[160]这种由铁路运输带来的经济质变，督促俄罗斯人改变对铁
路这一新事物的认识。19世纪70年代至90年代初，西方工业化已
经基本完成，其工业革命的成果促进俄罗斯新兴资本主义者向东部
地区拓展商业。特别是在克里米亚战争战败后，俄各界人士一致承
认，铁路对俄国来说是国家强大、人民富庶的重要条件，发展铁路
成为振兴俄国工业的突破口。

19世纪90年代下半叶俄罗斯开始第二个铁路建设高潮，相继修
建了外高加索铁路、外里海铁路和西伯利亚大铁路。这些铁路建成
后，俄国已经成为一个铁路大国，其领土大部分地区拥有了稳定而
快速的昼夜运输系统。可以说，铁路建设引领俄罗斯向工业化纵深
发展。

二、西伯利亚大铁路的创意、融资和设计

俄国政府在扩充领土的过程中发现：俄国东部边疆地区工业基
础薄弱、农业商品化发展缓慢、商业贸易原始落后、交通运输业不
发达。西伯利亚地区的"交通不便捷阻碍了劳动地理分工的发展，

是扩大西伯利亚内部市场的绊脚石"（Кабанов，1959）[14]。而且，由于受到交通的制约，俄国政府对远东地区的安全问题越发感到鞭长莫及。为了改变这一状况，为了促进俄罗斯欧洲部分的资本尽快渗入其东部边疆地区，必须发展铁路建设。俄国在克里米亚战争中的失败更加促进新一代君主把建设东部铁路的任务提上议事日程。

自1869年苏伊士运河开通后，从欧洲到远东较之绕道好望角，缩短了数千公里路程和几星期时间。从欧洲到远东，经苏伊士运河需要45天。如果建成西伯利亚铁路，走完这段路程只需要20天左右的时间。可见，西伯利亚铁路有望取代苏伊士航线，成为连接欧洲与远东的主要通道。俄国将在争夺远东和太平洋地区的霸权时处于极为有利的地位。所以，19世纪末，俄国政府开始考虑修建一条连贯的、将欧俄地区与西伯利亚和远东地区连接起来的铁路——西伯利亚大铁路，以缓和国内在新形势下产生的尖锐社会矛盾，改善远东国际关系力量配比。

西伯利亚铁路建设的支持者主要是与这一地区贸易有关的商人、企业家。其中商人诺斯科夫（И. Носков）的建议最为具体。他提出沿西伯利亚驿道修建从下诺夫哥罗德到恰克图和阿穆尔岸边的铁路。他强调："如果建成这条铁路，不仅对西伯利亚和全俄的贸易和工业带来重要变革，也会对欧洲与东方各国的贸易、相互关系产生影响。"（Борзунов，1963）[53]诺斯科夫提出了把整条铁路分成几个独立的路段和区间分别修建的方案。俄国政府采纳了这个建议，用作建设西伯利亚大铁路方案的基本原则。

19世纪末，西伯利亚大铁路是一个异常复杂的工程。铁路工程的全生命周期纠缠着众多矛盾。从路线确定、集资方式、路权分配到线路勘探、设备采买、铁轨铺设、配套设施建设、沿线安保、维护、运营等各个环节充斥着各种问题。俄罗斯国内不同地区的新兴资本家为争夺路权垄断地位而提出不同的线路走向；新兴资本家与政府官员为争夺未来利益分配而提出不同的集资方案；英、德、法、美等国代表想瓜分路权、获得设备采买权和沿路经济开发权，因而提出不同线路和集资方案。因此，西伯利亚大铁路的决策经过30年争论没能达成一致意见。

1892年维特出任交通大臣和财政大臣，彻底改变了纠结的局面。西伯利亚大铁路最终建成。维特总结道："他（亚历山大三世①）起用我，意在让我完成他的修建铁路思想。我先任交通大臣，后于1892年8月30日出任财政大臣，……不管前任的那些大臣如何阻挠铁路修建，我直接听命于皇帝，把皇帝修建西伯利亚大铁路的思想贯彻到底，……我为推动完成这一伟大事业做了努力，但首先归功于亚历山大三世和尼古拉二世②两位皇帝的支持。"（Витте，1960）[355]

西伯利亚大铁路西起莫斯科，东到符拉迪沃斯托克，绵延9332公里，是迄今为止世界上最长的铁路。其主体工程主要位于俄国亚洲部分，于1891年从符拉迪沃斯托克和车里雅宾斯克东西两端同时破土动工修建，1904年全线通车，收尾工程则延续到1916年。这部分铁路长达7587公里，分三期完成（见表3-1）。

---

① 亚历山大三世（Алекса'ндр III，1845—1894）：俄罗斯帝国皇帝，1881—1894年在位。
② 尼古拉二世（Николай II，1868.5.18—1918.7.17）：亚历山大三世之子，俄罗斯帝国末代皇帝，1894—1917年在位。

表3-1　西伯利亚大铁路工程线路

	工程线路	工程时间	线路长度
第一期工程	西西伯利亚线（车里雅宾斯克—鄂毕）	1891—1898	3696公里
	中西伯利亚线（鄂毕—伊尔库茨克）		
	南乌苏里线（符拉迪沃斯托克—格拉弗斯卡亚）		
第二期工程	北乌苏里线（格拉弗斯卡亚—哈巴罗夫斯克）	1895—1898	1446公里
	外贝加尔线（梅索瓦亚—斯列坚斯克）		
第三期工程	贝加尔环线（伊尔库茨克—梅索瓦亚）	1897—1916	2445公里
	阿穆尔线（斯列坚斯克—哈巴罗夫斯克）		

三、西伯利亚大铁路的技术系统和社会系统

就工程的技术内涵而言，铁路工程是包括工程勘测、筑路技术（土木工程）、机车车辆及其制造、安装、车站建设、信号及运输管理、检修等众多技术的复杂技术系统。

西伯利亚大铁路（包括支线铁路）共敷设了11966公里钢轨，挖土1000多万立方米，砌石24万立方米，修建桥梁86公里。铁路修建总成本达1472585591卢布。（Осипов，1991）[68]

1891—1899年，为建设西伯利亚大铁路俄国共需要1.805亿普特钢轨，其中俄国国内工厂生产1.749亿普特，其余从国外进口。（Ильинский，1929）[73]国内钢轨生产量占西伯利亚大铁路需要总量

的96.90%。可见，西伯利亚大铁路的建设极大促进了俄国钢铁产业的发展。

到1906年前，西伯利亚大铁路共有1370辆各种型号的机车（总价值5120万卢布）和27481节车厢及敞车（总价值5060万卢布）。其中，73辆机车产于1866—1870年，服役期为35—40年；93辆机车产于1876—1882年，服役期为25—30年；共有263辆机车实际服役期在25年以上。从1907年1月起，俄国政府决定只向西伯利亚大铁路运输直接从工厂生产线下来的新机车。此外，还有21.8%的机车来自国外。

1892年12月22日，经亚历山大三世批准，西伯利亚铁路委员会成立。皇储（继任皇帝尼古拉二世）出任主席。"因为在那时，君主的权力是无限的，所以毫无疑问，西伯利亚铁路委员会的决定具有法律效力……"（Витте，1960）[437]这使得西伯利亚铁路委员会"不仅有涉及铁路建筑和管理问题的全权，而且还有涉及建筑该路具有立法性质决议的全权"（徐景学，1988）[138]。

西伯利亚铁路委员会负责组织修建和解决移民问题，另外还肩负着对铁路沿线及俄国东部地区的自然资源、经济、地理状况进行全面研究的任务，为俄国政府了解当地情况提供可靠资料。

1895年夏，俄国政府最终决定西伯利亚大铁路的东段经过中国东北修建，用以达到两个目的：第一，节约经费。修建穿过中国境内的铁路比阿穆尔路段缩短514俄里距离，可以节省铁路修建资金1.34亿卢布。（Мелихов，1991）[38]第二，东扩。这条铁路无疑直接达到强化俄国在中国东北地区影响、与其他列强（特别是日本）相抗衡的目的。维特认为："从政治及战略方面来看，这条铁路……使俄国能在任何时候通过最短的道路把自己的武装力量运到符拉迪沃斯托克及集中于满洲、黄海海岸和中国京城的近距离处。"（中国社会科学院近

代史研究所，1992）[32]

1896年6月3日，俄国人把李鸿章请到彼得堡，签订建设中东铁路（也称"东清铁路"）的《中俄密约》。清政府以出租铁路沿线土地的形式，同意俄罗斯修建穿过中国境内的中东铁路。

1898年8月，中东铁路破土动工。经过大约5年的建设期，1903年6月1日中东铁路全线通车。中东铁路以哈尔滨为中心，向满洲里、海参崴和大连三个方向延伸为三条支线。为了便于运输建筑材料，由六处同时开始相向施工。经费预算为3.75亿卢布。到1904年1月前，资金总额达4.10亿卢布。（Пак，1995）[26]

西伯利亚大铁路（包括中东铁路）贯穿欧亚两大洲，途经87座城市，带动了铁路沿线的城市建设和经济发展。铁路不仅是复杂的技术系统，更是一个复杂的社会系统。从铁路内部看，为了保障铁路维修和安全运营，铁路社会系统包括配备军事化的、具有路权的独立管理机构、铁路警察部队、铁路工程师、技术人员和铁路工人。除此之外，铁路的社会系统还需要医院、学校。对于以东正教为国教的俄罗斯铁路系统，为了满足铁路系统内部人员以及沿线居民的精神需求，西伯利亚大铁路专门配备了随车的机动教堂（后改为铁路沿线的落地教堂）。由此可以理解，为什么在中国东北地区的铁路沿线有许多教堂、医院和铁路学校（铁路职工子弟学校、铁路技术学校乃至铁道学院）。

四、西伯利亚大铁路的历史意义

19世纪中期西方的工业革命与技术革命对俄罗斯工业化起到重要作用。其间，西欧技术向俄罗斯转移，促进俄罗斯初步形成工业化布局。如果从工业革命和国家现代化角度看俄罗斯建设西伯利亚大铁路的意义，可以概括为以下几个方面：

第一，从地缘政治上看，建设西伯利亚大铁路对于提升俄国的国际地位具有直接政治和战略意义。西伯利亚大铁路缩短了从俄国的欧洲部分到亚洲的时间，"它可以增加我们在那里的影响"，"使西伯利亚获得了与俄国其他地区同等发展的条件，从而加快融入俄国生活中的步伐"。（Витте，1992）[219]

第二，从经济上看，西伯利亚大铁路的建设促进了俄国新兴资本主义经济的发展。一方面，俄国新兴的资本家阶层通过建设铁路向西方学习了先进的融资理念和方法。新的融资方法、投资理念有助于加快在工程融资中资本运作新模式产生的机会，弥补了国家投资的不足。另一方面，西伯利亚大铁路把资本吸引到西伯利亚重工业中，快速推动了乌拉尔地区的采矿业（包括采金业、采油业、采煤业和其他金属矿藏开采业）的发展，成为支撑乌拉尔采矿业的强大支柱，为乌拉尔采矿业打开了通向俄国的欧洲部分地区、西伯利亚地区以及蒙古、中国和日本的贸易市场。西伯利亚大铁路促进了西伯利亚采矿业与其他经济形式的融合，通过为俄国内地省份少地的农民在西伯利亚地区安置土地的办法确保西伯利亚地区的工业、农业生产拥有充足的劳动力。因此，维特把发展西伯利亚大铁路作为制定和实施俄国国策的出发点。

第三，从国际经济关系上看，西伯利亚大铁路的建成使俄国在国际经济关系中的地位发生根本性转变。俄国不仅作为欧洲与东亚间商业界的中介人，而且作为与东亚民族最为接近的最大的生产者和最大的消费群，在东亚市场上取得绝对优势。

第四，从军事上看，西伯利亚大铁路使俄国与远东和太平洋地区建立了直接的陆上和海上联系。西伯利亚大铁路设计的主要目的是"保证铁路可以运送军队"，满足俄军战时调遣部队、运输军用物资

等用途。一旦俄国与各国列强发生冲突，这条铁路能够保证俄国给敌人以迅速的、致命的打击。（任秀娟，2004）[98]

第五，从科技上看，通过建设西伯利亚大铁路，俄国研制、建设了适应西伯利亚气候和地理条件的铁路设备（包括保温车厢、长距离输电及信号系统、自动报警装置等），为世界铁路建设填补了许多科学和技术空白。

第六，从文化上看，建设当时世界上最长的西伯利亚大铁路，促进了不同文化群体之间的交流、融合，增进了各国人民之间的交往。西伯利亚大铁路"是西伯利亚地区经济发展的一个强动力，它将激活当地的生产活动，并逐渐将西伯利亚的文化和生活水平提升到与俄国欧洲部分相同的水平"。

列宁指出："大西伯利亚铁路（所谓大，不仅指它的长度，而且指建筑人无限掠夺国家金钱，无限剥削筑路工人）开辟了西伯利亚。再没有别的东西能像横贯西伯利亚的铁路那样，象征着西伯利亚机器时代的到来。这条铁路像铁链一样把欧洲和亚洲连接起来，它使东方地区的移民和经济发展起了革命性的变化。"（列宁，1990）[73]

与西方发达的资本主义国家（英国、德国和美国）相比，19世纪90年代，俄国的经济处于中等水平。1894年俄国的国民收入是当年美国国民收入的30%。到1913年俄国已达到美国国民收入的33%。（Хромов，1982）[124-125]工业生产与法国和日本等国同属于世界第二集团地位。到"一战"初期，俄国的国民收入排在世界第四位，国民财富居于世界第三位。（Ковнир，2011）[243]

由于19世纪下半叶俄国人口增长很快，所以，经济和工业的人均增长速度受到制约。到20世纪初，俄国总体经济依赖于五种经济模式：自然经济、半封建地主经济、小商品经济、私营资本主义经济以及国营经济。其中，由政府和大贵族主管的工业企业、铁路、银行、矿山、森林、水力系统和土地资源成为俄国国家资本主义的发展根基。尤其是国家垄断资本主义经济形式逐渐在自由竞争的五种经济形式中胜出。相继出现5个高炉炼铁厂（铸铁产量占全国产量的25%以上）、5个大型石油公司（占全俄石油产量的44%）、17个顿涅茨克煤矿大型矿井（占全国煤炭产量的70%）、8个大型糖业集团（拥有54个糖厂，占全国糖厂数量的30%，全国糖产量的38%）。（Ковнир，2011）[245]从19世纪末到20世纪初，在大型企业中的产业工人人数不断增长。1879年俄国仅有33%的工人在大型企业中工作，1902年大型企业已经拥有全国50%以上的产业工人。（Ковнир，2011）[246]与此同时，股份制资本形式也在俄国得到提倡。

到20世纪初，俄国的经济表现出如下特点：尽管资本主义起步较晚，但大型企业迅速发展；国防工业、铁路产业的大型工厂基本由国家管控；因劳动力过于便宜，导致大型企业不愿购买先进设备；外国资本家也在俄国建立了大型企业。此时，俄国拥有140个垄断集团，覆盖了45个产业。在金融业，1901年到1908年，俄国的银行业形成垄断经营模式，彼得堡-亚速银行、明斯克银行和基辅商业银行合并为亚速-顿河银行；莫斯科国际银行、奥尔洛夫商业银行和南俄罗斯工业银行结成统一联盟。国家银行由于拥有掌控国有资源的权利，所以在事实上起到了管控各商业银行贷款系统的作用。（Ковнир，2011）[246-247]

西伯利亚大铁路建成之后，俄国全面实现工业化，直接跃升为现代化工业国家。在第二次工业革命中，铁路作为大型工程项目为实现国家现代化起到了重要标志性作用。

第四章

科技立国与苏联国家现代化（20世纪）

1724年2月8日，彼得一世颁旨创建俄罗斯国立科研机构——彼得堡科学院，开辟了俄罗斯近现代科学发展以及科技立国的道路。

从1725年2月8日彼得一世去世到1925年苏联科学院成立，在两百年间俄罗斯皇家以及之后的国家政权通过保护科学精英以维护国家荣誉的方针没有发生根本性动摇。另一方面，由于俄罗斯存在专制性传统，因此在其近代崛起的过程中，逐步形成了独特的科技立国的组织模式。

第一节　俄罗斯科技立国的路径与组织模式

19世纪末至20世纪初期，工业革命的成果使得世界格局发生重大变革。西伯利亚大铁路的通车，中东铁路的建成，使得俄罗斯帝国上下对20世纪初期本国在全球中的引领地位充满自信。然而，1905年"日俄战争"俄国战败的结局震撼了俄国，极大地打击了尼古拉二世皇帝的自信心。国内不满情绪持续升温。在随后的十年间，欧洲上空战争乌云密布。俄国政府为了应对外来的政治、经济压力，稳定国内局面，急需调整行政管理的组织结构和发展战略。在这个危急时刻，俄国学者发挥了爱国、救国的重要作用，在战略部署及行动支持等方面勇于担当，贡献卓著。

一、俄罗斯"自然生产力研究委员会"的历史地位

1914年末—1915年初，巴尔干地区"火药桶"待炸。这时的俄国无论从军事上还是从经济上都没有做好战争准备，政府不了解战略物资原料以及用于生产现代化武器装备的钨、钼、硫、铅、黄铁矿和硝石矿等重要资源的储备状况。为了帮助国家完成发展国民经济和国防工业的迫切任务，一方面，在政府层面，俄国陆军部于1915年1月15日成立了炮兵委员会（后隶属炮兵总局），主要从事组织军工生产

137

工作。委员会吸纳了包括化学家伊帕季耶夫[①]在内的一些学者参加。伊帕季耶夫提出把研制化学和防化武器作为新式武器的军事化工思想及方案。1916年，俄国陆军部炮兵总局成立化学委员会[②]，旨在建设俄国军事化工产业，任命当时已是中将的伊帕季耶夫为该委员会主席（Трофимова，1998）[48-69]。

另一方面，俄国学者们也"嗅到"了战前的火药味，纷纷表示愿意为国分忧。

1915年1月21日，圣彼得堡皇家科学院院士维尔纳茨基[③]在科学院物理学-数学学部会上提出成立"自然生产力研究委员会"（Комиссия по изучению естественных производительных сил，简写为"КЕПС"）的倡议。

维尔纳茨基在倡议书中指出："在动荡的历史关头，国家需要团结一致，竭尽全力。皇家科学院绝不能置身事外。"成立"'自然生

----

① 伊帕季耶夫（Владимир Николаевич Ипатьев，1867—1952）：有机化学家，化学教授（1899年）、陆军少将（1914年）、中将（1916年）、彼得格勒帝国科学院通讯院士（1914—1916）、院士（1916—1917）、俄罗斯科学院院士（1917—1925）、苏联科学院院士（1925—1936）、美国国家科学院院士（1939—）。1916年出任化学委员会主席，主管化学和防化武器的研制和生产。"十月革命"后主管化工生产。1927年获得列宁奖金。1930年携妻出访欧洲。1931年移居美国。在美国的后半生发表了400多项科研成果和300多项专利。（摘自http：//www.alhimik.ru/teleclass/pril/ipatiev.shtml）

② 陆军部炮兵总局化学委员会：Химический комитетпри Главном артиллерийском управлении Военного министерства。

③ 维尔纳茨基（Владимир Иванович Вернадский，1863—1945）：科学家、思想家及社会活动家，彼得格勒帝国科学院院士（1906—1917）、俄罗斯科学院院士（1917—1925）、苏联科学院院士（1925—）。开创生物地质化学，提出以大气圈、水圈、岩石圈和生物圈概念为基础的"地球圈"学说，奠定了生态学、"智力圈"和"全球学"的理论基础。

产力研究委员会'的目的在于保存并发展俄罗斯的实力，使之足以应对残酷战争以及未来能够尽快实现战后恢复重建工作"。"皇家科学院及国内所有高等教育和科研机构都应该全力以赴，参与到实现上述目标的行动中。""科学院需要研究那些与自然生产力相关的，然而迄今为止没有得到关注的领域。""'自然生产力研究委员会'的首要任务是收集并整理有关俄罗斯自然资源和生产力的状况，提出系统科研报告，根据已有文献对国家的生产力水平提出准确判断和评估。"（СПФА РАН，1915a）

维尔纳茨基认为，国家的自然资源主要分为三大类：含有生命力的有机生产力——土壤、森林资源、动物、植物和渔业资源等；各种能源——水力、风力、海洋潮汐及其他在地表可利用的动力等；地下资源——金属和非金属矿物、天然气、矿泉、石油、煤、地下水等。应该"摸清包括气体、铝、钼、铋、碘矿的产地及原生态形式等"。（СПФА РАН，1915a）"自然生产力研究委员会"需要根据上述资源特点，成立相应机构，组织动植物学家、地质学家、矿物学家、物理学家和化学家参与综合研究。"'自然生产力研究委员会'的所有工作应该像通常科学研究一样具有普及性、开放性和可批判性。"（СПФА РАН，1915b）[692]

维尔纳茨基的倡议书得到安德鲁索夫[①]、戈利岑[②]、卡尔平斯基[③]

---

① 安德鲁索夫（Николай Иванович Андрусов，1861—1924）：地质学家、矿物学家，皇家圣彼得堡科学院院士（1914—1917）、俄罗斯科学院院士（1917—）。

② 戈利岑（Борис Борисович Голицын，1862—1916）：地震学家、地质物理学家，皇家圣彼得堡科学院院士（1908—），公爵。

③ 卡尔平斯基（Александр Петрович Карпинский，1847—1936）：地质学家，皇家圣彼得堡科学院院士（1886—1917）、俄罗斯科学院院士（1917—1925）、苏联科学院院士（1925—）。是首任通过院士大会选举出的俄罗斯科学院院长（1917—1925）。

和库尔纳科夫[①]等院士的响应。他们不仅在倡议书上签名，而且积极协助维尔纳茨基筹备成立"自然生产力研究委员会"（Кольцов，1999）[128]。

1915年10月11日，来自皇家科学院、政府各部门、民用和军工企业、高校和社团的56位与会者出席了"自然生产力研究委员会"成立大会。（Кольцов，1999）[129]经过无记名投票，与会代表推举维尔纳茨基当选委员会主席[②]。

在委员构成上，1916年"自然生产力研究委员会"有131名委员，1917年增加到139名委员。委员中绝大多数是俄罗斯科学院的职业科学家，也有少数政府官员（如伊帕季耶夫）、企业家和高校教师。有一些"自然生产力研究委员会"委员以此身份被政府机构聘用。如：伊帕季耶夫邀请"自然生产力研究委员会"委员、化学家库尔纳科夫，季先科[③]、法沃尔斯基[④]、奇奇巴宾[⑤]、雅

---

① 库尔纳科夫（Николай Семёнович Курнаков，1860—1941）：物理化学家，皇家圣彼得堡科学院院士（1913—1917）、俄罗斯科学院院士（1917—1925）、苏联科学院院士（1925—）。

② 维尔纳茨基从1915年当选后直至1930年一直担任"自然生产力研究委员会"主席。

③ 季先科（Вячеслав Евгеньевич Тищенко，1861—1941）：有机化学家，曾应门捷列夫邀请到彼得堡大学化学实验室和教研室工作。苏联科学院通讯院士（1928—1935）、院士（1935—）。主要研究石油衍生物结构。

④ 法沃尔斯基（Алексей Евграфович Фаворский，1860—1945）：有机化学家，莫斯科工程学院教授（1909—1930）、苏联科学院通讯院士（1922—1929）、院士（1929—）。主要研究不饱和烃的同分异构体转化问题。

⑤ 奇奇巴宾（Алексей Евгеньевич Чичибабин，1871—1945）：有机化学家，莫斯科工程学院教授（1909—1930）、苏联科学院通讯院士（1926—1928）、院士（1928—）。1936年被剥夺院士资格（1990年恢复院士名誉），1937年被取消苏联国籍，1945年逝于巴黎。其著作《有机化学导论》被翻译成多种外文出版。

科夫金[①]等人担任化学委员会成员。（Кольцов，1999）[132]

在机构的组建原则和机构设置上，"自然生产力研究委员会"高举"俄罗斯自然生产力"的旗帜，一方面强调建立国家科研机构网的重要性，整合俄罗斯科学院、政府部门和高校的科研人才；另一方面按照自然生产力的类型分组科研团队。"自然生产力研究委员会"最初成立了沥青、黏土与耐火材料、铂、盐类等专业研究分委会以及《俄罗斯自然生产力》出版分委会，涉及10个科学社团、专业协会和5个政府部门。（РАН，1916a）[360-361]1918年，"自然生产力研究委员会"正式组建物理化学分析研究所、铂及其他贵金属研究所，并把原有的分委会扩充为稀有元素及放射性物质、盐类、铂矿类、水文学、光学等20个研究分部，同时建立了地图库。（РАН，1919）[219-288]

从研究方向上看，"自然生产力研究委员会"重点支持应用地质学、矿物学、水文学、植物学、动物学等与自然资源相关的学科。

在研究方式上，"自然生产力研究委员会"主要采取理论研究和科学考察形式。鉴于"自然生产力研究委员会"的主要研究对象是自然资源，所以，"自然生产力研究委员会"大力支持科学考察。仅在1916年一年间，"自然生产力研究委员会"就向俄国境内各地派出了14个科考队。（РАН，1916）[344-345]

在研究成果上，从1916年起，"自然生产力研究委员会"汇集学者们的研究成果陆续出版了《俄罗斯自然生产力研究文献》及六卷本《俄罗斯的自然生产力》。《俄罗斯自然生产力研究文

---

　　① 雅科夫金（Александр Александрович Яковкин，1860—1936）：物理化学家。曾任俄罗斯物理化学学会主席（1913、1915、1918—1920），苏联科学院通讯院士（1925—）。其研制的氧化铝提纯方法被应用于苏联第一座氧化铝厂的生产。

献》（Материалы для изучения естественных производительных сил России）不仅囊括了皇家科学院学者关于俄罗斯境内自然资源的考察和研究报告，而且还包括学者们对当时其他国家发展情况的调研报告。六卷本《俄罗斯的自然生产力》（Естественные производительные силы России）包括：第1卷《风动力》（Ветер как двигательная сила）（1919年出版）；第2卷《白煤》（Белый уголь）（1921—1923年出版）；第3卷《地下水》（Артезианские воды）（已撰写，未出版）（Блок，1920）[44-45]；第4卷《矿产》（Полезные ископаемые）（1917—1919年出版）；第5卷《植物志》（Растительный мир）（1917—1923年出版）；第6卷《动物志》（Животный мир）（1919年出版）。

这些成果"使俄国政府、军界、企业界和科学界得以全面掌握俄国境内钨、钼、硫化黄铁矿、铅、硝等战略原料以及铂、金等贵金属的储备情况"（СПФА РАН，1915b）。

除此之外，在理论研究方面"自然生产力研究委员会"也取得了丰硕成果。例如：维尔纳茨基提出了"矿物起源进化论"和"生物圈学说"，建构了地质化学和生物化学；古布金[①]提出了石油起源及其分布规律理论；库尔纳科夫创建了络合物化学学说；奥布鲁切夫[②]研究了冰川作用过程和永久冻土等。

"自然生产力研究委员会"根据政府需要，负责召集不同领域的学者共同解决涉及俄国军工和国民经济生产的紧迫问题。

俄国陆军部炮兵总局化学委员会为了开展军事化工生产，委托

---

① 古布金（Ива'н Миха'йлович Губкин，1871—1939）：石油地质学家，苏联科学院院士（1929—）。

② 奥布鲁切夫（Влади'мир Афана'сьевич Обручев，1863—1956）：地质学家、地理学家、科普作家，苏联科学院院士（1929—）。

化学家研制干湿防毒面具、炸药和急救药品（包括青霉素等），并邀请化学家直接参与监督指导军需产品的生产过程。科学家欣然接受邀请，积极开展工作。

"自然生产力研究委员会"委员、有机化学家奇奇巴宾组建了"莫斯科药业发展促进会"（Московский комитет содействия развитию фармацевтической промышленности），研制前线及后方急救用吗啡、阿托品、阿司匹林等镇痛、消炎药。（Волков，1993）[43] "莫斯科药业发展促进会"奠定了俄罗斯制药业的行业发展基础。

从1916年下半年开始，化学委员会把工作重点从军事化工产业转移到和平目的的民用化工产业上。为此，化学委员会成立了中央筹备委员会，由伊帕季耶夫担任筹委会主席。为使俄国的化工生产驶入和平建设的轨道，委员们协调统一安排中央筹备委员会的工作以及"自然生产力研究委员会"的研究计划。（Кузнецов et al.，1992）[47-48]中央筹委会委员、"自然生产力研究委员会"委员库尔纳科夫院士与学生热姆丘日内①一起率领研究小组在里海、黑海海滨的大范围内考察俄国境内的盐湖。他们在克里米亚的萨克斯克盐场（Сакский соляной промысел）组建试验工厂，利用新的提纯方法从已提出氯化钠的母液中首次析出达到一级工业纯度标准的重要化工原料氯化钾和氯化镁（РАН，1916c）[25]。学者们在实现把提纯方法从实验室拓展到工业生产的同时，开辟了研究化学纯试剂及化学药品纯试剂、钾盐和镁盐等新的领域。（Соловьев，1985）[119-120]（Страдынь，1988）[99]1916年底，

---

① 热姆丘日内（Сергей Федорович Жемчужный，1873—1929）：化学家、矿物学家，擅长物理化学分析方法。绘制出多种金属盐的结晶图，研究锰合金，开创高电阻合金研究。

"自然生产力研究委员会"召集政府部门及企业人员专门讨论了上述研究成果。

"自然生产力研究委员会"铂研究分委会基于对俄国铂矿石产地及资源的调研，向政府提出：停止出口铂矿石，建立国家铂矿工业，加强铂系元素及其化合物研究等建议。维尔纳茨基指出："当前国家迫切需要制定政策、采取措施查明铂矿的国有储量；经俄国的化学家分离后，出口铂的加工产品，而不是直接出口原矿。"（PAH，1916b）[90]"自然生产力研究委员会"支持并向政府递交了铂研究分委会的上述建议。

"自然生产力研究委员会"委员费斯曼[①]基于对俄国境内滑石矿资源以及滑石类耐火材料生产企业情况的调研，向俄国卫生与疏散署最高长官办公厅提交了《俄国滑石产业现状》报告，成为政府掌握国内军用消防材料的原料及生产情况的科学依据。（PAH，1916a）[75-79]

食品供给问题同样是"自然生产力研究委员会"关注的领域，包括畜牧业（特别是养鹿业，肉类资源及加工）、粮食产量和蘑菇采摘、加工等问题。（PAH，1916a）[72-74, 87-88]在渔业方面，"自然生产力研究委员会"委员们听取并向政府汇报了鱼类学家布拉日尼科夫[②]关于俄国鱼类资源的分析报告（PAH，1916a）[66-68]，俄国贸易与产业部采纳了布拉日尼科夫以及其他学者关于俄国渔业应当采取谨

---

① 费斯曼（Алекса'ндр Евге'ньевич Ферсман，1883—1945）：地质化学家、矿物学家。俄罗斯科学院院士（1919—1925）、苏联科学院院士（1925—）。

② 布拉日尼科夫（Владимир Константинович Бражников，1870—1921）：俄国鱼类学家，从事渔业生产研究。

慎态度的建议，继而对渔业生产管理方面采取了限时禁捕等保护性措施。

　　"自然生产力研究委员会"的科研经费主要来源于政府支持。委员会与政府部门特别是陆军部、海军部达成协议，共同解决科研生产和军备问题。1916年，"国家特别军事委员会"（Особое совещание по обороне государства）拨款70000卢布，用于资助"自然生产力研究委员会"出版《俄罗斯自然生产力研究文献》。与此同时，"自然生产力研究委员会"从"国家特别军事委员会"及教育部分别获得109600卢布和14700卢布的贷款。（РАН，1916c）[365-367]这在当时属于巨额款项。

　　由于"自然生产力研究委员会"的主旨是爱国，不涉及政治倾向，而且其研究成果对政府具有特殊的重要意义，所以在1917年俄国社会激烈动荡之际，不论是"二月革命"以后的俄罗斯共和国临时政府，还是"十月革命"以后的苏俄政权都没有取缔"自然生产力研究委员会"。"自然生产力研究委员会"下属的各分委会成员在这一年仍然从政府那里获得了与发展工业相关的科研经费支持，持续研究铂及其他盐类的提纯技术，没有中断对盐湖、黏土、耐火材料及铝矿的资源考察，完成了《俄罗斯的自然生产力》第1卷《风动力》的手稿，出版了第4卷《矿产》和第5卷《植物志》。

　　从1918年到1930年，苏维埃政权和苏联政府借鉴了"自然生产力研究委员会"的组织经验，在"自然生产力研究委员会"原有36个分支机构（其中25个在圣彼得堡，11个在莫斯科）的基础上，按照新的研究方向组建了14个苏联科学院的研究所、3个实验室和博物馆。

　　20世纪30年代，苏联政府根据意识形态需要，仿照"自然生产力研究委员会"，在苏联科学院体制内成立了"生产力研究

委员会"（Совет по изучению производительных сил，简称
"СОПС"）。直至苏联解体前，"生产力研究委员会"基本上归
属苏联政府直接领导，是一个政府机构。从1992年起，"生产力
研究委员会"改名为"生产力（资源）配置及经济合作委员会"
（Совет по размещению производительных сил и экономи- ческому
сотрудничеству，简称"СОПСиЭС"），隶属俄罗斯联邦经济部和
国家经济合作委员会。

在第二次世界大战期间，维尔纳茨基回顾"自然生产力研究
委员会"在"一战"中为国家所做出的贡献，认为"自然生产力
研究委员会""在第一次世界大战的危急时刻发挥了重大作用"
（Вернадский，1989）[145]，其经验值得借鉴。维尔纳茨基强调"自然
生产力研究委员会"改变了自己原有的还原性认识思维，帮助自己综
合全面地理解自然资源之间的相关性，奠定了合理开发和利用自然资
源并转化为生产力理论基础。

"自然生产力研究委员会"是俄国历史上第一个由科学家自发
组成的，以科学家为主导，联合政府、企业、高校和社会团体各领域
精英，集科研、财政和生产管理为一体的新型组织。它既是非政府机
构，又在某些方面行使超政府职能。"自然生产力研究委员会"以爱
国为宗旨、以科技立国为目标，按照科学共同体规则组建，实行无记
名选举制，运用了资本运营方法和管理方式。在"俄国自然生产力"
的旗帜下，"自然生产力研究委员会"打破了学科限制和专业局限，
把学者的研究兴趣、特长、能力与国家需要相结合，把基础科学研究
与应用科学研究相结合，把科学考察与实验室研究相结合，把精英治
国理念与社会生产实践相结合，把推动科学研究与促进产业发展相结
合，把民品生产与国防工业相结合，实现了多学科学者与多部门人员

相配合、军需供给与战略资源配置相统一，使俄国知识分子自觉服从委员会的领导，充分施展个人的才智、组织管理能力和战略思想，为国家赢得战争、发展生产贡献了力量。在俄国现代化进程中，"自然生产力研究委员会"在国家危难关头挺身而出，未雨绸缪，表现出自主性、包容性、开放性和创新性特色，起到了承上启下、继往开来的历史作用，给俄国发展带来了新气象，为日后的苏联"动员"模式提供了样板和宝贵经验。

　　然而，也应该看到，与布尔什维克的苏维埃俄罗斯政权（简称"苏俄"）的社会改造需求相比，"自然生产力研究委员会"的影响范围十分有限。列宁领导的十月革命要从根本上改变工人阶级和士兵阶层的社会地位，苏俄政权掀起的社会主义建设运动需要大批有知识的国家建设者，这彻底改变了以往俄国由皇权专制、由知识分子"精英"参与治理国家的模式。由此带来了如何处理新政权与知识分子间的关系、如何培养社会主义建设者等问题。

二、科学研究与国防工业的结合

　　1917年俄国经历了两次重大社会变故：俄历2月23日（公历3月8日）圣彼得堡的工人士兵举行反战游行，3月2日（公历3月15日）皇帝尼古拉二世宣布退位——"二月革命"结束了长达300年的罗曼诺夫王朝统治，俄罗斯共和国"临时政府"执政。俄历10月25日（公历11月7日）以列宁为首的布尔什维克人民委员会发动十月革命，推翻"临时政府"，建立苏维埃俄罗斯政权。从帝制到资产阶级共和制再到无产阶级专制，俄国的命运发生了重大转折。

　　在这个过程中，作为社会精英的知识分子出现了分化。"自然生产力研究委员会"在两次革命中不仅保存了自己的实力，而且还得到了发展。皇家圣彼得堡科学院从1917年3月起更名为"俄罗斯科学院"，标志着科学院成员对俄罗斯从帝制转为共和制的认同。（Колчинский，2017）

十月革命过后的初期阶段，大多数原俄罗斯科学院的科学家对新兴苏维埃政权采取了反对或抵制态度。为迅速发展国家各项事业，苏维埃人民委员会成立了"国民经济最高委员会"，主管全国科研机构，同时分管国防工业的科研。在该委员会的管理下，建立了许多从事新型军事技术、新式武器研发的研究所、实验室和检验机构（例如中央化学实验室、物理技术研究所、镭研究所等）。这些研究所大多根据著名科学家制定的计划筹建，并由著名学者（例如物理学家约菲、地质生物学家维尔纳茨基等）出任所长。从此，科学家对苏维埃政权的态度开始从对立转为合作。

20世纪30年代初期，苏联政府提出了"苏联是世界科学的中心"的口号，为实现斯大林提出的"在短期内迅速提高苏联的整体科技水平"的科技政策，苏联政府采取了一系列强有力的措施。

第一，加大军事科研和军工生产的管理力度，以军事科研带动整体科技水平的提高。在第一个五年计划期间，苏联成立了各种重工业和国防工业管理委员会。每一个委员会都专管若干研发新式武器和军事技术的研究所。在每一个国防企业中都有科研实验室和检验部门。在军事委员会（后改为"国家国防委员会"）领导下，成立了科技委员会、学术委员会、各部属研究所和各类军事技术委员会。

第二，改组科学院，使其成为苏联科学"总指挥部"。1933年11月25日，布尔什维克党中央决定把苏联科学院纳入苏维埃人民委员会直属权限内；1934年把科学院总部从圣彼得堡迁到莫斯科；加速科学院的体制化进程。到1941年初，苏联科学院的定员为10282人，比

1931年增加了10倍，是1917年定员的50倍。科研费用从1928年的390万卢布增加到1940年的17800万卢布。到1941年初，苏联科学院共有1821个科研机构，其中包括786个研究所。

第三，加强科学院与军事科研的联系。1935年在苏联科学院体制内成立了工程科学分部。该分部主持了大约200个与新型军事技术相关的国家项目。

随后，苏联政府把9个专门研究国防工业和军事技术的研究所纳入科学院系统。其中包括物理技术研究所、物理化学研究所、镭研究所等。科学院主席团下设国防委员会军事代表小组，配合领导新型武器和军事技术的研究。科学院工程分部、物理数学分部和化学分部所属的所有研究所全部参与军事科研工作。20世纪30年代中期，许多主管新军事技术、化学、生物武器和国防工业生产的人被推举为苏联科学院院士；许多著名科学家担任军事科研项目的主持人。此间，大多数科研机构按军用技术订单进行研发，其研究成果为"二战"中苏联能快速生产出先进的军舰、战机、雷达监控系统奠定了坚实的理论和技术基础。苏联科学院的地质学和生物学分部也为探查国防资源做了大量工作。

然而，在科学家对苏联政府的态度逐渐从对立转为合作的同时，政府对科学家的态度却由拉拢、利用转为怀疑，甚至镇压，以至于出现了"沙拉什卡"和后来的"大清洗"事件。

"沙拉什卡"是俄文Шарашка一词的音译。Шарашк实体出现在20世纪20年代末、30年代初期。然而，在当时的俄文字典里无法找到这个词。"沙拉什卡"由苏联最高内务机构直接管控（这个机构在不同时期有不同的名称[①]，前身是"契卡"，后来改为"克格勃"），是专门从事军事技术研发工作的特种研究所、实验室、设计和检验部门，实际为关押科学家、设计师和工程师的特种监狱。

1928—1931年，莫斯科的"布特尔卡"监狱成为特殊监狱，这是第一批被称为"沙拉什卡"的监狱。1936年，保密城"苏多斯特罗伊"（Судострой，即Северодвинск北德文斯克）建成，是第39号军工厂的科研分部，也是"沙拉什卡"类型的监狱，属于"古拉格"系统（劳改营主管机构Главное управление лагерей，缩写ГУЛАГ）。被捕的飞机设计师们在这里研制航空发动机和新式飞机。他们在5个月内完成了新式飞机的设计制造工作。1937年末，飞机设计师图波列夫[②]被捕，被关押在莫斯科29号中央监狱的"沙拉什卡"中直至1941

---

① 苏联主管国内安全事务的机构在不同时期有不同的名称：全俄肃反委员会（Всероссийская чрезвычайная комиссия，缩写ЧК，即"契卡"，负责人捷尔任斯基，1917.12.20—1922.2.6）；苏俄国家政治保卫局（ГПУ при НКВД РСФСР，即"格别乌"，1922.2.6—1923）；苏联国家安全总局（ОГПУ при СНК СССР，1922.2.6—1934.7.10）；苏联内务人民委员会［НКВД СССР，1934.7.10—1941.2.3。在1941到1946年"二战"期间，НКВД СССР被多次调整，曾易名为苏联国家安全人民委员会（НКГБ СССР，1941.2.3—1946）］；苏联国家安全部（Министерство государственной безопасности СССР，МГБ СССР）与苏联内务部（Министерство внутренних дел СССР，МВД，1946—1954）；苏联部长会议主席团国家安全委员会（КГБ при СМ СССР，缩写КГБ，即"克格勃"，1954.3.13—1978.7.5）；苏联国家安全委员会（俄文Комитет государственной безопасности СССР，缩写КГБ СССР，英文The Committee of State Security，1978.7.5—1991.12.3）；俄罗斯联邦安全局（俄文Российская федеральная служба безопасности，缩写ФСБ，英文Federal Security Bureau，1995.4.3至今）。

② 图波列夫（Андрей Николаевич Туполев，1888—1972）：苏联飞机设计师，曾设计100余种机型，其中有70多份设计被采纳，制成苏联时期的主要军用飞机，一部分成为民航飞机的主要机型。

年。他在此为苏联研发了各种新式战斗机和新式战舰。在同期由人民内务委员会管辖下的其他"沙拉什卡"研究所中还研发出了化学武器、防化设备乃至毒药。许多苏联著名无线电工程师（例如贝尔格和门茨）和科学家都在"沙拉什卡"工作过。人民内务委员会主席贝利亚以及后来的"克格勃"领导人梅尔库罗夫都曾亲自参与制定交由"沙拉什卡"完成的大多数军事科研项目。

从1936年至1941年，苏联当权者为了达到清除仕途障碍的目的，发动了清洗"混进革命队伍中的破坏分子"的运动，史称"大清洗"。其间，上万名学者，包括百余名苏联科学院院士因涉及军工项目而受到牵连（其中包括马克思主义理论家尼古拉·布哈林，生物学家、前农业科学院院长、科学院院士尼古拉·伊万诺维奇·瓦维洛夫，后来获得诺贝尔物理学奖的科学院院士列夫·朗道，物理学家鲍里斯·盖森等）。"大清洗"使苏联科学界的一些重要领域几乎陷于瘫痪，严重挫伤了苏联知识分子的爱国激情。

尽管苏联学者在"二战"以前为国家军工科研生产做出了杰出贡献，然而，战前苏联政府并没有在全国范围内建立统一、有计划、协调一致并带有监察机制的科研管理体制，所以没有最有效、合理地开发利用科研潜力与资源。

"二战"爆发彻底改变了苏联政府与学术界之间由于"大清洗"造成的对立关系。政府向全社会发出"一切为了胜利"的爱国主义动员号令。学者们积极响应政府号召并参与解决国家的科研、经济乃至政治问题，为维护苏联国家尊严、反对西方资本主义势力、建立民主和社会公平的反法西斯阵营贡献了智慧乃至生命。

为了协调科学界和国防工业的关系，斯大林命令国家国防委员会下设科技委员会。由科技委员会主席定期直接向斯大林汇报科研机构研发状况。随后，国家国防委员会成立了红军和其他兵种的无线电通信委员会、反坦克导航设备委员会等机构。这些机构囊括了各种专业的研究所和实验室。除此之外，苏联所有部委都成立了由苏联科学院院士主持的学术委员会。还建立了星罗棋布、对外保密的科学城。这些科学城是科学共同体与军工企业的新式同盟，由科研项目的领导人和军工企业负责人共同指挥。

战争期间，科学家直接参与重要军事科研项目，一些著名科学家通常身兼数职：科学院士、军官、军工企业管理者。从谢尔盖·瓦维洛夫到亚历山大罗夫为止，所有苏联科学院主席团主席都曾参与军工生产联合体工作。20世纪60年代苏联著名的"三K帮"——核计划的领导人库尔恰托夫、火箭总设计师科罗廖夫和航天计划领导人、当时的苏联科学院主席团主席克尔德什是苏联学者、军人加管理者的典型代表。

总之，在战争"动员"下，苏联科研管理体制结构和运行机制发生了根本改变，科学家的社会地位得到提升，科研与军工生产直接结合，党政机关、科研机构与军工企业形成"管理—科研—生产"的有机联合体，从而构成苏联"动员式"科研管理运行模式。由此可知，在苏联"动员"模式中学者与当权者、科学共同体与集权制度建立了共生关系，达到双赢目标；研发设计人员、工程师、军工企业的管理者、国家各级党政领导人之间形成有效的社会组织管理网络；中央党政机构对各级具体的科研机构和生产企业可以实施直接管理，通过信息反馈实现有效控制，从而保证系统得以良好运行。

应该注意到，苏联"动员"模式尽管是苏联社会历史发展阶段的特殊产物，但不是凭空产生的。它建立在总结俄罗斯在第一次世界大战时期的战争科研管理运行（特别是"自然生产力委员会"、军工联合体等）经验以及俄罗斯两百多年所积累的科学学派传统、较高的公众科学素养和特殊社会文化氛围基础上。而且，"动员"模式必须依赖于强大的综合国力和集权的统一调配制度，在"二战"前，苏联已拥有雄厚的经济基础并且形成严格的集权管理。所以，战时"动员"模式表面看起来应运而生，实际上却有深刻的历史渊源。

三、苏联"动员"模式及其特征

苏联时期的科技体制模式可概括为"动员式"科研管理运行模式（以下简称"动员"模式），是指在战争期间，国家政权与知识分子在战争的"动员"下配合默契，建立起"管理—科研—生产"一体化的复杂网络系统。苏联政府在总结俄罗斯在第一次世界大战时期经验的基础之上，建立并依靠"动员"模式不仅取得了反法西斯战争的胜利，而且与美国对峙"冷战"多年，成为超级科技军事大国。这一模式沿用至20世纪80年代末。

苏联在"二战"时期建构了严格的中央集权式党政科研管理系统。所有权力集中掌握在中央政治局总书记、最高苏维埃主席团主席（相当于国家主席）和国家国防委员会总司令一人之手。这个人颁布"动员令"，居于"动员"模式的顶层；苏共中央政治局、政府和国家国防委员会处于第二层面，行使主管权；苏联科学院、政府管理总局、内务和国家安全部为第三层，既参与管理，又担当运行枢纽；各研究所、实验室、设计院（包括"古拉格""沙拉什卡"）与各军工企业通过运行机制产生关联。在这一系统中，管理机构、研究机构和生产企业之间形成"生物链"，构成了错综复杂的动态联系网络。网络中的各节点相互依赖，共生互利，无法自动摆脱。这一系统的管理指向为自上而下，管理指向的相反方向是信息反馈通道。其运行方向既可以横向交流也可以纵向交叉。这一系统从斯大林执政时建立，在赫鲁晓夫和勃列日涅夫时期一直延续，保护了苏联的基础研究领域、国防工业和国家安全。不同时期的苏联领导人都运用这一系统亲自主持了各项最重要的军事计划。然而，到20世纪80年代末期，随着集权制的瓦解，政治权力失控，这一模式也自然瓦解失效。

研究苏联"动员"模式的现实意义在于理解为什么俄罗斯联邦政府重视研究苏联科技体制模式。苏联"动员"模式为现阶段俄罗斯建立创新系统提供了实践样板。

苏联解体后，尽管俄罗斯联邦接管了近 86%的苏联科技体制遗产，但由于失去了集权制的支撑，丧失了综合国力，所以俄罗斯科技体制无法继续保持苏联"动员"模式。但是，俄罗斯领导人清醒地认识到苏联"动员"模式对建立俄罗斯国家创新系统的重要作用，所以在听取学者研究成果的基础上，结合当前新形势提出：由俄罗斯总统统一掌管国家科技政策制定；大力推动原有科学城的创新活动，带动局部机构科技创新系统建设；充分保护并发展俄罗斯科学院的基础科学科研潜力，以此为龙头，与高校科研和市场结合建立国家创新系统；与国际接轨，参与国际市场竞争，与其他国家共建国际科技创新系统。正在创建的俄罗斯国家创新系统与原有的苏联"动员"模式具有血脉相承的关系，其共同目的在于实现最有效的科技资源配置。但二者差异也很明显：前者的启动机制为市场经济，依赖于系统从外向内的市场信息反馈调解，而后者的启动机制是战争，强调系统内部自上而下的集权式管理机制；前者更突出创新者个人的作用和经济效益，个人在系统中的位置是流动的，而后者把个人成就和利益湮没在国家整体成就和利益之中，个人是系统中固定的"螺丝钉"；前者科研经费来源渠道丰富（包括国家预算和各种预算外基金、企业研发资金、国际合作项目资金等），而后者科研经费来源唯一（百分之百的国家预算）等等。总之，正在创建的俄罗斯国家创新系统与苏联"动员"模式存在着相似和相异之处。可以预言，在深入研究总结、汲取苏联"动员"模式经验和教训基础之上，俄罗斯国家创新系统能够在相对较短的时期内，摆脱科学危机局势，走上蓬勃发展的道路。

第二节　航天火箭技术的跨越发展

航天技术的发展是现代科技革命的一个重要方向，也是苏联在20世纪现代化过程中的重要标志之一。作为20世纪人类最为瞩目的成就，高度复杂的航天工程凝聚了国家的综合实力，彰显了大国的科学技术水平。20世纪中期，苏联和美国几乎同时开始实施各自的航天计划。苏联率先在这一领域创造了辉煌的成就，取得了一系列的"世界第一"：1957年8月成功发射世界上第一枚洲际弹道导弹；当年10月，又将第一颗人造地球卫星送入太空，开启了人类的航天时代；短短三年后，即1961年4月12日苏联宇航员加加林完成第一次太空飞行，实现了人类千百年来飞天的梦想。从1957年至1964年10月联盟号（Союз）运载火箭成功将载人飞船发射到地球轨道，苏联在长达7年的时间里居于世界火箭技术的领先地位。（Батурин，2008）[6]

一、1944年之前的苏联火箭技术研究

苏联在火箭技术与太空飞行研究方面有着深厚的历史积淀和社会基础。19世纪末至20世纪初，齐奥尔科夫斯基[1]相继发表了一系列专题文章，阐述自己对火箭研究和太空探索的设想，并用复杂的数学方法证明这些设想。他明确提出利用火箭进行太空飞行，推导出火箭运动的基本方程——"齐奥尔科夫斯基公式"；指出一系列重要的火箭设计工程方案，如液体火箭发动机的基本理论，燃料的选择等等；并论述星际航行的组织以及发展前景问题。因此，齐奥尔科夫斯基被后人誉为"现代航天学与火箭理论的奠基人"。在齐奥尔科夫斯基思想的影响下，灿德尔和孔德拉丘克等人继续研究推进火箭技术。灿德尔奔走于苏联各地，四处讲演宣传太空飞行，为普及太空知识做出了具有深远影响的贡献。

这些航天先驱者通过社团、媒体、文学作品、绘画、电影以及其他流行文化形式，在20世纪20—30年代向苏联社会宣传了太空探索的思想，激发了苏联民众对航天事业产生巨大的兴趣。20年代，各种热衷于研究太空飞行问题的小组纷纷出现。其中最重要、影响力最大的是1924年4月在灿德尔的积极倡导下成立的星际交通研究会[2]，这是世界上第一个研究太空飞行的组织。该研究会最突出的活

---

① 齐奥尔科夫斯基与法国的埃斯诺·贝尔特利、美国的罗伯特·戈达德，以及德国的赫尔曼·奥伯特是20世纪初具有代表性的伟大航天先驱者。他们建立起较为完整的火箭运动和太空飞行基本理论。

② 1924年成立于莫斯科，命名为星际通讯组（Секция межпланетных сообщений），附属于当时的军事科学学会空军学院（Военно-научное общество Академии воздушного флота）。同年，改名为星际交通研究会（Общество изучения межпланетных сообщений，缩写为ОИМС），该会存在了1年左右的时间。

动是在苏联各地公开演讲，宣传太空探索思想和理论。研究会约有200名会员，大部分年龄在20—30岁之间，其中学生和工人占80%，少数人的身份是"科学工作者""作家"或"科学家和发明者"。（Siddiqi，2008）[270]1923年到1932年流行"太空热"。苏联出版了近250篇航天文章，20多部图书。相比而言，美国在这一时期仅出版了2部专著；德国也有太空研究会，媒体关注度可与苏联相媲美。（Siddiqi，2008）[272]展览是宣传的一大手段。1927年4月—6月，莫斯科发明家协会①在马雅可夫斯基广场举办了世界上第一个星际飞行仪器国际展览，展出根据苏联及外国主要理论家构思而制成的火箭和太空飞船的模型，向太空爱好者提供丰富的信息。尽管这次展览并没有引起国家相关机构的更多关注，但它在公众中取得了很大的成功。在短短两个月内有近12000人参观了展览。（Siddiqi，2008）[277]此外，A. 托尔斯泰的《火星女王艾丽塔》（Аэлита）、普罗塔扎罗夫的同名电影、马列维奇的至上主义绘画作品以及非官方的由年轻工程师和艺术家组成的艺术团体阿玛拉维拉（Амаравелла）的作品等，都突出表现了艺术家们对在未来一定会实现航天梦想的信念。

　　多种形式的宣传和介绍，使得苏联大众已对火箭研究和太空探索不再陌生。苏联新一代的工程师开始组建小型火箭研究社团，在液体火箭设计与制造领域崭露头角。最著名的是1928年6月在列宁格勒成立的气体动力学试验室（Газодинамическая лаборатория，缩写为ГДЛ）、1931年秋在莫斯科成立的喷气运动研究小组（Группа изучения реактивного движения，缩写为ГИРД）。1933年秋二者

---

　　① 莫斯科发明家协会：Ассоциация изобретателей-инвентистов，缩写为АИИЗ.

图4-1　喷气运动研究小组主要成员图

（从上排左起依次为：科罗廖夫、柯尔涅夫、波别多诺斯采夫、切萨罗夫、灿德尔、吉洪拉沃夫、谢金科夫、耶夫列莫夫、热列兹尼科夫）

合并组建喷气科学研究所（Реактивный научно-исследовательский институт，缩写为РНИИ）。对苏联后世火箭技术发展产生重大影响的设计师们大多曾在这些机构中工作。

科罗廖夫（时年24岁）、吉洪拉沃夫（时年31岁）和波别多诺斯采夫（时年24岁）等都是灿德尔小组的早期成员。研究小组最初的工作完全是民间性质的。成员们不仅没有收入，还常常需要自费开展火箭研究和太空探索实验。灿德尔和科罗廖夫意识到获得国家支持的重要性，他们四处奔走。在图哈切夫斯基的帮助下，1931年11月18日研究小组与苏联国防及航空化学建设促进会（Осоавиахиме）签订协议，成为隶属于该协会的社会组织[①]，完成一些协会规定的任务，获得有限的活动经费。同时该研究小组还在红军军事发明管理局

---

① 苏联国防及航空化学建设促进会是一个政府机构，专门赞助苏联青年在滑翔运动、赛车、热气球和滑翔机建造等方面的业余的和准军事的活动。

（Управление военных изобретений）的一些资助，成立了4个分组：第一组由灿德尔领导，主要研究液体火箭助推器；第二组由吉洪拉沃夫领导，也致力于该领域研究；第三组由波别多诺斯采夫领导，开发冲压火箭发动机和空气动力试验设备；第四组由科罗廖夫领导，研制火箭飞机和有翼火箭弹。此时小组规模达到44人，包括4个小组负责人、19个工程师、13个设计师、2个绘图员、3个机械师、1个技师和2个机械师。1932年科罗廖夫代替身体有恙的灿德尔出任喷气运动研究小组领导人。（Ренькас，2002）

由于资金有限，喷气运动研究小组最终集中精力研制液体火箭，并取得了丰硕成果。1933年8月17日，吉洪拉沃夫团队在莫斯科附近的纳哈宾诺（Нахабино）试验场发射成功代号为ГИРД-09的液体火箭，这是苏联第一枚半液体火箭。这枚火箭呈流线型细长体，长2.4米，总重18千克，其中有效载荷6千克，使用胶状汽油和液氧作推进剂，发动机推力53千克，飞行速度250米/秒，火箭发射18秒后最高射程约400米。（Борисов，1993）不久后，11月25日灿德尔团队试飞成功装备自行研制的OP-2发动机的ГИРД-X火箭。火箭长2.2米，重30千克，发动机推力70千克，飞行高度80米，水平飞行了150米。遗憾的是，灿德尔并未看到喷气运动研究小组的这一系列巨大成功，他因积劳成疾患上斑疹伤寒，1933年3月28日与世长辞。在某种意义上，灿德尔的去世预示着苏联业余火箭研究的终结。（Siddiqi，2003）[6]

空气动力学试验室[①]隶属于苏联革命军事委员会军事科学与研究

---

① 前身是1921年3月季霍米罗夫创立的发明试验室（Лаборатория для разработкиизобретений Н. И. Тихомирова），隶属于苏联红军炮兵管理局，主要从事固体火箭设计。这个组织的实践成果之一是试验成功88mm和132mm口径的固体火箭弹，即喀秋莎火箭炮的前身。

协会，主要研究助推火箭。1929年试验室建立第二分部，由当时年仅23岁的格鲁什科工程师领导，开始研究液体火箭发动机和电火箭发动机。这标志着苏联启动半官方的液体火箭研究活动。试验室具有军方背景，一方面得到了资金的保障，另一方面使研究纳入严格保密范围。研究方向为利用太阳能作电火箭发动机能源。1930—1931年，试验室研制出苏联第一批液体火箭发动机：使用液氧和汽油或四氧化二氮和甲苯做燃料的OPM、OPM-1和OPM-2，进行了47次发动机点火试验，推力为20千克。1931—1932年，开发了从OPM-4到OPM-22发动机，探索了多种燃料组合及点火等问题。其中，液态氧、四氧化二氮、硝酸和硝酸四氧化二氮作为氧化剂，铍、汽油、苯、甲苯和煤油作为燃料。1933年，又开发了采用硝酸和煤油做燃料的从OPM-23到OPM-52发动机，经过多次调试和耐用性试验，试验室攻克了发动机可靠性方面遇到的困难，使OPM-52推力达到300—320千克，工作时间为533秒。这是当时功率最大的液体火箭发动机。（Глушко В.П.，1973）依托这些发动机，又研制出试验性液体火箭РЛА系列不可控和可控火箭，使РЛА-100垂直起飞高度可达100公里，有效载荷20千克。

空气动力学试验室和喷气运动研究小组这两个独立的火箭研究组织，在1931年开始非正式的接触，并探讨协同发展、合二为一的可能性。然而，由于空气动力学试验室拥有军方背景，两个机构的合并走过一段弯路。这是一个由各方努力推动政府机构做出决定的自下而上的过程。首先，是火箭工程师的积极争取，与上层管理机构的不断沟通，推动管理层做出决定。科罗廖夫多次给图哈切夫斯基写信求助，并在国防及航空化学建设促进会主席团会议上做喷气运动研究小组的工作报告，提出将研究小组划拨到军事部门的问题。莫斯科研究小组的共产党员还致信斯大林，请求尽快建立专门的研究所。空气动力学试验室的领导们也对莫斯科同仁表示支持，致信军区及所属委员会领导。其次，时任苏联革命军事委员会主席的图哈切夫斯基意识到火箭将成为新式武器在军事方面拥有广泛的运用前景。他积极游说高层机构，大力支持两个研究机构合二为一。事实上，空气动力学试验室被纳入革命军事委员会军事科学与研究协会旗下，也受益于图哈切夫斯基的倡议。此后，图哈切夫斯基不仅关注空气动力学试验室的人员扩编，还把军事学院的优秀毕业生招到空气动力学试验室。第三，ГИРД-09和ГИРД-X火箭的发射成功，显示了民间火箭技术研究机构的能力。1933年9月21日苏联革命军事委员会通过第0113号令，把空气动力学试验室与喷气运动研究小组合并，建立喷气科学研究所（РНИИ）。11月15日该研究所转由苏联重工业人民委员会领导。至此，苏联成为世界首个设立了国家级火箭技术研究机构的国家，标志着苏联的火箭研究走向国家化、军事化、正规化。

喷气科学研究所由克莱门诺夫[①]任所长，科罗廖夫于1933年—1934年担任副所长，1934年后朗格马克接任副所长。喷气科学研究所有4个部门：固体推进剂火箭部、军用飞机固体加速器部、固体火箭发射安装部和液体火箭部。研究所的工作偏重于研发用作武器的固体火箭。RS-82和RS-132火箭炮得以量产并作为固定式地空导弹配备在苏联战斗机上。这是研究所第一个被纳入军备实际投入使用的研究成果（Matthias，2001）[22]。格鲁什科团队继续研发OPM型号液体火箭发动机，主持设计了从OPM53到OPM-64的硝酸类液体发动机。这些发动机的典型数据是：燃烧室直径0.12米，喷管喉部直径0.032米，重

---

① 克莱门诺夫（И.Т. Клеймёнов，1899—1938）：原空气动力学试验室主任、军事工程师。

约15千克，比冲可达210秒，推力可达680千克。科罗廖夫一方面从事自己偏爱的火箭飞机和有翼火箭研究，设计试验了装载OPM—65发动机的有翼火箭212等，另一方面探索把液体火箭用于高空的可能性。他在全苏平流层研究大会上，宣读"飞入平流层的火箭""关于载人火箭飞行问题的报告"文章，指出向平流层发射火箭的可能性。呼吁与其他组织或大学合作研究发射高空火箭所需的设备，以及火箭控制等问题。吉洪拉沃夫还为全苏航空与技术协会设计了用于研发大气的火箭。该火箭头部装有8千克的降落伞和探测仪器，飞行高度为10.8千米，于1936年4月完成了首飞。

在喷气科学研究所之外，还有些单独的机构或团体从事液体火箭的研发。1935年8月图哈切夫斯基在总参谋部第一炮兵指挥部之下，单独成立第七设计局（KB-7），专门从事液体火箭研究。这个设计局由原喷气科学研究所的工程师克尔内耶夫和波里亚尼担任正副主任，研发了一系列复杂火箭用于高空探索。例如P-03和P-06火箭在一些方面已具有现代火箭的风貌，拥有自动控制的推进剂控制阀、延迟压力和时间及电点火开关等。该设计局还与科学院研究所实现合作，研发了更为先进的P-05火箭。光学研究所和第一地球物理天文台为这枚火箭专门研制了仪器，虽然由于战时影响、资金紧张等原因，这枚火箭没有被制造出来，但这是苏联首枚专门用于高空大气探索的火箭。另外，还有由一些喷气运动研究小组的业余工程师组成的团体，未纳入政府机构喷气科学研究所之下，独立开展研究。在30年代末期，炮兵指挥部认为液体火箭研究对军事装备没有用处，搁置了液体火箭的研究项目，并于1839年解散了第七设计局。

1937年的大清洗运动也严重阻碍了苏联火箭技术的研发（Черток，2010）[24]。火箭专家们失去了他们在革命军事委员会中最有影响力的靠山——图哈切夫斯基。之后的军事领袖再没有谁像图哈切夫斯基那样意识到远程弹道火箭的战略潜力，也没有规划远程弹道火箭的军事战略方案。军事高层拒绝为前身是喷气科学研究所的第三科学研究所（НИИ-3）提供任何支持。历史非常残酷，也具有讽刺性：20世纪30年代只有法国能与苏联在航天研究水平上可以比肩，但到20世纪40年代中期，"二战"爆发时苏联仅剩有液体火箭发动机和飞机火箭助推起飞的研究。而纳粹德国在实用的液体火箭技术领域取得重大突破，研发出世界上第一种弹道火箭V-2。此时苏德之间已然有了很大差距（Siddiqi，2003）[26]。

事实上，20世纪二三十年代世界许多国家都出现了一批火箭协会和研究组织，在从航天基本理论建立到40年代德国液体火箭的技术高峰之间，它们成了一个极为重要的承上启下的环节（李成智，1997）[31]。这些组织在初期很少或几乎没有官方的资助和支持，他们在极端困难的条件下进行火箭研制和航天理论的发展。不同的是，苏联的这些工程师后来所起的影响和激励作用，远比同年代美国和德国的火箭研究团体成员所起的作用更为深远巨大（Siddiqi，2003）[3]。

二、"二战"后期弹道火箭技术的起步与发展

德国研发出世界上第一种弹道火箭V-2。在战争期间共发射了3225枚，袭击了英国、法国和比利时等国家，造成巨大的人员与财产损失[①]。因此，各国密切关注V-2的巨大军事潜力。在德国战败之际，美苏两国竞相争夺德国火箭技术——专家、火箭、技术资料及相关设

---

① 德国发射3225枚V-2，袭击了安特卫普（1610枚）、伦敦（1359枚）、里尔（25枚）、巴黎（19枚）和马斯特里赫特（19枚）以及其他一些目标，其中1/5为哑弹。最后一枚火箭于1945年3月27日落在伦敦南部的肯特州。（Bode et al.，2008）[90-91]

备设施，引发了火箭技术的跨国技术转移。德国火箭技术奠定了美苏两国发展导弹和航天事业的重要基础。苏联更是在消化吸收德国火箭技术的基础上，不断改进创新，取得了举世瞩目的成就。

1944年7月13日英国首相丘吉尔给斯大林写了一封绝密信件，促使苏联开始密切关注德国的火箭技术。苏联人意识到自己在火箭研究方面已经落后，因此把破解德国火箭技术作为缩短差距的捷径。1944年苏联在波兰首次接触到V-2火箭，随后在德国考察中得到了比在波兰考察中更多更丰富的火箭遗产。这些火箭遗产包括两方面。一方面包括有形的火箭零部件、仪器、设备、设施和材料，以及图纸等技术资料。具体而言，包括在波兰试验场找到的火箭发动机残骸、燃料箱碎片、石墨舵、蒸汽气体发生器、惯性装置的重要部件、无线电设备和执行机构的自动化零件、控制和稳定机构的外壳，以及保存完好的涡轮泵组（Кантемиров，2011）[141]；佩内明德的大型试验台、各种燃料和氧化剂的贮存车、两座大型氧气工厂、可运行的发电站，以及各种火箭零件[①]；诺德豪森的零散的V-2火箭部件，以及为数不多的技术文件。另一方面，苏联俘获了部分技术专家和技术工人等"无形"的"技术载体"。整体上，这些德国有形和无形的火箭技术或者优于苏联的同类技术，或者是苏联缺少的。苏联专家通过考察，形成了对V-2火箭技术布局、设备设施、人才和研制能力的整体判断。

1945年7月起，苏联人选择"就地取材"的做法，充分挖掘自己在东德占领区的潜力，最大限度地利用德国"残缺不全的"火箭，及

---

① 数据来自：Доклад записка А.И.Шахурина Г.М.Маленкову от 8 июня 1945 г. о результатах обследования германского реактивного научно-испытательного института в Пенемюнде.（1945年6月8日沙胡林致马林科夫关于德国佩内明德喷气科学试验研究所调查结果的报告）（Ивкин et al.，2010）[17]

相关的人才、技术与工业基础，组织德国人帮助破解与"恢复"V-2火箭。苏联人与德国人的团队合作，对成功恢复技术工作有着重要意义。他们恢复的不仅是火箭产品，而是全面的火箭技术，包括有形的产品和无形的技术知识；不仅发现并改进了V-2的不足，而且促使它走向成熟。这样，当苏联人结束驻德工作结束时，苏德专家编写了大量有关复原V-2的图纸、工艺规程、技术说明和报告，以及基于V-2改进得到的一些试验数据；共装配了35枚适于发射的V-2火箭，配套了可组装10枚火箭的零部件；制造出两辆保障试验发射的火箭专列①。经过两年多的努力，苏联人在德国专家的参与下，于1947年10月在本土成功进行了V-2火箭的试射。此外，根据苏联档案记载，截至1947年1月1日共有378名德国专家来到苏联从事喷气武器方面的研制工作，包括13名教授、33名博士工程师和85名注册工程师。他们被分派到苏联的9大部委中②。

　　复原V-2火箭的工作引起了苏联决策者的注意。他们意识到建立火箭武器的独立工业有着重要战略意义，对其进行国家层面的组织和协调十分必要和迫切。1946年5月13日，苏联部长会议通过了《喷气武器问题》决议（以下简称"决议"）（Батурин，2008）[30-36]。

---

① 数据来自：Из отчета о работе института 《Нордхаузен》 начальника института гвардии генерал-майора артиллерии Л. Гайдукова и главного инженера С. Королева.（近卫军炮兵少将、研究所所长盖杜科夫和总工程师科罗廖夫关于诺德豪森研究所的工作总结）（Ивкин et al.，2010）[114-117]

② 在各种文献中记述的来到苏联的德国专家人数差距很大，主要原因是这一时间有大量德国专家被转移到苏联，从事与原子弹、航空、无线电等领域有关的工作，本文给出的仅是直接从事喷气武器研究工作的德国专家人数。数据来自：Докладная записка Г.М. Маленкова и других И.В. Сталину о завершении работ по реактивной технике в Германии.（马林科夫等致斯大林关于在德国喷气技术工作完成情况的报告）（Ивкин et al.，2010）[127]

这份编号为1017-419的决议对
苏联建立火箭武器研制体系做了
全面部署，成为苏联火箭武器领
域的奠基性文件。它共有32项条
款，分为五部分，内容涉及火箭
武器的行政领导机构、主导部委
和参与部委的分工、国内火箭武
器研制机构的建立、驻德火箭武
器工作的部署，以及发射场建
设、人员培训等其他资源配置问
题。"决议"明确了火箭武器工
作的优先地位和重要性，要求各
部委和机构必须把火箭技术工作

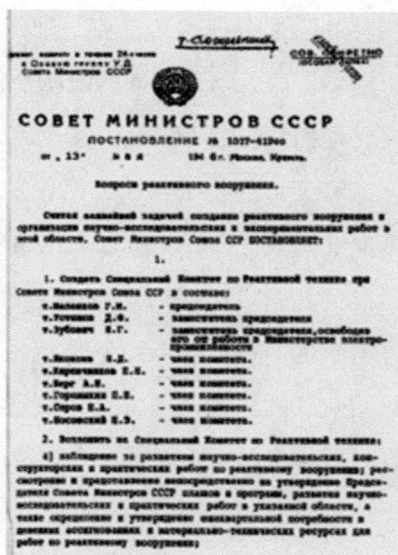

图4-2　1946年5月13日苏联部长
会议《喷气武器问题》决议首页

当作首要任务来完成。为此，部长会议组建了喷气技术特别委员会
（Специальный комитет по реактивной технике）①负责统筹、协调和
监督各部门和机构的火箭武器工作，由马林科夫任委员会主席。"决
议"规定：未经部长会议特别许可，任何机关、组织和个人都无权干
扰或询问有关火箭武器的制造情况。

----

①　1947年5月10日苏联部长会议通过第1454-388号决议《喷气技术问
题》，喷气技术特别委员会改名为第2委员会，其成员也进行了调整。布尔加宁
代替马林科夫担任委员会主席，乌斯季诺夫和祖博维奇仍任副主席，委员会成
员调整为雅科夫列夫、赫鲁尼切夫、戈列梅金、巴尔申、卡巴诺夫、谢罗夫、
阿列克先科和基尔皮奇尼科夫。1949年5月15日委员会被解散，苏联装备部成为
喷气技术研制工作的领导者。见：Постановление Совета Министров СССР №
1454-388 《Вопросы реактивной техники》.（苏联部长会议№ 1454-388《喷气
技术问题》决议）（Ивкин et al., 2010）[128]

　　根据《喷气武器问题》决议的规划，1947年苏联开始生产本国第一种弹道火箭P-1。P-1火箭（代码8A11，北约代码SS-1）是德国V-2的完全仿制品，即尽可能采用苏联国产材料制造的V-2。它开启了德国火箭技术苏联化的进程。苏联共有13家科研所和设计局及35家军工厂参与制造V-2（Matthias，2001）[172]。苏联对V-2的国产化常常被描述为只是简单的复制或仿制，但实际上这是一个历时数年的艰难过程。苏联火箭设计师们为此倾注了所有力量。在仿制工作中出现的大量问题帮助火箭专家们充分、深入的熟悉了火箭生产中多层次的技术。他们首次提出了自主解决方案（Matthias，2001）[177]。

　　苏联人根据V-2在试验发射中出现的问题对P-1做了一些改进。在火箭整体设计上，P-1由弹头、控制设备舱、燃料舱和尾段四部分组成。苏联人加大了控制设备舱和尾段的长度，使火箭全长增至14.27米。他们在尾舱特别开了一个舱口，用于在不拆掉整个尾舱的情况下更换舵机。P-1火箭设计射程为270千米，比原来的V-2多了20千米。为此需要增加215千克酒精燃料，并进行相应的弹道计算。由于国产材料难以配齐、制造工艺达不到要求等问题，苏联实际上未能实现完全用国产零部件制造P-1。一些零部件和仪器设备不得不使用德国产品，或依靠进口。V-2的国产化，即制造P-1的工作帮助苏联火箭技术领域的工程师和工人尽快参与研制。在这个过程中，苏联人掌握火箭的制造工艺和技术特点，自主解决了许多技术问题。事实上，P-1并未一直停留在模仿阶段。第二批P-1火箭在很大程度上已不再是对V-2技术的精确复制。苏联人做了诸多卓有成效的改进，大大提高了可靠性。苏联成功仿制德国V-2，实现本国P-1的生产，首次突破了全新技术。这不仅意味着苏联制造出首枚弹道火箭，同时表明苏联获得了继承和吸收德国火箭技术的能力。苏联人为复原、仿制并改进V-2，在本国领土上发射了200多枚V-2和P-1火箭，创下了本国研制一个型号的火箭并多次进行发射试验的一项历史记录（Matthias，2001）[177]。

P-2火箭（代码8Ж38，北约代码SS-2）是苏联对德国V-2火箭的改进版本，也是苏联第一次自主设计、研制的火箭。它的总设计师团队与P-1相同，整个研制过程中有不同部委和机关的24个科研所、设计局和90家工厂参与（Симонов，1996）[139-140]。P-2虽然在很大程度上使用的是已经成熟的V-2技术，但首次大规模的引入自主建设性解决方案，已远远超出了之前P-1所做的改动（Matthias，2001）[177]。为了达到设计要求的600千米射程，苏联设计师提出将火箭长度延长3.3米，这样可以多容纳70%的燃油，保障需要的飞行距离；另一方面，需要大幅减轻火箭净重。因此，单纯对V-2进行仿制是远远达不到目标的，需要对P-2进行全新的设计。第一个新设计是箭体采用可分离式顶部（弹头），这是新设计的一个重要元素。为掌握火箭顶部分离技术，设计师们研制出P-1的改型——P-1A实验火箭。第二个重要创新是，优化火箭结构，将酒精贮箱作为火箭的承力构件，通过对贮箱的充压保持火箭结构的稳定性。第三，重新配置并改善控制系统，提高火箭落点精度，在P-2上应用了综合性的控制系统，包括箭载自主稳定系统和地面无线电横向校正系统。第四个主要改进是，研制大功率发动机РД-101。这项工作由格鲁什科领导。РД-101发动机仍采用酒精和液氧作为推进剂。1950年10月到1951年7月进行了飞行试验。P-2火箭长度17.7米，起飞质量20.4吨，最大飞行距离600千米，作战弹药重量1008千克。1951年P-2导弹被装备到苏联军队中。

P-2火箭从方案设计到试验成功，历时5年。苏联设计师用P-2的成功向世人证明，他们已经不是简单的接受德国的火箭技术，而能够独立开发远程火箭。为实现这一目标，苏联投入了大量研发经费。这项事业在近5年的时间里消耗了苏联大量的财政和经济资源，仅P-1和P-2的研发成本就高达30亿卢布（Matthias，2001）[180]。由于拥有大量的资金投入和多项技术创新，苏联敢于与其最重要的竞争对手美国相比，并最终在这一技术领域占据领先地位（Matthias，2001）[180]。

P-5是1949年由科罗廖夫领导、在第88科研所研制的一种中程弹道火箭。为了提高导弹准确性，设计人员使用了复式控制系统（自主控制和无线电控制），1952年开始进行飞行试验。P-5应用了格鲁什科新研制的PD-101液体火箭发动机。格鲁什科从1946年开始一直全力研制以液氧—酒精作为推进剂的液体燃料火箭发动机。他陆续研制了РД-100、РД-101、РД-103型号的火箭发动机，分别用在P-1、P-2、P-5以及其他改进型的弹道火箭和地球物理火箭里。发动机是火箭的动力核心。随着发动机类型的不断完善，推力不断增长，火箭的射程、装弹质量和射击精度也在不断增加。1956年P-5火箭已能够携带1吨的有效载荷飞行1200千米，它的起飞重量29吨，可以利用2个或者4个悬挂作战部件发射，发射距离约为600—820千米（Черток，2010）[120]。

苏联专家借助P-5研究利用火箭作为原子弹的载体。1954年开始研制P-5的改型——P-5M火箭。它是科罗廖夫设计局从第88科研所分离出来后研制的第一种火箭。该火箭装载有核弹，起飞重量28.6吨，飞行距离1200千米，其准确性接近P-5。P-5M火箭成为世界火箭军事史上第一个核弹药运载工具。

1954年5月20日苏联中央委员会和苏联部长会议正式通过了第956-408cc号决议，旨在制造和测试P-7洲际弹道火箭，"确保它能够打击全球任何一个军事—地理区域的战略目标"（Ершов et al.，2011）。众多科研和工业组织参与研制P-7。牵头研究机构是苏联国防工业部第88研究所；主要设计人员来自第88研究所下属的第一试验设计局，科罗廖夫任总设计师；火箭发动机的研发由第456设计局负责，总设计师是格鲁什科；第885科学研究院负责控制系统的研发，梁赞斯基和皮留金是总设计师；地面设备制造由机械制造与设备制造部的国家联合设计局完成，巴尔明任总设计师；陀螺仪控制系统由第10科学研究院完成，库兹涅佐夫担任总设计师。

当年11月20日苏联部长会议通过了P-7的设计草案。P-7是两级液体火箭，设计上最大的突破在于它的"捆绑式"结构，即火箭由一个处于中央的较长芯级和4个相同的位于其四周的较短助推束组成。第二级长28米，最大直径2.95米，向下逐渐收缩，到尾段处直径为2.2米。助推器全长19米，最大直径3米，呈圆锥形，顶端锥角约10度，每个助推器底部装有一个翼展约0.9米的稳定底翼，用以改善火箭的操纵性能。（李成智等，2010）[37]用于助推火箭的РД-107发动机（Б、В、Г、Д组件），地面推力76吨，中心火箭的РД-108发动机（А组件），地面推力83.7吨。这两个发动机结构是相似的，都采用了四燃烧室和方向舵的布局。所有这5个发动机都同时在地面点火工作，助推发动机在火箭分离时关闭，中心发动机则继续工作。因此这意味着，当P-7点火发射时，共有5台大型发动机，20个燃烧室进行工作。在P-7的研制中，设计师们排除了许多烦琐的技术困难，包括多级火箭方案的研究和设计问题；大推力液体火箭发动机的研制。在生产中，完成P-7火箭的发射试验需要进行非常复杂的五次组合装置。

为新试验场选址，建设特殊的发射设施，以保证发射台连接火箭的可靠性。

1957年1月14日苏联部长会议确定了P-7的飞行试验计划，火箭的第一次技术测试被安排在丘拉塔姆试验场（后来被称为拜科努尔发射场）。这次试验进行了导弹的独立和综合电路测试，先是逐块检测，然后捆绑测试，最后进行整体测试。1957年3月初，第一枚P-7被送到试验场技术场地，开始长时间的组件检查、排除注意事项、加工完成随航和地面设备等等。4月顺利完成了主体段和所有助推束的整体火力发射台试验，以及火箭飞行试验参数的准备工作。第一枚P-7火箭充分加注时，初始重量是280吨，其中上部有效载荷模拟装置重5.5吨，燃料组件——液氧、煤油、过氧化氢、浓缩氮的重量是253吨。在全程发射状态下，第二级发动机关闭时的速度需要达到6385米/秒，但这次航程是从哈萨克斯坦的拜科努尔发射场到堪察加试验场，距离6314（8000）千米，为此将调整控制系统的具体数据。这次发射重要的任务之一是检查火箭和发射设备相互的动态，包括推进装置，但计算规定的精确度（+/-8千米）可能不确保。5月15日开始，苏联共发射了五枚P-7。试验结果证实，P-7可以达到预定的飞行距离，但它的顶部需要彻底改进，估计至少需要半年多时间。然而火箭顶部的损坏为苏联第一颗人造地球卫星提供了设计灵感，因为卫星不需要再入大气层。

苏联成功发射了世界上第一枚洲际弹道火箭P-7。这一事件拥有深远的影响意义。其一，苏联继1949年成功爆炸第一颗原子弹之后，又研制出了远距离发射核弹头的运载工具。这意味着苏联具有了把核武器直接发射到美国本土的能力，将改组世界军事和政治格局；其二，"与打击地面目标相比，科罗廖夫对和平开发太空的兴趣更浓，他推动了利用P-7来发射第一颗人造地球卫星"（富尔先科等，2012）[121]。P-7后来成了苏联第一枚宇宙运载火箭的基础，更是第一个可实现航天和军事航天活动的设施，为苏联航天技术的发展奠定了坚实的技术基础。虽然P-7以世界上第一枚洲际弹道火箭而获得极大的名声，但从实际使用上看，它并不具备战略价值。这主要是因为它的各级发动机采用了不可贮存的液氧和煤油作为推进剂，致使其机动性、灵活性和应变能力受到极大影响。

三、第一颗人造地球卫星的研制与发射

出于科学研究的目的，在第二次世界大战后许多国家的科学家都尝试为了和平目的和开发宇宙的需要研制发射人造地球卫星。1954年夏天，国际无线电科学协会和国际地形学和地球物理联合会通过了在地球物理年（1957—1958）间发射一颗人造地球卫星的决议。这一决议得到了美国、苏联等国的支持和相应。

季洪拉沃夫是苏联第一个人造地球卫星的积极倡导者。1950年3月15日他在苏联科学院应用物理学分会科学技术会议全体大会上做报告《关于人造地球卫星》。在报告中，他公开宣布：近期可全部解决研制人造地球卫星的问题。1954年5月26日科罗廖夫向苏共中央委员会和苏联部长委员会递交了关于实现人造地球卫星应用性研制的建议信。在信中附带了季洪拉沃夫《关于人造地球卫星》的报告记录，以及美国在该领域开展工作的翻译材料，并做了结论，即"目前可以及时并目的明确地组建科学研究部门，用于开展首批卫星的探索性工作"（Ершов，2010）[61]。

1956年1月30日，苏联共产党中央委员会和苏联部长委员会通过了第149-88cc号决议，批准建造重约1000—1400千克的第一颗人造地

球卫星（简称为D工程）。由科罗廖夫领导的第一试验设计局担任牵头单位。格鲁什科、皮留金、梁赞斯基、巴尔明和库兹涅佐夫等首席设计师参加到这项工作中。同年7月，第一试验设计局提交了人造地球卫星的设计草案。9月3日政府批准由科学研究所和设计局共同合作研制卫星和各种地面设备。苏联国防部第四科学研究所参与了这项工作，主要研究弹道保障、指挥—测量综合体初步设计和建造、人造地球卫星用于解决国防任务可能性的论证。第五科研试验发射场主持卫星和运载火箭发射准备及发射工作。在P-7火箭成功发射后，1957年8月总设计师科罗廖夫在出席国家委员会全体大会上发言，建议加快人造地球卫星发射的准备工作。根据他的意见，发射准备工作应在1到2个月后准备完毕。第一颗人造地球卫星的研制计划包括四个组成部分：研制运载火箭；建设发射场；研制卫星本体和星上科学仪器；建立地面测控网。

运载火箭的研制与发展洲际弹道火箭是一致的。为了满足发射人造地球卫星和达到第一宇宙速度的要求，对P-7进行了改进，主要是取消了顶部有效载荷。这枚运载火箭是由科罗廖夫主持设计和研制的，定名为"卫星"号运载火箭，总起飞推力为4880千牛，为当时世界上最大的航天运载火箭（李成智，1997）[69]。P-7改装为"卫星"号运载火箭时，进行了一些改动。首先是调整芯级发动机工作状态，将其推力调小到588千牛左右，直到级间分离后芯级才以914千牛的最大推力工作。但这样可能使级间分离遇到困难。为此，决定延长两级分离时间，既可以减少分离时的载荷，也有利于保证芯级推进剂贮箱的安全。

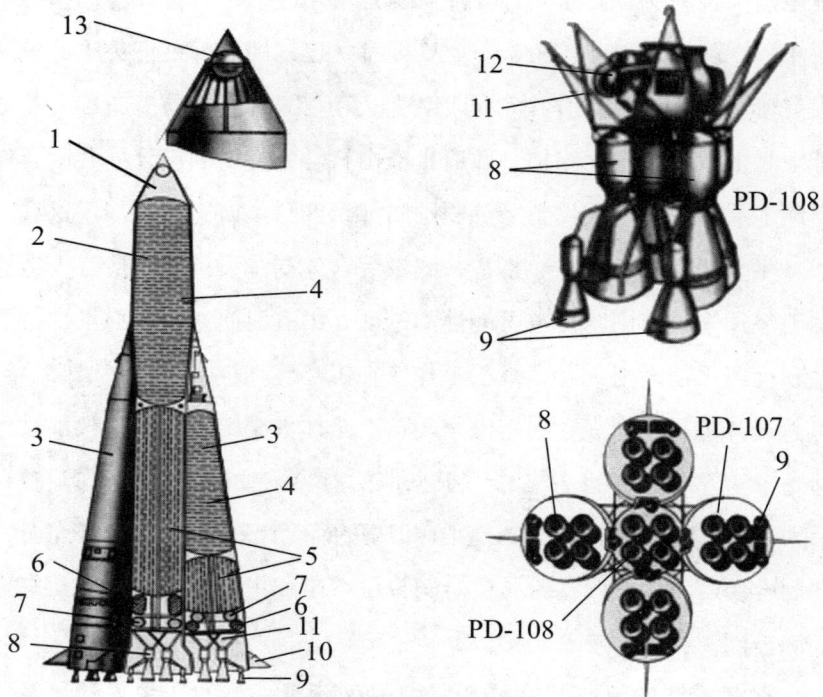

图4-3 "卫星"号运载火箭（Уманский，1986）

起飞质量：267吨　有效携带质量：1.327吨　燃料质量：245吨　总长：29167毫米

推力：1级（地球）：3904千牛，2级（太空）：912千牛　最大速度：8000米/秒

（1-顶部单元，2-中央控制单元，3-侧面单元，4-氧化剂箱，5-燃料箱，6-过氧化氢箱，7-液氮箱，8-液体—喷气发动机的主室，9-转向相机液体喷气发动机，10-空气舵，11-发动机稳固架，12-发动机组，13-第一颗人造卫星ПС-1。）

　　研制人造地球卫星的草案，由科罗廖夫领导下的第88科学研究院设计局的科学团队制定。这个项目实际上经过了季洪拉诺夫率领的国防部第4科学研究院的专家组成员多年的研究。该专家组成员包括：雅聪斯基、巴仁诺夫、布雷克夫、格尔科夫斯基、古尔科、马克西莫夫、莫斯卡连科和索尔达托娃（Кузнецов，2007）。为了缩减发射准备时间，季洪拉沃夫建议制造普通的卫星，有着最简单的装备：无线电发射器、天线、电源箱、最简单的温度调节系统、与运载火箭的通信体系和保护从火箭分离及箭载电缆网分离后的卫星的头部整流罩。

苏联第一颗人造地球卫星代号为ПС-1，即"最简单的卫星-1"（Простейший спутник-один）。这个球形卫星重达83.6千克，以铝合金制成，有4个2.4—2.9米长度不等的鞭状天线。设备及电源装置在一个密封的壳体内部。卫星的无线电信号发射器（两个频率）可以以中波频率每隔0.3秒发射类似电报的数据。可以从947千米的轨道远地点向全世界发射首次穿越太空的信号（Глушко，1973）。莫斯科时间1957年10月4日22点28分34秒实现了发射。2954秒之后卫星和运载火箭中央组件进入轨道，卫星轨道的倾角是65.1°，近地点228千米，远地点947千米，旋转周期96.17分钟。该卫星在太空中运行了92天，绕地球1400圈，沿轨道巡航约600万千米（Черток，2007）。第一枚人造地球卫星发射时，P-7洲际弹道火箭已经进行了7次试射，而这次是第三次成功的发射（Ершов，2010）[63]。

尽管第一颗人造地球卫星如此简单，但它在科学探测方面取得的成果是极为显著的。例如，功率为1瓦特的无线电发射机用20.005兆赫兹和40.002兆赫兹的频率不间断地发射脉冲电波，并根据人造地球卫星内部的温度和压力不断变化时长。这样就实现了从太空向地球的最初级无线电信号传输。通过接收到的卫星信号，科学家们可以确定在其上方的电离层电子密度。电离层的无线电波是在不同海拔高度上获得的数据。同时，科学家们也精确地测量了上层大气的密度，直到极光区域的高度。首次实现了长时间太空飞行的多普勒效应的无线电测量，这对研究新型高效的测量设备有着积极作用。另外还考察了热条件对创造生物体飞行条件的影响（Кузнецов，2007）。

第一颗人造地球卫星的发射是具有划时代意义的事件，意味着人类太空时代的开启。1958年1月4日，苏联国家领导人赫鲁晓夫在与丹麦报纸编辑的会谈中指出，这一事件"首先是苏联在科学和技术领域取得的巨大成就，同时苏联在科技进步领域针对资本主义国家的美国确立了领先的优势。"（Ершов，2010）[123]此外，在冷战条件下，第一颗人造地球卫星的政治影响比对科学技术的影响更为深远，它表明苏美太空竞赛的第一个回合的胜利者是苏联。至此，人类真正开启了航天时代。

四、世界首次载人航天飞行

弹道火箭、运载火箭以及人造卫星相继取得成功，不仅为航天的应用化开辟了道路，也使载人航天技术很快发展成熟。事实上，苏联早在1956年11月就开始了载人太空飞行的初步规划工作，其中包括载人登月飞行。科罗廖夫在设计第一枚洲际弹道火箭及卫星号运载火箭的过程中，起飞推力很大和留有较大的余量就是为了载人航天做准备。因此，苏联用于载人航天的第一种运载火箭东方号大致就是在卫星火箭基础上加装第三级构成的，其他改进只是换装推力更大的发动机。这些具有预见性的超前设计先是苏联最先取得成功的原因之一。

在载人航天飞行中，苏联解决了许多重要的问题。从发动机技术来说，苏联与美国有一定差距。但苏联人采取了绕开技术难关、以目标作为着眼点的技术策略。具体来说，就是以发动机并联和捆绑技术实现运载火箭大推力、高运载能力的目标。这样可以避免在研制大推力发动机上花更多时间。这种策略被证明是行之有效的。其二，苏联曾利用探空火箭大量进行生物和小动物的高空实验，取得了初步成果。苏联第二颗人造卫星或许就是失重反映最好的验证了。试验表明失重对大动物产生的影响并不是很大，这次的成功增强了人们对载人飞行的信心。其三，是太阳辐射和微流星对宇宙飞船和宇航员的影响。这方面的影响也是利用探空火箭取得的。经过大量实验证明，微流星的数量、密集度和大小并不像过去人们想象的那么严重，防护措施也不必要那么复杂，宇宙线和太阳辐射也可以通过特定的防护措施加以屏蔽。

从1958年开始，苏联载人航天飞行的研究工作正式推开。到1958年8月，不同方案的可行性研究先后完成。经过一番深入讨论，科罗廖夫最后决定直接进行载人轨道飞行。苏联第一艘载人飞船被命名为东方号。科罗廖夫主张东方号外形采用球形结构。他认为，"球形能够容纳下宇航员座舱和他返回地面用的降落伞。而且在一定的外形尺寸条件下，球形结构的内部容积最大。另外，球形结构还有明显的象征意义。"（李成智，1997）[216]而从技术上来说，球形结构有着关键性的意义，即这种结构有利于减少再入时气动热流的不利影响，而且有利于在各种速度下保持稳定。在解决再入防热问题上，东方号飞船基本上沿用了弹道火箭的再入防热技术。1959年初，第一艘载人飞船开始实际设计。与此同时，飞船各系统的设计也在分头进行，包括高度控制、通信、轨道转移等。1959年底，飞船的设计工作全部结束。

东方号飞船由两部分组成，上端是球形座舱，直径2.3米，重2.5吨，座舱外部有两根遥控天线和顶端安装的通信天线，通信天线下端是一个小型通信电子设备舱。座舱侧旁有一个观察窗和一个弹射窗，内部除装有生命保障系统和食物外，还有一台电视摄像机，一个光学定向装置，一个宇航员观测装置和宇航员应答装置，宇航员按设计一直躺在弹射座椅上，生命保障系统可供宇航员生存10昼夜。飞船下端是仪器舱，呈圆台圆锥结合体，最大直径2.43米，高2.25米，重2.27吨。在紧靠宇航员舱处有18个球形高压氮气和氧气瓶，用以为宇航员提供尽可能类似地面的大气环境。气瓶下面是圆台形仪器舱，它的侧面有3根鞭状天线，再往下则是反推发动机和内部推进剂贮箱。底端还有两个通信天线。反推火箭用于飞船再入前变轨控制，发动机采用硝酸和苯胺作为推进剂，推力15.8千牛。这个系统能把飞船速度减到155米/秒。为简单起见，末级火箭和整个飞船是一同进入轨道的，因此轨道上飞船总长达7.35米（顾诵芬等，2000）。

在1959年5月22日的政府决议之后，苏联就开始进行实施载人宇宙飞船发射的准备工作。1960年5月15日实现了在"东方"项目下的苏联的首次试验性飞行。"东方"号运载火箭（8K72）从第一发射平台拔地而起，将第一个飞船—卫星送入地球轨道。到同年底，共计进行了4次发射，其中还携带了小狗。仅仅第三次发射就取得了全面的成功，小狗别尔卡和斯特列尔卡顺利返回地面。

1961年三月底，参与首次载人航空发射的所有设备的准备工作宣告完毕。在3月9日和25日成功地完成携带假人和小狗的飞船的两次控制发射后，开始进行载人飞船发射的直接准备工作。在国家委员会采纳了于1961年4月12日发射第一艘载人航天飞船发射以及第一个宇航员人选后，飞船和运载火箭的准备工作严格按照进度实施。根据决议，第一次飞行任务由加加林担任，如果临时状况不佳则有季托夫接替。

1961年4月12日，莫斯科时间9时07分，"东方"运载火箭

（8K72）从第五科研试验发射场的第一发射系统上徐徐升空，将苏联本国的"东方号"宇宙飞船和第一个宇航员送上地球轨道。由于这是第一次载人飞行，加加林在整个飞行过程中不需要进行任何操纵动作。另外，着陆过程比较复杂，最后加加林的落地点与预计点相差甚远。但这次飞行的意义却是极为伟大的。它实现了人类千百年来登天飞行的理想，把世纪初伟大的航天先驱者的理想变成了现实。

世界上第一名宇航员加加林的绕地飞行不仅有着重要的科学意义，还有深远的政治意义。从科学上而言，它证明了人类在短时间失重状态下完全可以正常生活。在医学实验上特别是人在轨道飞行期间的反应和适应性方面取得了重要成果，为新一轮载人太空飞行积累了丰富的经验。从政治方面而言，苏联在载人飞行这一重要领域又一次击败了美国。

继加加林之后，东方号飞船又进行了5次载人轨道飞行。乘坐它飞入太空的宇航员还有季托夫、尼古拉耶夫、比耶科夫斯基以及世界上第一位女宇航员捷列什科娃。作为人类历史上第一个成功的载人轨道飞行计划，东方号取得了很多重大的历史成就，保持了多项留空时间记录。由于飞船的限制及其他原因，东方号没有取得很多的科学研究成果，但在医学实验上，特别是人在轨道飞行期间的反应和适应性方面，取得了可贵的数据，为新一轮载人太空飞行积累了丰富的经验。

航天火箭技术的突破性发展成为苏联20世纪科学技术成就的一大亮点。太空飞行的探索促使苏联人详细地考虑火箭技术在多层次的科学、技术和制造方面的需求，产生了庞大数量的科学技术新问题，它带来的影响也是多方面的和深远的：

第一，航天技术的发展促使传统科学从内部诞生出许多新的研究领域，而且还开辟了很多新学科。航天技术推动了固体物理学、固态化学、物理化学分析、无机聚合物化学、应用力学、材料学、金属和合金工艺、电气应用科学、电子、自动化和遥控力学等领域的发展，尤其是对生物医学提出了特殊的要求，实际上覆盖了医学和应用生物学学科的所有方向。为了更完整、更精确地回应这种要求，则在传统生物医学之外，出现了新的学科，如空间遗传学、空间微生物学、空间生理学、空间环境心理生理学和空间心脏病学等等。

第二，航天技术的发展不仅为应用科学、基础科学带来了大量新问题，促成探索性科学研究的快速发展和进一步加深，还带来了全新且强大的认知手段，可以在很大程度上促进这些科学技术领域更快、更广和更深入地发展。宇航科技保证了科学知识得到前所未有的增长。在第一批人造地球卫星进入到轨道的前10天，一颗卫星传送的地球磁场信息量就已经超过了近100年的信息量（Севастьянов et al.，2011）。尤其是在载人航天器中工作时所提取的信息有着显著而又高质量的增加。在这些结果之上，整个科学进入了一个前所未有的上升期。

第三，在航天技术领域中，基础科学研究、应用科学、实验—设计加工和生产的复杂的相互作用，有着特殊的重要性，这是一个巨大而又极其复杂的动力综合体，吸纳和集中了几乎所有的科学技术的成果。在进行宇宙开发的同时，也为不同领域的科学家提出了全新的任务，并促进综合性科学研究中心的建立，用以解决这些问题。因此从整体上讲，航天技术领域履行着重要的社会功能，成为科技革命的强大推进器和加速器，科技和工业进步的最前沿。

第三节　苏联对切尔诺贝利核灾难的应急处理

1986年4月26日凌晨，莫斯科时间1时23分58秒，位于苏联乌克兰共和国境内的切尔诺贝利核电站第4号机组在进行一项汽轮发动机的惰转试验过程中突然发生爆炸。这次事故直接造成31人死亡（EC/IAEA/WHO，1996），8吨多强辐射物质泄漏。"1986年4月29日，带有高放射性物质的气流吹过波兰、德国、奥地利、罗马尼亚；4月30日，飘到瑞士、意大利北部；5月1日—2日，污染到法国、比利时、荷兰、英国、希腊北部；5月3日，来到以色列、科威特、土耳其……带有强放射性的云团在全球弥漫：5月2日笼罩在日本，5月4日到中国，5月5日到了印度，5月5日—6日席卷美国、加拿大……在一周之内，切尔诺贝利已经成为全世界所共同面临的问题……"（Сахаровский，2006）。

欧洲有20多万平方公里的土地呈现铯污染，其中，切尔诺贝利核电站周边地区的原苏联俄罗斯共和国、乌克兰共和国和白俄罗斯共和国的2.94万平方公里土地呈现铯重度污染（IAEA，2006a）[23]（曹朋，2008）[39]。98.6万人吸收的辐射剂量大于33 mSv，其中1986年—1989年共计60万事故清理人员在事故后20年间吸收的总平均辐射剂量在100 mSv，远远超过一般的自然环境辐射剂量2.4 mSv（曹朋，2008）[42]（IAEA，2006b）[14]。5000多位发生事故时未满18岁的人在事故后患甲状腺癌（曹朋，2008）[43]。"专家小组认为，在暴露程度最高的三组人群（24万名清理者、11.6万名被疏散者和27万名严格控制地区的居民）中可能还会有多达4000人在生命过程中死于癌症。由于这三组人群中可能最终死于癌症的人数超过12万人，所以源自暴露于辐射的癌症死亡增加人数比由各种原因导致的正常癌症发病率高3%—4%。"（IAEA，2006a）[14]（曹朋，2008）[45]这就是震惊世界的"切尔诺贝利核电站爆炸事故"，俄罗斯学者称之为"切尔诺贝利核灾难"。

国际原子能机构把核事故分为七级，其中第七级是极大事故。切尔诺贝利事故是人类自利用原子能技术以来造成的最大规模核燃料泄漏以及放射性污染的事故，是当时唯一的七级事故，是人类和平利用核能史上的一大灾难，也是"20世纪最大的技术性灾难"（Буж，2006）[8]。切尔诺贝利核灾难不仅给世界带来巨大的不可逆转的生态灾难，而且给苏联带来沉重的政治和经济打击。33万多严重污染区居民被迫弃家移居，60万参与事故清理人员日后的身心健康严重受损，国家理赔无法及时全部到位，国家失信于民，这些都成为导致苏联国家解体的重要导火索，而这一点在以往我国对苏联解体问题的研究中没有引起足够重视。

在切尔诺贝利核灾难发生之后，苏联共产党和苏联政府针对这一突发灾难采取了一系列应急处理措施，有效避免了严重的次生灾害，当然，也遗存了许多遗憾。

从1986年4月26日凌晨切尔诺贝利核灾难发生，到1989年10月苏联政府向国际原子能组织提出进行国际专家评价的正式请求，前后历经三年多。在这段时间里，苏联为尽力消除切尔诺贝利核灾难所造成的放射性污染开展了一系列应急处理工作，分为紧急处置突发灾难阶段（1986年4月26日—5月6日）；消除灾难的环境和社会影响阶段（1986年5月7日—1986年8月中旬）；后处理工作的公开化、国际化阶段（1986年8月底—1989年10月）。

一、紧急处置突发灾难

从1986年4月26日凌晨1时23分事故发生到5月6日放射性释放基本结束，苏联的应急处理工作从忙乱转为有序。在这关键的11天中，苏联政府迅速组建了政府工作组、政府委员会等机构，围绕"控制反应堆放射性物质的泄漏"主题边调研边救助，先后采取了灭火、调入军队和清理事故人员、隔离事故反应堆、疏散附近居民等多方面的紧急措施，基本控制了放射性物质的大规模释放，有效避免了更大次生灾害的发生。

第一，灭火，急救。

4月26日凌晨1时23分，切尔诺贝利核电站4号反应堆先后发生两次爆炸，在核电站内引发30多处火灾，堆芯碎片被抛射到厂房的顶部，一些油管受到损坏，电缆短路，4号反应堆发出强烈的热辐射，机械大厅、反应堆大厅及其邻近遭受破坏的建筑物成为火灾中心，大火直接危及邻近的正在工作的3号反应堆。伴随着4号反应堆的损坏，大量放射性物质泄出，在空气流作用下迅速扩散。

核电站值班人员一边通知消防人员，一边向上级报告核电站爆炸情况。26日凌晨1时30分，来自切尔诺贝利核电站的军事化消防队（ВПЧ-2）和普里皮亚特镇的综合军事消防队（СВПЧ-6）值勤人员到达事故现场实施灭火。但切尔诺贝利核电站的剂量监测部门无法为在场的消防人员提供所需要的辐射剂量监测仪器，消防人员不了解4号机组及其周围放射性的真实辐射水平，在此之前也从未接受过在放射性环境下灭火的专门训练，不了解辐射后果的严重性。他们首先集中压制汽轮机大厅屋顶的火焰，有效阻止其向邻近的3号机组蔓延。2时10分这部分的火势得到控制。凌晨5时，反应堆厂房内的火焰被熄灭。与此同时，3号机组停堆，以避免事故扩大且方便检修（苏联国家原子能利用委员会，1986）[17]（王芳，2009）[11]。在灭火过程中，消防队员、急救人员和核电站值班人员在没有任何防辐射的条件下进行工作，他们是这次事故中最先受到高辐射的人员，其中2人在事故发生时即刻死亡。清晨6时，108人被送往邻近的乌克兰基辅临床研究所和莫斯科第6医院（苏联国家原子能利用委员会，1986）[26]。这些人全部被诊断为"疑似急性放射病"（ARS），其中28人在事故后三个月内陆续死于急性放射病（EC/IAEA/WHO，1996）（曹朋，2008）[28]。

第二，组建领导机构，调研，决策。

4月26日清晨，苏联能源部部长马约列茨通过电话向苏联部长会议主席雷日科夫汇报："核电站的核反应堆发生了爆炸，核电站的夜间密码警报显示'1、2、3、4'，这四个数字标示了核泄漏、核辐射、火灾和爆炸……目前切尔诺贝利镇的事态仍不甚明朗，需要立即采取紧急措施。"（雷日科夫，1998）[169]

雷日科夫立即组建政府委员会，苏共中央政治局组建政府工作组领导切尔诺贝利事故应急处理工作。政府委员会由原子能、反应堆、化学等方面的科学家、专家及克格勃官员组成，着手调查事故原因并参与应急处理决策。第一批政府委员会成员由苏联部长会议副主席谢尔宾领导，于26日20时到达切尔诺贝利事故现场。此后政府委员会一直在切尔诺贝利地区办公，其成员实行轮流值班制度，直到1986年9月辐射剂量稳定后，轮流值班制度才取消（Ярошинская，1992）[249]。

政府工作组设在莫斯科，由雷日科夫领导，其成员主要是苏共中央政治局各位委员及各部主要负责人。政府工作组的工作具体包括：了解、指导政府委员会的工作；听取各部门事故处理的工作汇报，并对其进行指导；沟通各部门之间的信息；派出工作组成员赴重点地区进行考察等。

26日全天，苏联的气象、辐射和公共卫生监测部门在紧急状态下迅速组成监测系统开始工作，调度直升机在事故反应堆上方的不同部位进行勘查，收集空气样本，对放射性物质做了一系列测量。连续几天的测量数据为未来苏联政府估计反应堆状况，编制初步放射性污染地区图以及进一步决策奠定了重要基础。

26日深夜，雷日科夫得到谢尔宾的电话汇报："核电站4号机组的涡轮机组正在进行非正式试验时，接连发生两次爆炸，反应堆机房被炸毁，数百人受到核辐射，两人当场死亡，辐射情况非常复杂，暂时还无法做出最后的结论……政府委员会已经按照各自的专业和分工划分成若干小组开始工作，但必须派军队参与事故处理工作，急需大型直升机，另外还需要防化部队，越快越好……政府委员会决定将紧靠核电站的普里皮亚特镇的居民紧急疏散……1000多辆汽车正连夜赶往普里皮亚特镇，乌克兰铁路局向普里皮亚特镇发出三趟专列。与切尔诺贝利毗邻的几个区也派出代表参加了政府委员会的工作，他们正在紧急确定附近临时撤离居民的地点。"（雷日科夫，1998）[170-171]

在上述初步调研的基础上，苏联政府做出应急处理决策：调入军队控制局面；封堵反应堆爆炸缺口；组织居民撤离；调入民防人员初步清理污染。

26日晚苏联政府工作组组长雷日科夫给国防部总参谋长阿赫罗梅耶夫打电话，调集军队赴核电站。27日早晨，国防部派遣更多的直升机和防化兵赶到切尔诺贝利，防化兵司令皮卡洛夫将军亲临现场指挥。

第三，封堵反应堆爆炸缺口。

苏联政府委员会意识到封堵反应堆爆炸缺口，压制放射性物质大规模释放的重要性和紧迫性，把它列为近期应急处理的中心工作。国防部派遣空军和防化兵，承担改造直升机（在直升机底部焊上厚铅板）、紧急训练特种飞行员的任务。

最初，部队试图利用应急辅助给水泵向堆芯空间注水，以降低反应堆坑室内的温度，防止石墨砌体着火，但后来证明这一努力无效。于是，政府委员会研究通过了空投灭火材料，以阻止石墨燃烧，压制放射性物质释放的方案。最初选定的灭火材料是铅和铁砂，预计总共需要1500吨（皮霍亚，2006）[536]。最后确定的灭火材料为硼、石灰石、铁砂、黏土和铅组成的混合物。

从4月27日到5月6日，直升机飞行员们在9天中连续向4号反应堆投下5000多吨灭火材料。5月6日，放射性释放物数量从4月26日的12000 kBq降至100 kBq。这意味着4号反应堆的放射性物质大规模释放基本结束，封堵反应堆爆炸缺口的应急处理工作告一段落。

第四，撤退禁区居民。

普里皮亚特镇是切尔诺贝利核电站工作人员的生活区，位于核电站以西3公里，有4.9万居民。在核电站东南15公里有切尔诺贝利镇，人口为1.25万。

26日星期六是休息日。早晨，为避免引起居民恐慌，官方未通告事故情况，仅通知居民关闭门窗，尽量留在家里。绝大多数居民全然不知反应堆发生爆炸，更不了解放射性物质辐射的后果，他们以为只是发生了一般的火灾事故。全镇秩序正常。在当地医生的坚持下，政府开始陆续给居民挨家挨户发放碘片，但并不及时。下午14时开始，政府委员会组织普里皮亚特镇居民撤离，经过3个小时左右，约4万居民秩序井然地被撤到波列斯格纳等镇（雷日科夫，1998）[171]。国防部为当地机构提供了1.5万人居住的帐篷。普里皮亚特镇主要剩下政府委员会人员和军方人员，他们集中在普里皮亚特饭店办公。

政府委员会根据得到的数据，相继确定了距核电站10公里、30公里为半径的禁区，政府工作组集结苏联内务部、卫生部、国防部、民防部的力量，组织居民撤离禁区，对灾民重新安置并进行医疗救护。由苏联内务部组织撤离禁区内的居民，并负责到指派的新区安置灾民；苏联卫生部负责检查和救助禁区和其他灾区居民。

与事故现场相对缓和的局面相反，从灾区撤离的居民人数不断增多，使苏联卫生部面临越来越大的压力。根据档案记载，政府工作组对卫生部初期工作不满，指出"对从事故区撤出的居民的医疗救助严重不足，必须加强工作，给予必要的医疗帮助"（Ярошинская，1992）[251]。卫生部为此成立了指挥组，由卫生部第一副部长谢平领导。

政府工作组和政府委员会要求卫生部汇报每天的住院人数，特别关注儿童住院人数及确诊放射病的人数，对病人进行分类治疗。政府工作组协调卫生部、全苏工会中央理事会、乌克兰医疗机构，重新安排了收治灾民的医院：莫斯科第6医院用来专门收治受强辐射的病人；位于莫斯科郊区的米哈伊洛夫斯克疗养院（Михайловсая санатория）和敖德萨（Одесса）等地的疗养院用来收治轻度患者；把从强辐射区撤出的儿童送往专门的旅馆和少先队夏令营过暑假，必要时，安排部分儿童长期留驻。另外，联合教育机构，在基辅郊区和乌克兰其他地区调出1900个床位，安排孩子们在寄宿学校和全年制少先队夏令营学习（Ярошинская，1992）[264]。

截至5月6日，共撤离居民13.5万人，入院治疗人数达3454人，其中包括471名儿童；确诊为放射病的有367人，其中包括19名儿童，重症患者34人；179人被送往莫斯科6号医院住院治疗，其中有2名儿童（Ярошинская，1992）[273]。

政府工作组针对卫生部药品储备不足的问题也进行了协调，责令卫生部尽快拟定药品、医疗器械清单，由苏联外贸部负责进行国外采购。

第五，初步清理放射性污染。

在向外撤离居民的同时，苏联政府向事故区内调集了国防部防化部队和民防人员进行重灾区的初步放射性清理工作。

民防人员的主要任务是观测铁路车站、公路运输入口、航空港的辐射状况；在道路上建立清除放射性污染工作站，进行辐射检查；清除道路上的放射性污染。但是，在最初几天民防人员没有起到应有的作用。"我们一向引以为荣的民防体系被弄得'千疮百孔'，我们那些赫赫有名的防化训练和粗制滥造的宣传画根本不能发挥任何效能。说实话，都是纸上谈兵……从理论上讲，我们的'民防人员'已相当成熟，可实际上只能派他们去用洒水车清洁被污染的街道。不得不增加在核污染地区的防化兵数量，他们干得不错。"（雷日科夫，1998）[174]

鉴于民防人员工作不力，苏联国防部从防化部队抽调2600人、400辆汽车对核电站污染区域内的所有运输工具等进行严格的剂量测定和去污，建立了16个消除放射性污染点（Ярошинская，1992）[257]。

第六，被迫对外通报事故信息。

在控制放射性释放的过程中，受高空气流影响，放射性烟云一直向北飘移、沉降，在苏联国土内外形成了一个放射性物质沉降地带。4月28日放射性烟云到达瑞典上空。瑞典一家核电厂探测到了升高的放射性，初步判断原因来自境外。瑞典政府通过外交渠道质询苏联政府，但苏联方面没有任何回应。直到4月28日晚9时，苏联政府首次正式向世界发布有关切尔诺贝利事故的简要消息，对详细情况未做任何说明。4月29日苏共中央召开政治局会议，会上通过题为《在苏联部长会议上》的新闻稿（皮霍亚，2006）[536]。根据这份新闻稿，29日苏联塔斯社发表了较为详细的公告。苏联政治局对国外透露的消息比向国内公众通报的内容相对多一些，向国外发布的通知分为两份：一份通知社会主义国家领导人，另一份通知资本主义国家领导人（Ярошинская，1992）[252]。可见，苏联政府向外通报切尔诺贝利事故信息的行为是被迫、被动的。

二、消除灾难的环境和社会影响

到1986年5月6日，放射性释放物数量迅速下降，这意味着应急处理工作的重心需要重新调整。随着获取的事故数据不断增加，有计划的清除放射性污染，避免放射性转移、循环污染的工作被提上工作日程。苏联政府的工作重心转为全面有序地开展消除事故影响，并力图恢复切尔诺贝利核电站其他反应堆的生产工作。

这一阶段的主要工作包括：消除放射性污染，实施对居民的医疗保障，继续调查研究事故，尝试开展国际合作。

在消除放射性污染方面，任务十分艰巨。尽管反应堆的裂口已经被5000吨灭火材料填满，但在堵塞口的下方，反应堆底部仍有195吨的核燃料在焖烧，热气开始熔化沙子，堵塞口的表面出现裂痕。政府委员会担心这样会引发更大的爆炸。因为，一方面由于洞口被沙土堵塞，内部温度还在升高，反应炉下方的水泥板逐渐变热并且有裂开的危险，水泥板一旦开裂，反应炉中的岩浆就会下渗；另一方面，灭火时消防员为了降低温度，曾向水泥板下方的水池注水，如果放射性岩浆接触到水，将引发比26日爆炸更具有破坏性的爆炸。另外，反应炉的下方透过沙土质结构是地下水层，一旦反应炉中的岩浆下渗，将污染普里皮亚特河，进而污染聂伯河，甚至直至黑海，后果不堪设想。

为了从根本上解决这个问题，苏联政府采取了建造人工除热水平层和建造"石棺"两项措施。首先派大量消防队员抽干反应堆底部的水，接着派矿工通过挖隧道的方式，在反应炉底部建造人工除热水平层，防止反应炉中的岩浆下渗，避免引发更大的爆炸。所谓"石棺"是事故反应堆的掩体工程，建筑工人把被破坏的反应堆封存在一个用混凝土和钢壳建造的盖子里，并在其内部安装了通风过滤装置、辐射水平检测装置等，用于监测反应堆后续的状况，以彻底解决反应堆的放射性扩散问题。

事故清理人员对1、2、3号反应堆进行清理、调试工作，以便最终重新启动。同时，为了未来进行居民回迁，他们在核电站周围30公里的范围内开展了大规模的清理工作，尤其是对居民区和街道等进行了多次清理，但效果并不理想。

在实施对居民的医疗保障方面，苏联政府首先根据事故数据绘制了标有居民点和受污染状态的地图，对受污染不同程度的农业区采取了不同的管理措施；着重研究了清理过的居民点是否适合居民回迁的问题，并对居民回迁的相关程序做了具体规定；建立了比较全面、系统的灾民健康监督、保障体系，设立了切尔诺贝利登记处，以便更好地掌握这部分灾民的健康状况。

在继续调查研究事故方面，苏联政府对事故原因进行了技术性分析；苏联科学院针对事故后果开展了一系列的研究活动，其中以生态学方面的研究为主。

消除切尔诺贝利事故后果的工作，促进了各国在这方面的合作和沟通，一些国家的政府、机构、社会团体、民间组织，甚至个人都向苏联政府表达了援助意向。对此，苏联政府接受了某些援助。同时，苏联政府第一次指出在核电发展上愿意进行国际合作，呼吁扩大国际原子能组织内部的合作。

三、灾难后处理工作的公开化与国际化

1986年8月25日—29日国际原子能机构在维也纳召开专家会议，苏联国家原子能利用委员会为本次会议编制了《苏联报告：切尔诺贝利核电站事故及其后果》，全面介绍了切尔诺贝利事故及其后果。这标志着苏联政府对切尔诺贝利事故的后处理工作走向公开化、国际化，进入了纠错、改进，以及试图通过机构改革达到保证核电安全目的的新阶段。

在后续消除事故影响的方面，苏联政府针对暴露出的个别地区放射性污染清理不干净的严重问题，进行了调查和分析，并采取了相关措施。与此同时，政府为灾民建立了一座新城；建立了大规模的福利系统。但是，由于福利系统的后续资金来源不稳定，许多政府承诺的救济福利没有到位。

在核安全建设方面，对发生事故的RBMK型反应堆的安全性能进行了改进，并在1989年4月正式撤销了拟建的四个以RBMK型反应堆为基础的核电站建设计划，全面停止建设RBMK型反应堆；研制新一代核反应堆，并确定了相关各部门的职责，以便迅速启动这项工作；在核安全方面提出了两方面建议：一是建立核动力安全发展的国际制度，二是防止核恐怖行为。

在机构改革方面，苏联政府经过机构合并成立了国家工业及核电安全监督委员会，这是一个独立于电力生产部门、负责制定核电安全

条例的机构； 还成立了国家原子能动力部，但后来被新成立的核电核工业部所替代； 建立了一批核安全部门，例如： 全苏核电厂运行科学技术研究所、世界核运营者协会、核能和化学技术安全发展问题研究所、全苏辐射医学中心等等。但是，这些行政组织方面的变革遭遇到官僚主义的压制和一些工作人员的漠视。

由于苏联政府的前期工作出现了许多不尽人意之处，在国内民众不信任的呼声高涨和国外要求信息公开化的压力下，苏联政府于1989年10月向国际原子能机构提出请求，希望国际原子能机构"对苏联为使其居民能在因切尔诺贝利事故而遭受放射性污染的地区里安全生活而形成的总体思想作一次国际专家评价，并对该地区的居民保健措施的有效性进行评估"（IAEA，1991）[1]。国际原子能机构接受了苏联政府的请求，组织了各国、各方面的科学家和工程技术专家展开评估工作。从此，对切尔诺贝利事故的处理已经不再是苏联政府的内部事物，而成为国际化行为。

综上所述，苏联对切尔诺贝利事故的应急处理措施如下：

（1） 自发启动紧急应对措施。

（2） 自上而下组建应急处理机构。

（3） 集中兵力解决主要矛盾。

（4） 从外向内调入军队和清理事故人员。

（5） 从内向外有序疏散灾民，分类救治伤员。

（6） 逐步公开通报事故信息。

（7） 继续完善清理放射性污染，消除隐患。

（8） 建立灾民福利保障系统。

（9） 重新组建核电制度和机构。

（10） 寻求国际合作。

实际上，随着1991年12月苏联解体，苏联政府对切尔诺贝利事故再也不负有任何责任。切尔诺贝利核电站问题成为其现所属国——乌克兰一块抹不去的阴影，至今没有得到最终解决。

四、苏联对切尔诺贝利事故应急处理的经验及其教训

回顾往昔，我们看到苏联共产党和政府面临突发的切尔诺贝利事故，集国家所能，采取了许多必要的应急处理措施。总结苏联政府对切尔诺贝利事故应急处理的经验和教训是历史的需要，也是未来发展的需要。

（一）苏联对切尔诺贝利事故应急处理的经验

第一，核电站拥有必备消防系统和情况上报机制，及时遏制事态扩大。

苏联1954年建成世界上第一座投入运营的核电站，在核电站设计、建造、运营以及配套设施建设方面积累了丰富的经验。1970年建造的切尔诺贝利核电站拥有4个当时属于先进的RBMK型反应堆，其中1号反应堆于1977年启用，4号反应堆于1983年启用，另外，已经开始建设5号和6号反应堆。核电站具有配套的消防和医疗设施，同时具备直接向上级政府通报信息的必要渠道。这些核电站自身配套的防护系统和情况上报机制在事故突发的第一时间起到了紧急遏制事态扩大、向上传递信息的重要作用。假如没有消防队员及时切断通向3号反应堆的火源并扑灭火灾，切尔诺贝利事故的后果无疑将更加严重。信息上报机制保证了苏联党和政府能够及时掌控局面，为后续工作赢得先机。

第二，及时组建最高权力指挥中心，充分发挥计划经济体制下的社会主义集权优势。

　　在整个应急处理过程中，苏共中央政治局是最高领导机构，主要负责制定、出台相关管理条例以及与国际组织的信息交流工作。它的工作更多地体现了宏观的全局管理和高层交流的特点。这两个机构的关系是：政府委员会成员通过掌握和分析现场数据进行判断，向政府工作组提供应急措施建议；政府工作组听取政府委员会的建议，统一指挥应急处理工作，协调、部署各部门的具体工作，统一调配人力、物力资源，在各地方机构的配合下共同完成应急处理工作。1987年3月这两个应急处理指挥机构解散。苏联上述应急处理机构的内部结构充分体现了从上至下的集权系统指挥模式、横向权力配置以及社会主义大家庭的协调互助关系。

　　事故初期，苏共中央政治局迅速组建政府委员会和政府工作组作为指挥中心。这是一项非常重要的应急措施。

　　政府委员会是"战地司令部"，集中了各相关领域的科学家、工程技术专家和克格勃成员，在事故现场进行调查和研究，并指挥具体应急处理工作。

　　政府工作组从属于苏共中央政治局，设置在莫斯科，由政府各部门主要负责人组成，实行例会制度，被授权领导苏联24个部委和10个地方机构（王芳，2009）[52-55]，旨在汇总、沟通包括政府委员会在内的各部门信息，对应急工作进行总体指挥和监督。

　　1988年，苏联专门设立了由政府官员、科学家、工程技术人员、医生、记者、律师和社会工作者组成的"最高苏维埃切尔诺贝利事故委员会"，全权负责继续调查切尔诺贝利事故原因，协助法院对肇事者行为进行裁决，研究设计核电站新型反应堆，研究恢复切尔诺贝利和其他受污染地区的生态方案，帮助灾民和事故清理人员获得政府救济和心理安抚等工作。至此，苏联对切尔诺贝利事故的应急处理转为常态工作。

可见，苏联计划经济的社会主义体制保证了苏共中央和政府机构拥有绝对权威性，便于从全局出发，按照统一步骤，采取统一计划，调配一切需要的应急资源，充分发挥了国家集权在应急处理中的优势。

第三，把科学家和工程技术专家的意见作为应急处理决策的首要依据。

苏联科学院是苏联国家的科学家基地。无论在国家建设时期还是在危难关头，苏联政府首先考虑依靠科学家应对突发事变。在政府委员会的中坚力量是苏联科学院的院士，他们冲在事故第一线，掌握第一手资料，并立即分析、判断，为决策提供了最有价值的信息。4月27日政府委员会的专家从直升机上测定"反应堆和反应舱均遭到彻底破坏；机组里的石墨片被炸飞到四周开阔地上；从反应堆的炸口处升起一股数百米高的白色烟柱……反应堆残余物中还能清楚地看到深红色的燃点……辐射强度在增加，其扩散面积为600平方公里，辐射云正向西和向南移动……第聂伯河未发现污染"（皮霍亚，2006）[534]。与此同时，核物理学家列加索夫院士乘坐装甲车亲自抵临4号反应堆近距离观察，发现反应堆的反应过程确实已经停止，但是内部的石墨仍在燃烧，爆炸口的白色烟柱正在大量释放放射性物质。他推断这一过程将持续很长一段时间，提出必须想办法将其扑灭。政府委员会的科学家们认为，"这不仅关系到切尔诺贝利地区的安危，甚至连苏联整个欧洲部分的生态环境都受到极大的威胁"（雷日科夫，1998）[172]。在此之后，政府小组批准把堵塞放射源作为工作重心。这样的事实在整个应急处理过程中比比皆是。可见，科学家和工程技术专家的研究结果、建议成为政府小组决策的首要依据。

第四，突出重点，把堵塞放射源、切断放射污染路径作为首要工作。

苏联政府在应急处理的第一阶段工作重点突出：不惜一切代价，堵塞放射源。他们通过临时研制灭火材料配方、改装直升机、编组投放飞行组等措施，及时堵住了4号反应堆的爆炸缺口，迅速降低了放射性物质的辐射剂量，极大减少了放射性污染的进一步扩散。尽管事后有国际舆论批评苏联政府在第一阶段应急处理中军人和事故清理人员付出的健康代价过大，但没有人否认堵塞放射源工作的重要性和迫切性。苏联政府在没有任何经验和准备的前提下，能够迅速做出上述决策并予以实施，与苏联军人和事故清理人员的勇敢和献身精神分不开，这永远值得世人称赞。

第五，军队是国家可以调用的最得力的应急力量。

切尔诺贝利事故发生后，苏联空军出动直升机在反应堆上方检查反应堆损坏情况；经过训练的飞行员驾驶重型直升机执行空投任务，压制放射性物质释放，堵塞反应堆燃烧口；在后来长期的建设与清理工作中，苏联陆军部队在高辐射区建设人工设施、反应堆掩体工程；防化部队作为主要参与单位，开展对重灾区的清除放射性污染工作；大批18岁左右的预备役军人组成医疗营，参与灾区居民的疾病防治工作。可见，苏联军队在这次应急行动的各个阶段都起到了重要作用，充分发挥了军队的高度组织化、迅速而高效的特点，突出体现了军人作为国防力量在和平时期参与应急行动的重要意义。

第六，充分发挥人道主义精神，紧急救助、疏散灾民。

在事故发生后不到24小时，苏联政府调动了1000辆大公共汽车到事故发生地，按照儿童、妇女、老人的撤离顺序有序完成了第一批灾民撤离任务。这些灾民得到安置地的政府和居民的妥善接待，收到来自苏联各地的食品、饮用水和药品支援。特别是受灾撤离儿童的健康、生活和学业得到及时照顾。苏联政府还考虑到灾民回迁、重建新城和福利保障系统工作。这些及时措施充分体现了苏联社会主义国家的人道主义精神以及社会主义大家庭"一方有难八方支援"的温暖。

第七，平时设置放射专科医院，核事故时采取分类分散治疗放射病患者的方案。

苏联对放射性疾病的研究起步早，而且建立了诸如莫斯科第6医院这样的放射病专科医院，拥有治疗专家和专业设备。当核事故发生后，第一批放射病患者在此得到了及时诊断和医治。当然，由于切尔诺贝利事故造成的放射性污染后果前所未有，所以，仅靠专科医院不能解决全部问题。政府委员会提出的对放射病患者分类、分散治疗的方案在当时起到了重要作用。首先，阻断了轻重患者之间、患者与健康人之间再次受到辐射的渠道；其次，充分发挥各地方医院的医疗潜力，在一定条件下缓解了医患压力。

第八，支持后续清理、监控和研究工作，汲取事故教训。

苏联政府对切尔诺贝利事故的后续清理、监控和研究工作一直没有间断。从1986年到1989年，苏联从各地先后抽调60万事故清理人员到切尔诺贝利核电站及其附近区域，从事监控放射剂量，建造人工除热水平层和"石棺"工作，给建筑物和道路清污，阻断受污染水源，抓捕、处理并深埋受污染的动物等工作，力求依靠人的力量，把放射性污染造成的生态灾难降到最低程度。

除此之外，苏联政府对当时所有的核电站工作进行安全检查，改组核电产业机制，停止建造RBMK型反应堆；重新制定、明晰核电站安全责任制度；研究并公开通报切尔诺贝利地区和其他相关地区的生态状况。

总之，切尔诺贝利事故使苏联政府和公众深切体会到核安全的重要性，体会到社会主义的优越性，也暴露了原有计划体制中的弊病和社会观念中的误区。

（二）苏联对切尔诺贝利事故应急处理的教训

切尔诺贝利事故是人类历史上最大的由于和平利用原子能所带来的灾难，让人类遭遇了看不见敌人的战争，面临闻不到硝烟的战场。其中有许多值得深入研究的教训。

第一，缺乏核安全意识，没有充分认识、宣传原子能的负面影响。

苏联作为第一个和平利用原子能的国家，在国内以往的宣传中过分夸大了原子能给人类带来的福祉，而对原子能的负面作用即放射性危害研究力度不够。即使有研究，国家出于政治需要，封锁、保密了研究成果。对于原子能的负面作用不仅公众不得而知，包括核物理科学家、国家领导人、核电站的管理和技术工作人员也了解不够。可见，当时社会普遍缺乏核安全意识，切尔诺贝利核电站辐射检测站的作用没有得到应有的发挥，职工和家属不懂防辐射知识，没有经过避免辐射的应急处理培训。切尔诺贝利核电站消防队员没有经过任何防辐射消防训练，在事故现场没有采取任何防辐射措施，成为第一批重症急性放射病患者的事实充分说明了这一点。

另外，苏联政府为清除事故区的放射性污染，在1986年到1989年间陆续向事故区内调派了60万名事故清理者。由于对放射性危害认识不够，政府，包括事故清理者本人对防止辐射的劳动保护没有予以足够重视，从而导致事故清理者在20年间吸收辐射剂量平均高达100 mSv（IAEA，2006b），身心健康受到严重损害，甚至影响到他们下一代的健康。苏联政府在1986年春天从距离切尔诺贝利核电站半径为30公里禁区内撤出11.6万人，在禁区之外的"严格控制区"有27万居民。虽然这些人20年间吸收辐射剂量平均都大于33 mSv，但比起那些事故清理人员，受污染人员的数量要少，吸收的辐射剂量相对要轻得多。可见，在苏联政府应急处理的"撤出"与"派进"决策中，"撤出"是正确的，"派进"则是不得已而为之，同时留有重大漏洞的下策。这是日后苏联政府遭到国际舆论指责以及国内反对者攻击的最主要根源。

第二，对公众封锁信息导致失信于民。

当我们称赞苏联政府运用集权指挥方式达到应急处理高成效的同时，更应该注意其背后的隐患：政府为了稳定秩序，对公众隐瞒事故状况、封锁正常信息发布，最终导致公众对政府产生严重不信任。

苏联政府通过核电站上报机制几乎在26日事故发生的同时就知晓了此事，随后立即展开应急处理工作。但政府没有在第一时间向事故周围居民以及国际社会公布事故信息，致使放射性污染地区的居民没能及时采取任何防范措施。

26日事发当天恰逢周六休息日，而且临近苏联最重要的节日——五一国际劳动节，当地居民像往常一样在街上散步、购物，无形中扩大了接受辐射的剂量、范围和时间。直到4月28日瑞典核电站侦测到大气中放射性的升高向苏联发出质询后，苏联方面才被迫发布事故消息。这使得苏联党和政府在国内和国际社会处于完全被动的境地。

在地方机构执行中央政府决策的过程中，为了维护党和政府的形象、利益，既没有向公众做任何说明，又忽视对公众的解释工作，擅自减少自己的工作量，或简单、机械地执行政府决策。而公众由于无从了解事故真相，消息来源不一，信息不匹配，加之对核事故从一无所知到心生恐惧，无形中增加了精神上的不安、烦躁和压力，最后集中发展成对政府的严重不信任。民众自发组成"切尔诺贝利人社会同盟""切尔诺贝利的孩子们""切尔诺贝利的残废者""切尔诺贝利的遗孀"等社会组织，在苏联国内掀起了一场范围广泛、形势高涨的"切尔诺贝利运动"，人们走上街头游行示威，要求废除机密制度、公布事故的真实规模、惩治切尔诺贝利核灾难的罪犯、确定被污染土地的居住危险程度、建立国家对蒙难者的救助体系等等。这些迫使苏联政府不得不通过借助国际原子能机构调查来缓和国内压力。这为苏联最终解体埋下导火索。

第三，军队的非专业化增加了伤亡率，影响了应急处理实施效果。

在切尔诺贝利事故全程应急处理行动中，苏联军队表现出高度组织化、纪律化和自我牺牲精神，为苏联战胜这场灾难起到了重要作用。但需要指出的是，一般军队在核应急领域中完全缺乏专业训练。军人们在应急处理行动中缺乏自我保护意识和必要的保护措施，因此遭受许多无谓的牺牲。在受到强辐射的人员中，军人占了大多数，尤其是第一批进入事故区进行放射性清理工作的军人。以直升机飞行员为例，尽管对直升机机体进行了加焊铅层的改造，但仍然有约600名飞行员受到严重辐射。后来进驻事故区的防化部队尽管比一般的军队具备专业化训练经验，但也同样缺乏防止放射性辐射的经验。

第四，一些具体的应急处理措施不当，衍生遗留问题。

由于苏联对切尔诺贝利事故既无思想和物质准备，又对其所引发的后果估计不足，来不及对应急处理工作做整体布局，也没有把这项应急处理工作与全球生态循环、国际社会稳定等问题进行相互关联，所以前期采取的一些应急处理措施为后续工作留下隐患。比如：消防队员以灭火作为工作重点，但大量注水成为引发反应堆再次爆炸以及地下水污染的隐患，所以后续工作中必须派人从反应堆下层抽水，建隔离层，这样造成后续人员遭到辐射。另外，封堵反应堆爆炸缺口的灭火材料中含有大量铅，因为铅的吸热效果很好，有效降低了反应炉温度，熔化后的铅封住了洞口，降低了辐射。但这样的做法后来受到一些科学家批评，因为有些被熔化的铅蒸发到大气中，20年后在切尔诺贝利病童的身体中仍然可测到微量铅。还有，是否有必要往禁区内调入大量事故清理者的决策也存在计划不周的缺陷。除此之外，苏联由于前期只把切尔诺贝利事故作为国内事务处理，严重影响了其国家形象和国际地位。

第五，福利体系缺乏稳定的资金来源。

苏联政府在事故后，为事故的受灾者建立了大规模的福利体系，但是这个福利体系建立在庞大的计划经济体制基础之上。由于苏联的经济体制本来就存在计划过细的固有缺陷，长期过重的国防开支一直成为国民经济的极大包袱，再加上切尔诺贝利事故发生后，又造成核电事业受损，农业生产受损，多重因素致使切尔诺贝利灾民的福利体系缺乏稳定的资金来源。当时用于支付这些福利的资金数目巨大，为苏联政府无形中又增加了计划外的沉重负担，犹如压倒骆驼的最后一根草，对于苏联解体起到了推波助澜的作用。当苏联解体以后，原有的福利体系自然崩塌，切尔诺贝利受害者的福利待遇由后来新成立的乌克兰共和国、白俄罗斯共和国、俄罗斯共和国按本国情况自行制定。实际上，在这些国家的经济转型期，切尔诺贝利受害者无法真正获得原有的福利待遇，即使获得了，也不能解决实际困难，成为这一事故的再次受害者。

第六，缺乏与原子能相关的法律体系，造成无法可依的后果。

　　原子能是一种特殊的能源，苏联在长期利用原子能的过程中，缺乏与其相关的法律体系。所以，在事后审判切尔诺贝利事故当事人时，无法可依。1989年7月14日在苏联最高苏维埃联席会议上，人民代表什切巴克指出，"即使在当前，有关核电站的站址、计划、建设和操作运行的安全条例仍然经常被忽视"（波特等，1992）。学者们普遍认为，由于缺乏原子能法律，当苏联在政策上的举措和制订的核安全规章制度遭到破坏时，没有任何法律框架去束缚、处分，或者审判核工业领域那些失职人员，包括那些忽视核安全的人员。

结　语

从公元862年至今，俄罗斯完成了从分散部落到联邦共和国的国家政体和社会文明形态的更替，实现了从渔猎耕织的传统农业向电气化自动化大工业的经济转型，既享受了科学技术革命的福祉，也吞噬了技术灾难的恶果。

在"国家现代化"的"滤镜"下，呈现出俄罗斯始终以维护政权（包括世俗皇权和国家权力）为核心，以争当时代"强国"为目标的发展轨迹。换句话说，俄罗斯的现代化是一条"强国"化的道路。

俄罗斯的第一个国家政体留立克王朝（公元862—1598年）通过引入东正教，实现与基督教文明的首次融合。但因为父子、兄弟争权分裂，诸侯林立，被迫臣服于鞑靼—蒙古金帐汗约240年的强权统治，逐渐陷于没有统一国家的局面。莫斯科大公伊凡三世意识到只有强国，才能获得发展空间。他利用东正教文化，强化俄罗斯民族性，联合各公国，打败金帐汗，为统一全罗斯奠定了基础。1547年伊凡四世建立全罗斯沙皇帝国，结束了俄罗斯分裂低迷、黑暗的"中世纪"，第一次以中央集权的"特辖制"管控全国，东扩疆土。这个时期，东正教文化成为俄罗斯民族复兴的"粘合剂"。从16中叶到17世纪中叶，西欧已经完成近代科学的体制化，意大利、英、法等国已经开始享受科学革命的成果，并拉开了技术革命的序幕。而俄罗斯却因为东正教与天主教的分裂，与发展中的西欧科学文化失之交臂，远离世界科学中心。

1613—1917年是罗曼诺夫王朝的统治期。俄罗斯在三百多年间完成了现代化的启动、建构和追赶的关键性步骤。17世纪末到18世纪初，彼得一世实施"破窗入欧"战略，一方面通过强军征战、开拓疆域，另一方面通过学习西欧的科学技术，用10年左右的时间在没有公民教育体系的文化"荒漠"上建立国立科学院，引进西方科学人才和科技成果，创建俄国科学文化，从而打破了东正教的桎梏，结束自我封闭的状况，奠定了俄罗斯近代科学和公民教育的基础。18世纪中叶到19世纪初，叶卡捷琳娜二世完全打开俄罗斯与西欧文化交流的通道，进入世界经济、文化强国之列。1812年，其长孙亚历山大一世率军把拿破仑的法军打回巴黎，彻底实现了彼得一世"破窗入欧"的梦想。1855年亚历山大二世登基，在西欧第二次工业革命浪潮的推动下，通过行政改革，废除"农奴制"，引进现代化工厂生产设备和管理方式，为俄国在19世纪末期的工业化崛起清除了阻碍生产力发展的障碍。继位的亚历山大三世把发展铁路纳入强国战略，通过建成西伯利亚大铁路，展示出工业强国的现代化成果。

1917年的"二月革命"和"十月革命"，使俄罗斯的现代化航向发生了两次相反方向的巨变。列宁领导的苏维埃政权从1918年开始全面强制实行度量衡公制，为苏联从1927年到1932年实行第一个五年计划奠定了基础。在"苏维埃+电气化"的目标引领下，依靠工人阶级，普及公民教育，大力发展科学，实现了国家工业化的战略布局。1922年底，苏联成立。斯大林通过强化苏联科学院，以军工需求带动基础研究的战略，建立动员式科技体制，赢得"二战"胜利，打造了苏联社会主义强国，奠定了后期苏联科技腾飞的体制化基础。从20世纪中叶到苏联解体，苏联政府在苏共中央领导下依托计划经济体制，迅速把原子能研究从原子弹、氢弹、潜水艇的军用目的扩展到核电站、破冰船等民用设施；航天领域实现首次放卫星、人类遨游太空；在国民计划经济的庞大体系中完成大型计算机管理等等。曾引领世界科技发展。

由此可见，俄罗斯（苏联）的现代化起步虽然晚于西欧其他发达国家，但通过"强国"战略不断实现追赶，并且有所跨越。尽管途中不时出现倒退，但始终呈现清晰的进化轨迹。

如果说许多西方国家的崛起通过武力建立殖民地、发展贸易、拓展疆土而实现，那么，俄罗斯（苏联）则是通过强国化战略定位，"自上而下"的推动模式、对发展项目及方向的优先选择，而达到推进力度大、速度快的目的。但是，俄罗斯（苏联）现代化是以牺牲个人利益为代价的。彼得一世的"以野蛮治野蛮"策略；尼古拉一世对"十二月党人"的镇压；苏俄新经济政策的流产、农业现代化受挫；苏联时期的"大清洗""沙拉什卡"以及李森科对苏联遗传学研究的践踏、切尔诺贝利的放射性物质扩散灾难等等，无一不是俄罗斯（苏联）现代化的代价。地域辽阔，社区分散，民间社会长期保持牢固的"村社形"结构，东正教文化的深远影响等因素也在不同程度上阻碍了俄罗斯现代化的推进。

俄罗斯（苏联）现代化发展中还有一个突出特点：在强国化土壤中生长出"俄罗斯科学文化"。

俄罗斯科学文化是俄罗斯民族特有的、不断成长着的、具有多种来源和丰富内涵的亚文化。主要包括五个来源和基本内涵：第一，个体理性思维的内核及求知动力，即近代科学（自然科学和人文知识）

与方法；第二，群体精神源泉，即救世、隐忍、蔑视物质财富和敢于牺牲的东正教文化精神；第三，由俄罗斯自然地域决定的豪爽、开放、无拘无束、追求自然美的世俗性格与生活态度；第四，由村舍制度等社会条件形成的集体主义和服从的行为规范；第五，承载及表达思想的精致、具有复杂逻辑结构的俄语体系。

科学文化一定是在特殊的文化土壤中产生的。16—17世纪的科学革命之所以在西欧发生，首先是得益于近代科学研究活动的兴起及其社会制度化。近代科学革命的发生，是以下面三个前提为条件的：其一是社会上有相当一批人对探究自然具有兴趣，其二是科学家（或曰科学工作者）这种社会角色的出现，其三是科学研究活动已成为一种有组织的社会活动。客观来说，在彼得一世改革之前的俄罗斯，虽然存在对近代科学知识的需求，却并不具备完成科学建制的社会和经济条件，其"松动的""多沼泽"的文化土壤以及宗教文化传统对科学也是不利的。因此，近代科学以及科学文化在俄罗斯的产生具有相当的偶然性。

唯物辩证法认为，偶然之中存在着必然。近代科学在俄罗斯虽然不是"自然产生"的，但却是彼得一世改革"主动选择"的结果。彼得一世激进式的西化改革不仅加快了俄罗斯民族国家现代化进程，也为俄罗斯科学选择了一条"跨越式"的发展道路。当然，俄罗斯科学和科学文化的发展既遵循了世界科学发展史的基本规律，也体现出鲜明的俄罗斯特色。"自上而下"的创建动力将科学文化与国家政权捆绑在一起，科学与政权之间呈现出既有合作又有对抗的复杂关系；"由外到内"的发展路径、"科教一体化"的思想是俄罗斯根据当时社会经济、政治、历史文化条件选择的一条符合国情的独特道路。

科学文化在俄罗斯得以确立也并非易事。由于彼得堡科学院的创建，科学活动在俄罗斯变成有组织的社会活动，科学工作者成为一种新的社会职业和社会角色，但这仅是近代科学完成社会建制的开端。科学工作者社会地位的提升、社会性科学协会的出现、科学知识与科学思想的传播与普及、本土科学家的"破茧而出"、独特科学学派的诞生，勾勒出俄罗斯科学文化不寻常的发展之路。

必须指出，近代科学毕竟是从西方引进来的"舶来品"。在俄罗斯文化中引入西欧科学，实际上是西欧的自然实验研究、理性批判的传统与本国文化传统的嫁接。在此过程中的角力和碰撞不可避免。但正是这种竞争和角力，推动了近代科学在俄罗斯的"本土化"进程。俄罗斯科学文化正是在其民族精神的独特性与西方文明之间相互鼓荡中催生和发展的。

科学文化是从社会文化的土壤中孕育出来，并从社会文化中分化出来的子文化。同样，科学文化只有在特定的文化土壤中和环境中才能成长壮大。因此，科学精神的孕育和确立，必然受到社会文化尤其是传统文化价值观的深刻影响。

俄罗斯科学文化首先来自西欧，而来自西方的科学文化能否成功移植或嫁接到另外一个文化中，首先取决于被移植文化是否具有开放式的胸怀来进行接纳。俄罗斯开放、包容的文化属性使得它不仅善于学习借鉴吸收其他文化的营养和精华，而且还与外来文化进行文化融合、冲突和重组，最终不断完善自己的文化特色。在中国历史上，恰好缺乏面对外来文化时应有的开放和包容，这也是近代科学未能在中国产生的重要原因。反之，在科学文化的"引进"方面，俄罗斯不仅具有"近水楼台先得月"的便利条件，而且直接从近代科学的发源地入手，使得俄罗斯科学从开始就"站在了巨人肩膀上"，省去了在黑暗中长时间、渐进式的摸索过程。从这个角度来看，"李约瑟难题"

不会发生在俄罗斯身上。

从村社集体主义、东正教、国家主义等俄罗斯传统文化因素方面进行考察可以发现，这些因素不仅一脉相承，而且是俄罗斯科学文化确立和发展的重要推手。自彼得一世开始，科学技术已由最初以生存为目的的实用技艺和有用知识，逐渐演变为各个时期国家统治阶级和社会精英人士所追求的强国之路。在俄罗斯反理性的宗教文化传统与西欧理性主义的碰撞中产生了俄罗斯特有的实用主义哲学，一切与争取国家或个人荣誉、能最快带来实际利益等有关的科学由此得到优先发展。由此不难理解，为什么物理（特别是核物理）、数学等科学能成为俄罗斯的传统优势领域。

研究俄罗斯历史与文化的学者们有一个共同判断：彼得时代产生了新的俄罗斯文化。捷克社会学家马萨里克认为，俄罗斯历史可以明显地分为改革前的古罗斯阶段和开始于彼得一世改革的新的欧洲国家阶段（Масарик，2000）[6]。丹麦学者巴格尔也指出，彼得一世时代产生新的价值体系或新的文化（Баггеp，1985）[137]。而科学文化正是这种新文化的重要组成部分，为民族文化注入新的、积极的文化内涵。

科学文化不单单涉及科学组织或科学共同体内部的文化，还涉及科学知识、方法、价值伦理观念在其他社会文化领域的广泛传播和应用，涉及其他文化对科学文化的影响与作用，涉及由于传播和相互作用而引起的各种文化冲突与文化整合现象。18世纪俄罗斯科学文化所体现出的价值观、世界观对俄罗斯民族文化的现代化和发展走向、社会思想意识的演变均产生了深远影响。具体来说，俄罗斯科学文化丰富了民族语言文化，催生了民族启蒙哲学，并辐射到社会文化的各个方面，渗入到大众的意识深层，潜移默化地改变着人们的思维方式、行为规范以及价值观念。

可以发现，17世纪末—18世纪既是俄罗斯科学文化形成起和确立期，同时也是俄罗斯民族（包括语言、文化等）的形成和发展期。而如果我们把"现代化"视为以欧洲先进文化为模版的社会、文化变迁现象的话，那么应该认为，俄罗斯科学文化既是俄罗斯民族最终形成的重要推手，也是俄罗斯走向国家现代化必不可少的要素。

俄罗斯科学文化中的一些基本要素对后期俄罗斯科学发展，甚至当今俄罗斯的科学技术发展都产生了深刻的影响。

首先，为俄罗斯科学学派的衍生奠定了坚实基础。

18世纪上半期俄罗斯科学家群体的出现以及18世纪下半期俄罗斯科学大师的诞生，为18—19世纪俄罗斯科学"学派"的产生奠定了坚实基础。"学派"（Научная школа）是俄罗斯历史文化发展的独特产物，俄罗斯学术界对它的解释可谓仁者见仁、智者见智。概括来说，"学派"指的是在某一科学领域具有新颖独特的理论和研究方向、统一的思维方法体系的科学家团体。学派具有开放性、严谨性、实践性和继承性等特点，其学术思想的内在相关性及学术成果的高度依赖性推动了俄罗斯科学的延续拓展。（鲍鸥，2012）比如，19世纪创建的"彼得堡数学学派"（俄罗斯在数学领域创建最早、实力最强、影响最深的学派）就是18世纪欧拉数学学派的延展，而"彼得堡化学学派"的研究方向也可追溯至彼得堡科学院开辟的道路。

英国物理学家贝尔纳在《科学的社会功能》一书中对科学的体系、结构、规划、管理和科学政策等问题进行了深入具体的论述。他认为："……革命前的俄罗斯学者一般都是一个人进行工作，既没有留下科学学派，也没有留下什么具体方针。他们自己的论题往往是通过同法国或者德国学者合作从国外学来的。俄罗斯学者往往参与一个西欧学派，从事同那个学派的论题有关的一些研究工作，然后以硕士学位论文形式提出自己的研究成果。进一步对这个论题加以发挥，作为他们的博士学位的论文主题，因此，他们保持国外思想中心的倾向是很自然的。没有产生出独立的俄罗斯学派。"（贝尔纳，1982）[320]他对革命前俄罗斯科学的评价是片面的。事实上，19世纪至20世纪初期，俄罗斯已经产生许多蜚声国际科学界的学者，对世界科学作出了卓越贡献。譬如，数学领域，罗巴切夫斯基（Николай Иванович Лобачевский，1792—1856）创造了非欧几何学，改变了人们两千多年来"只能有一种几何学"的根深蒂固的信念；物理领域，彼得罗夫（Василий Владимирович Петров，1761—1834）先于西欧学者发现了电弧和电解，奠定了电冶金学和电化学的基础，波波夫（Александр Степанович Попов，1859—1906）发明了世界上第一台无线电接收机；地理学领域，别林斯加乌津（Фаддей Фаддеевич Беллинсгаузе，1778—1852）和拉扎列夫（Михаил Петрович Лазарев，1788—1851）发现了南极大陆；化学领域，门捷列夫发现了元素周期律。尤其值得一提的是，出现了以切比雪夫（Пафнутий Львович Чебышев，1821—1894）为代表的圣彼得堡数学学派；以楞次（Эмилий Християнович Ленц，1804—1865）为代表的圣彼得堡物理学派；以沃斯克列先斯基（Александр Абрамович Воскресенский，1809—1880）为代表的圣彼得堡化学学派；以谢切诺夫（Иван Михайлович Сеченов，1829—1905）为代表的圣彼得堡生理学派等多个科学学派。至此，俄罗斯科学技术终于由科学传统的"外围"融入世界，并赢得了一席之地。

其次，造就了俄罗斯科学独具特色的面貌。

这种独特性体现在"科教一体化"的科学政策上。由于俄罗斯特殊的国情，彼得一世在创建彼得堡科学院的同时，也创造性地将科学探索、培养科学家、开展教育活动的三项功能集中在一个新设机构里。这固然是一种在实用主义哲学指导下的折衷方式，但却符合科学与教育的发展互相作用、互相影响的客观规律。事实证明，18世纪俄罗斯的教育活动对科学文化的作用是巨大的。它不仅培养了俄罗斯本土以科学为职业的人群，也为科学文化在社会的确立和传播夯实了基础。此外，"科教一体化"的重要意义还在于，有利于打破科学院在科学文化中一枝独秀的局面，大学逐渐成为另外一个科学文化中心。直到今天，俄罗斯政府依然坚持"科教一体化"的政策，力争打造科学院和大学两块科学阵地，两者既相互竞争，又相互支持、取长补短。如今，科学院的专家在大学内领导教研室、大学与研究所联合开展科学研究项目的例子在俄罗斯比比皆是。

这种独特性还体现在与政权紧密结合的科学组织形式上。俄罗斯科学文化自登上历史舞台之日起，便与政治文化捆绑在一起。除了探索大自然奥秘的基本目的外，科学还被赋予了丰富的政治内涵：它是实现"富国强兵"目标的必由之路，是俄罗斯帝国开拓疆土、寻求霸权的有力保障，是争取国家荣誉和国家利益的另一个舞台。在此思想的指引下，由俄罗斯政府为主导、以外国科学家作为突破口，18世纪的俄罗斯快速建立起了本国的科学体系，形成了对于科学文化至关重要的博物学和数理传统，为19世纪俄罗斯在世界科学舞台占据重要位置打下坚实基础。在苏联时期，这种科学与政权紧密结合的科学组织形式被发挥到极致。1930年代初期，苏联政府提出"苏联是世界科学的中心"口号。在"中央集权式"的党政科研管理体制下，苏联科学被政治牢牢控制；为达到在军事上威慑以美国为首的敌对势力的目的，苏联军工技术得到空前发展。苏联政府不仅成立了许多重工业和国防工业管理委员会，分别领导若干研发新式武器和军事技术的研究所，同时对苏联科学院进行改革，加强其与军事科研的联系。在此情况下，化学、生物等新型武器、先进军事技术得到优先发展。一方面，奠定了俄罗斯在军工技术以及与此密切相关的物理、化学领域的传统优势地位，另一方面，出于科学竞争和保密的要求，苏联科学开始走向封闭式的发展模式，客观上也造就了苏联科学不同于欧美的独特理论体系。

在科学与政权的互动中，双方在很大程度上可各取所需。政府利用科学家捍卫国家安全、加强政治统治、提高国际威望，科学家则借助权力解决科学自身发展问题（比如增加科研经费、培养科学技术人才、使科研管理体制化、制度化）；同时实现个人的理想和抱负。但科学家与政权的关系远比此复杂，除了合作，更有对抗。20世纪30年代的"沙拉什卡"和"大清洗"就是代表符号。而以李森科为代表的一批不学无术的人使用政治迫害手段打击学术上的反对者，成为政治干涉科学的代表事例。

在斯大林的专制统治下，包括科学家在内的知识分子受到了残酷镇压和迫害。尽管如此，苏联的科学仍然在此期间取得了惊人的成就。这正好说明了科学文化与政治文化之间的复杂关系。

当然，对俄罗斯科学文化研究仍有许多问题值得深入思考。例如：俄罗斯的东正教传统与科学之间到底是什么样的关系？为什么在喀山这样相对边远的地方也能产生世界级的数学大师？18—19世纪俄罗斯向中国派遣传教士，中国文化是否也对俄罗斯科学文化产生过影响？19世纪俄罗斯科学、文学、艺术全面开花结果，这是否证明科学与文艺之间的必然联系？俄罗斯科学如何由18—19世纪的开放逐步走向苏联时期的闭门发展？为什么在苏联时期政府对科学家进行打压和迫害的情况下，反而创造了苏联科学的又一个辉煌等等。相关研究需要继续深入进行探究。

参考文献

白建才, 2001. 俄罗斯帝国 [M]. 西安: 三秦出版社.

鲍鸥, 2012. 俄罗斯科学院的历史沿革及经验借鉴研究 [J] //阎康年, 姚立澄. 国外著名科研院所的历史经验和借鉴研究. 北京: 科学出版社, 49-72.

贝尔纳 J D, 1982. 科学的社会功能 [M]. 陈体芳, 译. 北京: 商务印书馆.

别尔嘉耶夫, 1996. 俄罗斯思想 [M]. 北京: 三联书店.

别尔嘉耶夫, 1999. 俄罗斯的命运 [M]. 汪剑钊, 译. 昆明: 云南出版社.

波特, 秦光道, 1992. 切尔诺贝利事故对苏联核安全决策的影响 [J]. 科学对社会的影响, (3): 211-219.

曹朋, 2008. 对IAEA关于切尔诺贝利事故后果研究的历史考察 [D] [硕士学位论文]. 北京: 清华大学.

杜立克, 2009. 论俄皇彼得一世改革的"欧化"与"专制化" [J]. 内蒙古大学学报 (哲学社会科学版), 44 (4): 75-81.

恩格斯, 1972. 自然辩证法 [M] //中共中央马克思、恩格斯、列宁、斯大林著作编译局. 马克思恩格斯选集(第三卷). 北京: 人民出版社.

恩格斯, 1971. 自然辩证法 [M] //中共中央马克思、恩格斯、列宁、斯大林著作编译局. 马克思恩格斯全集(第二十卷). 北京: 人民出版社.

冯增俊, 2002. 教育创新与民族创新精神 [M]. 福州: 福建教育出版社.

富尔先科 A, 蒂莫西 T, 2012. 赫鲁晓夫的冷战: 一个美国对手的内幕故事 [M]. 王立平, 译. 银川: 宁夏人民出版社.

格奥尔吉耶娃 T C, 2006. 俄罗斯文化史——历史与现代 [M]. 焦东建, 董茉莉, 译. 北京: 商务印书馆.

格雷厄姆 L R, 2000. 俄罗斯和苏联科学简史 [M]. 叶式辉, 黄一勤, 译. 上海: 复旦大学出版社.

顾诵芬, 史超礼, 2000. 世界航天发展史 [M]. 郑州: 河南科学技术出版社.

哈维兰, 1987. 当代人类学 [M]. 上海: 上海科学技术出版社.

加恩 C, 1980. 彼得大帝时期的俄中关系史 [M]. 江载华, 郑永泰, 译. 北京: 商务印书馆.

卡芬加乌兹, 巴甫连科, 1997. 彼得一世的改革(上册) [M]. 郭奇格等, 译. 北京: 商务印书馆.

克柳切夫斯基 B O, 1996. 俄罗斯史教程(第3卷) [M]. 左少兴等, 译. 北京: 商务印书馆.

拉卡托斯 I, 1986. 科学研究纲领方法论 [M]. 兰征, 译. 上海: 上海译文出版社.

雷日科夫 N I, 1998. 大动荡的十年 [M]. 王攀等, 译. 北京: 中央编译出版社.

李宝仁, 2008. 从近代俄国铁路史看铁路建设在国家工业化进程中

的地位和作用 [J]. 铁路经济研究, (2): 25-33.

李伯聪, 2008. 选择与建构 [M]. 北京: 科学出版社.

李成智, 1997. 通向宇宙之路——跨世纪的航天技术 [M]. 武汉: 湖北教育出版社.

李成智, 李建华, 2010. 阿波罗登月计划研究 [M]. 北京: 北京航空航天大学出版社.

李佩珊, 许良英主编, 1999. 20世纪科学技术简史 [M]. 北京: 科学出版社.

李正风, 尹雪慧, 2011. 科学体制化的文化诉求与文化冲突——论科学的功利性与自主性 [J]. 科学与社会, 1(1): 123-132.

利哈齐夫, 2003. 解读俄罗斯 [M]. 吴晓都等, 译. 北京: 北京大学出版社.

列宁, 1990. 列宁全集 (第5卷) [M]. 北京: 人民出版社.

列宁, 1995. 论 "左派" 幼稚性和小资产阶级性 [G]//中共中央马克思、恩格斯、列宁、斯大林著作编译局. 列宁选集 (第三卷). 北京: 人民出版社.

柳若梅, 2010. 清代入华俄罗斯汉学家的满汉语词典手稿散论 [J]. 辞书研究, (4): 127-138.

刘祖熙, 2007. 夏日堂史集 [M]. 北京: 人民出版社.

马克思, 1979. 马克思恩格斯全集 (第42卷) [M]. 北京: 人民出版社.

马克思, 恩格斯, 1995. 德意志意识形态 [G]//中共中央马克思、恩格斯、列宁、斯大林著作编译局. 马克思恩格斯选集 (第一卷). 北京: 人民出版社.

盂庆云, 2004. 从即毒消灾到种痘免疫——种痘术的发明及传播 [J]. 南京中医药大学学报 (社会科学版), (4): 209-211.

莫里内斯 C U, 1987. 为何不应把科学史与科学哲学分开？[J]. 王过渡, 译. 科学史译丛, (1): 63-64.

默顿 R K, 2000. 十七世纪英格兰的科学、技术与社会 [M]. 范岱年等, 译. 北京: 商务印书馆.

穆志强, 1995. 启蒙思想的光华——近代俄国哲学掠影 [M]. 济南: 明天出版社.

钮卫星, 2004. 科学的文化土壤——读《海客述奇》[N]. 文汇报, 2004年12月13日.

皮霍亚 Р Г, 2006. 苏联政权史: 1945-1991 [M]. 徐锦栋等, 译. 北京: 东方出版社.

普赖斯 D, 1982. 小科学大科学 [M]. 宋剑耕, 戴振飞, 译. 北京: 世界科学社.

普列汉诺夫, 1996. 俄罗斯社会思想史（第二卷）[M]. 孙静工, 译. 北京: 商务印书馆.

恰达耶夫, 2011. 哲学书简 [M]. 刘文飞, 译. 北京: 译林出版社.

任秀娟, 2004. 西伯利亚大铁路在俄罗斯经济恢复与发展中的作用 [D][硕士学位论文]. 哈尔滨: 黑龙江大学.

斯拉德科夫斯基 М И, 2008. 俄罗斯各民族与中国贸易经济关系史（1917年以前）[M]. 宿丰林, 译. 北京: 社会科学文献出版社.

沈铭贤, 2013. 科学共同体及其规范 [J]. 科学, 62(2): 29-32.

苏联国家原子能利用委员会, 1986. 切尔诺贝利核电站事故及其后果: 为IAEA1986年8月25—29日在维也纳举行的专家会议编制的资料 [G]. 北京: 核动力工程, 7(6增刊).

苏联科学院历史所列宁格勒分所, 1994. 俄罗斯文化史纲（从远古至1917年）[M]. 张开等, 译. 北京: 商务印书馆.

孙成木, 1995. 俄罗斯文化一千年 [M]. 北京: 东方出版社.

陶惠芬, 2007. 俄国近代改革史 [M]. 北京: 中国社会科学出版社.

王芳, 2009. 切尔诺贝利事故中苏联政府的应急过程研究: 1986.4.26—1989.10 [D] [硕士学位论文]. 北京: 清华大学.

王润华, 2014. 论俄罗斯宇宙主义的本质特征 [J]. 东北亚外语研究, (1): 91-96.

徐凤林, 2006. 俄罗斯宗教哲学 [M]. 北京: 北京大学出版社.

徐景学, 1988. 苏联东部地区开发的回顾与展望——西伯利亚开发四百年 [M]. 长春: 东北师范大学出版社.

姚海, 1994. 俄罗斯文化之路 [M]. 杭州: 浙江人民出版社.

岳峰, 2008. 俄国宗教史 (上卷) [M]. 北京: 社会科学文献出版社.

张百春, 1997. 18世纪的俄罗斯启蒙哲学 [J]. 北方论丛, (4): 30-34.

张谨, 2006. 库恩的科学观 [J]. 江汉论坛, (3): 47-50.

郑述谱, 2002. 18—19世纪俄语科学语言发展概说 [J]. 外语学刊, 110 (3): 83-90.

中国社会化科学院近代史研究所, 1992. 帝国主义侵华史 (第2卷) [M]. 北京: 人民出版社.

周力, 2010. 俄罗斯文化的基本精神与外交 [J]. 俄罗斯研究, 164 (4): 71-83.

周宇, 2012, 论元代至清代的中俄科学技术交流 [J]. 华中科技大学学报, 26 (6): 86-90.

周宇, 2015, 彼得堡科学院诞生的历史考察与文化分析 [J]. 俄罗斯学刊, 27 (5): 77-82.

朱效民, 2000. 科学家与科学普及 [J]. 科学学研究, 18 (4): 98-102.

АЛЕКСЕЕВ В В, ГАВРИЛОВ Д В, 2008. Металлургия Урала. С

древнейших времен до нащих дней [М]. М.: Наука.

АЛФЕРОВ Ж И (отв. ред.), 2010. Академия наук в истории культуры России XVIII-XX веков [М]. СПб.: Наука.

БАГГЕР Х, 1985. Реформы Петра Великого (обзор исследований) [М]. М.: Прогресс.

БАТУРИН Ю М (под ред.), 2008. Советская космическая инициатива в Государственных документах 1946—1964гг.[М]. М.: Изд-во РТСофт.

БЕРКОВ П Н, 1952. История русской журналистики XVIII века [М].М.-Л.: Изд-во АН СССР.

БЕРНУМИ Д, 1956. Гидродинамика или записки о силах и движении жидкостей [М]. Л.: Изд-во АН СССР.

БОРЗУНОВ В Ф, 1963. Проекты строительства Сибирской железнодорожной магистрали первой половины 19 в. Как исторический источник [G] //Труды Дальневосточный филиал СО АН СССР: Сер. Историческая.Благовещенск.

БОРИСОВ Л П, 1993. Первая отечественная баллистическая ракета [J]. Вопросы истории, (5): 168-170.

БЛОК Г П, 1920. Обзор научно-издательской деятельности Комиссии по изучению естественных производительных сил России, 1915—1920 [М]. Пг.: Комис. по изучению производ. сил России РАН.

БУЖ, 2006. Белорусская энциклопедия.Чернобыль [G]. М.: Время.

ВЕРНАДСКИЙ В И, 1988. Очерки по истории естествознания в России в XVIII столетии [М]. М.: Наука.

ВЕРНАДСКИЙ В И, 1989. Биосфера и ноосфера［M］. М.: Наука.

ВИТТЕ С Ю, 1960. Воспоминания［M］. Т. 3. М.: Наука.

ВИТТЕ С Ю, 1992. Конспект лекций о народном и государственном хозяйстве, читанных его императорскому высочеству великому князю Михаилу Александровичу в 1900—1902 годах［M］.М.: Фонд "Начала".

ВОЛКОВ В А, 1993. А. Е. Чичибабин и В. Н. Ипатьев: трагические судьбы ［G］//Российские ученые и инженеры в эмиграции. М.: Наука.

ГИНАК Е Б, 2008. Деятельность Д. И. Менделеева в области метрологии［J］. Мир измерений, （11）: 52-60.

ГЛУШКО В П, 1973. Развитие ракетостроения и космонавтики в СССР［M］. М.: Наука.

ДЕМИДОВ А Г, 2009. В. Н. Татищев как лингвист-просветитель ［J］.Общество. Среда. Развитие （Terra Humana）, （2）: 137-142.

ДМИТРИЕВ И С, 2003. Взгляд на формирование химических школ Петербурга［J］. Природа, （9）: 73-82.

ЕРШОВ Н В, 2010. Становление и развитие отечественной военно-космической деятельности （вторая половина 1940-х—первая половина 1970-х годов）［M］. СПб.: Полторак.

ЕРШОВ Н, ЖАРСКИЙ А, 2011.Советское ракетостроение с 1945 по 1960-е гг. ［J］. Защита и безопасность, （2）: 26-30.

ИВКИН В И, 2010.Задача особой государственной важности. Изистория создания ракетно-ядерного оружия и Ракетных войск стратегического назначения （1945—1959гг）. М.: РОССПЭН.

ИЛЛЕРИЦКИЙ В Е, 1952. Исторические взгляды А.И.Герцена [J]. Вопросы истории, （10）：15-21.

ИЛЬИНСКИЙ Д П, 1929. Очерк истории русской паровозостроительной и вагоностроительной промышленности[C]. Центральное плановое управление. М.: Транспечать.

ИСТОМИН В, 2000. Самые знаменитые изобретатели России [M]. М.: Вече.

КАБАНОВ П И, 1959. Амурский вопрос [M]. Благовещенск.

КАНТЕМИРОВ Н Б, 2011. Первая советская экспедиция на немецкий ракетный полигон в Польше （1944 г.）[A]//ИИЕТ РАН. Юбилейная научная конференция, посвященная 65-летию победы в великой отечественной войне. М.: Подольская Периодика.

КЕДРОВ Б М, 1960a. Историческое и логическое в развитии научного познания[J]. Вопр. философии, （12）：62-73.

КЕДРОВ Б М, 1960b. Лениский анализ революции и кризиса современного естествознания[C]//Ленин и наука. М.: Изд-во АН СССР, 174-211.

КЕДРОВ Б М, 1962. Революция в естествознании продолжается! [J]. Культура и жизнь, （10）：23-27.

КЕДРОВ Б М, 1972a. Научно-техническая революция и еесущность[J].Учеб.-метод.бюд.（Заоч.высш.парт.шк.приЦККПСС）, （19）：3-12.

КЕДРОВ Б М, 1972b. Философско-социлогические проблемы научно-технической революции[C]//Кедров Б М. Научно-техническая революция и социальный прогресс, М.: 30-49.

КЕДРОВ Б. М., 1979. НТР: истоки, закономерности, перспективы [J]. Знание – сила, (7): 2-я обл. -2, ил.

КЕДРОВ Б М, 1981. Научно-техническая реворюция: Аспекты ее изучения [J]. Вопр. Истории естествохнания и техники, (2): 3-15.

КЕДРОВ Б М, 2005. Гамлеты эпохи НТР [С] //Лекторсий В А (отв. ред.). Бонифатий Михайлович Кедров. М.: Наука.

КЛЮЧЕВСКИЙ В О, 1983. Неопубликованные произведения [М]. М.: Наука.

КОВНИР В Н, 2011. История экономики России [М]. М.: Логос.

КОЛЧИНСКИЙ Э И, 2017. Академия наук ирусские революции 1917 года [J]. Вестник Россиискои академии наук, 87 (2): 166-176.

КОЛЬЦОВ А В, 1999. Деятельность Комиссии по изучению естественных производительных сил России: 1914—1918 гг. [J]. Вопросы истории естествознания и техники, (2): 128-139.

КОПЕЛЕВИЧ Ю Х, 1974. Возникновение научных академий (середина XVII- середина XVIII века) [М]. Л.: Наука.

КУЗНЕЦОВ В, 2007. Научный вклад первых ИСЗ в познание космоса [J]. Авиация и космонавтика, (9): 6-8.

КУЗНЕЦОВ В И, МАКСИМЕНКО А М, 1992. В. Н. Ипатьев. 1867—1952 [М]. М.: Наука.

КУЗНЕЦОВА Н И, 1999. Социо-культурные проблемы формирования науки в России (XVIII - середина XIX вв.) [М]. М.: Эдиториал УРСС.

КУРЦ Б Г, 1929. Вопрос о торговле с Китаем до установления непосредственных русско-китайских сношений [G] //Русско-

китайские сношения в XVI, XVII и XVIII столетиях (Глава 1).
Харьков: Г. изд-во Украины.

МАСАРИК Т Г, 2000. Россия и Европа. М.: Изд-во Русского
Христианского Гуманитарного Института.

МЕНЩЕКО С В, 2004, История метрологии, стандартизации,
сертификации и управления качеством: Учебное пособие [М].
Тамбов: Изд-во ТГТУ.

МИКУЛИНСКИЙ С Р, ЮШКЕВИЧ А П(ред.), 1977. Академия
наук ССР. Развитие естетсвознания в России (XVIII-начало XXвека)
[М]. М.: Наука.

МЕЛИХОВ Г В, 1991. Маньчжурия далекая и близкая [М]. М.:
Наука.

МИЛЮКОВ П Н, 1994. Очерки по истории русской культуры
[М]. Т.2.Ч.1..М: Прогресс—Культура.

НЕВСКАЯ Н И(отв. ред.), 2000. Летопись Российской академии
наук(1724—1802) [М]. Том 1. СПб.: Наука.

НОВИКОВ М М, 1960. Великаны российского естествознания
[М]. Посев.

ОСИПОВ Г, 1991.Транссиб, струна всея России: ансси истории
[J]. Деловые люди, (5): 68-70.

ОСИПОВ Ю С, 1999. Академия наук в истории российского
государства [М]. М.: Наука.

ОСИПОВ Ю С (гл. ред.), 2001. Летопись Российской Академии
наук [М]. Т. 3. СПб.: Наука.

ПАК Б Б, 1995. Строительство Амурской железной магистрали

(1891—1916) [M]. СПб.: тралитво.

ПЕКАРСКИЙ Г, 1870. История Императорской академии наук в Петербурге [M]. Т. 1. СПб.: Наука.

ПОНОМАРЕВА В В, 1999. Академия наук и становлениенаучного знания в России [J]. Общественные науки и современность, (5): 23.

РАН, 1916a. Отчеты...КЕПС. [DS]. №4.

РАН, 1916b. Отчеты...КЕПС. [DS]. №5.

РАН, 1916c. Отчет о деятельности Императорской Академии наук по Физико-математическому и Историко-филологическому отделениям за 1916 г. [DS]. Пг.

РАН, 1919. Отчет о деятельности Российской Академии наук по отделениям Физико-математических наук и Исторических наук и филологии за 1918 г. [DS]. П г.

РЕНЬКАС Я В, 2002. Первооткрыватель космической эры [J]. Наука в России, (5): 59-67.

САХАРОВСИЙ КОЛЛЕДЖ, 2006. Последствия Чернобыльской аварии в Беларуси [R]. Минск: Международный высший Сахаровсий колледж по радиоэологии, 8-9.

СЕВАСТЬЯНОВ В, ФАДДЕЕВ Е, 2011. Советская космонавтика и научно-технический прогресс [J]. Свободная мысль, (3): 163-176.

СИМОНОВ Н С, 1996. Военно-промышленный комплекс СССР в 1920—1950-е годы [M]. М.: РОССПЭН.

СМАГИНА Г И (отв.ред.), 2003. Немцы в России: три века научного сотрудничества [M]. СПб.: Дмитрий Буланин.

СМАГИНА Г И, 2004. Немецкие ученые и Российская академия

наук[G]//Немцы в России: Историко-документальное издание. СПб.: Лики России.

СОБОЛЕВ А С, 2004. Духовные корни науки[J]. Вестник российской академии наук, 74(9): 792-801.

СОЛОВЬЕВ Ю И, 1985. Н.С.Курнаков. 1860—1941[М]. М.: Наука.

СПФА РАН, 1915a.Протоколы заседаний Физико-математического отделения Императорской академии наук. 1915. §52. [А]. （СПФА: Санкт-Петербургский филиал Архива）

СПФА РАН, 1915b. Известия Императорской Академии наук [А]. 1915. VI сер. Т.9. №8.

СТРАДЫНЬ Я П, СОЛОВЬЕВ Ю И, 1988. П. И. Вальден （1863—1957)[М]. М.: Наука.

ТРОФИМОВА Е В, 1998. В.Н. Ипатьев и его деятельность по повышению обороноспособности России в годы первой мировой войны[С]//Трофимова Е В. В. Н. Ипатьев и деятельность Химического комитета при ГАУ по повышению обороноспособности России в годы первой мировой войны. М.: Наука.

ТУРНАЕВ В И, 2007. О национальной тенденции в развитии Петербургской академии наук 20-40-е гг. 18 века[М]. М.: Водолей Publishers.

УМАНСКИЙ С П, 1986.От первых ракет до полета Юрия Гагарина, ракетостроение в СССР[J]. Космонавтика сегодня и завтра.

ФЛОРЬ Б Н(ред.) , 2010. История России с древнейших времен

до конца XVIII века [M]. M.: МГУ.

ХРОМОВ П А, 1982. Экономическая история СССР. Период промышленного и монополистического капитализма в России [M]. Пособие. М.: Высшая школа.

ЧЕРТОК Б Е, 2007. Первый искусственный спутник земли [J]. Наука в России, （5）: 4-9.

ЧЕРТОК Б Е, 2010. Ракеты и люди. От самолетов до ракет [M]. М.: Изд-тво РТСофт.

ШАРФ К, 2003. Основание Берлинской и Петербургской академий наук и их отношения в XVIII в. В Евровейской перпективе [G] //СМАГИНА Г И （отв.ред.）. Немцы в России: Три века научного сотрудничества. Сб. Статей. СПб.: Дмитрий Буланин.

ШОСТЬИН Н А, 1975. Очерки истории русской метрологии. XI век- начало XIX века [M]. М.: Изд-во стандартов.

ЯРОШИНСКАЯ А, 1992. Чернобыль-совершенно секретно, Из тайных архивов Политрюро ЦК КПСС. Документы [M]. М.: Другие берега.

BODE V, KAISER G, 2008. Building Hitler's Missiles: Traces of History in Peenemünde [M]. Berlin: Christoph Links Verlag.

EC/IAEA/WHO, 1996. The International Conference on One Decade of the Chernobyl: Summing up the consequences of the Accident [R]. Vienna: International Atomic Energy Agency.

IAEA, 2006a. Environmental effects of the Chernobyl accident and their remediation: twenty years of experience （Report of the UN Chernobyl Forum Expert Group "Environment"） [R]. Vienna:

International Atomic Energy Agency.

IAEA, 2006b. Chernobyl's Legacy: Health, Environmental and Socio-Economic Impacts and Recommendations to the Governments of Belarus, the Russian Federation and Ukraine, The Chernobyl Forum: 20032005[R]. Vienna: International Atomic Energy Agency.

SIDDIQI A A, 2003. Sputnik and the soviet space challenge [M]. Gainesville: University Press of Florida.

SIDDIQI A A, 2008. Imagining the Cosmos: Utopians, Mystics, and the Popular Culture of Spaceflight in Revolutionary Russia [A] // Intelligentsia science: the Russian century, 1860—1960. The university of chicago press.

VUCINICH A, 1970. Science in russian culture: A history to 1860 [M]. Calif: Stanford University Press.

MATTHIAS U, 2001. Stalins V-2: Der Technologietransfer der deutschen Fernlenkwaffentechnik in die UdSSR und der. Aufbau der sowjetischen Raketenindustrie 1945 bis 1959 [M]. Bonn: Bernard & Graefe-Verlag.

后　记

　　在世界科技史研究中，较少有对俄罗斯（苏联）科技史的全方位研究成果。俄罗斯科学院瓦维洛夫自然科学与技术史研究所拥有关于本国各科技领域的专门史（例如：数学史、物理学史、化学史、生物学史、机械工程史、航空—航天史等）或专题史（例如：俄罗斯科学院史、生态史等）的丰厚史料及精深的研究成果，但或许由于"只缘身在此山中"，或许由于缺少跨领域组织合作等原因，至今没有出版一部完整的有关俄罗斯（苏联）科技史的俄文著作。美国学者格雷厄姆的《俄罗斯和苏联科学简史》是迄今唯一的有关俄罗斯科技史的中文著作。可见，俄罗斯（苏联）科技史是一座难以征服的"高峰"。

　　本书是第一部由中国学者撰写的俄罗斯（苏联）科技史学术专著，不妨归为"登山训练笔记"。

　　为了完成本书，笔者与周宇博士和王芳博士愉快合作多年。周宇贡献出自己博士论文的核心内容，在"俄罗斯科学文化"概念引领下，依据充分的史料，以流畅的文笔和清晰的逻辑，再现了在西欧科学革命背景下俄罗斯近代科学的成长历程。他利用公差间隙，挤出乘车、候机的点滴时间校对了第二份手稿，为修改全书做了重要的贡献。王芳提供了自己在读硕和攻博期间对切尔诺贝利灾难史和苏联航天史的研究成果，丰富了本书有关苏联科技史的内容。我们一致认为本书尚未成熟，"不情愿"就此结题。然而，由于研究项目"工期"有限，我们只得为本书画上句号。恳请读者对本书提出批评及修改建议，助力我们继续攀登俄罗斯（苏联）科技史的"高峰"。

付印在即，掩卷轻抚几经"蹂躏"的手稿，任思绪放马由缰：那个扬言打造鸿篇巨著的立项"妄想"；那份沉溺于俄罗斯各档案馆独享档案饕餮盛宴的"吞象"之举；那条负重笔耕的"龟行"轨迹；那些长期亏负家人的自责……泪洒前襟，汗流后脊。未把已搜集到的俄文科技史文献全部呈献给读者，真遗憾！已为后人抛砖引玉、铺路架桥，无怨无悔！

感谢俄罗斯科学院瓦维洛夫自然科学与技术史研究所同事给予的无私援助！

感谢德国马普学会科学史研究所学者对本研究提出的坦诚建议！

感谢中国科学院自然科学史研究所项目组同仁的精诚合作！

感谢山东教育出版社给予的理解、关怀与爱护！

感谢北京大学外国语学院、国家科技部国际合作司的支持！

感谢清华大学社科学院科学技术与社会研究所全体师生的厚爱！

感谢周宇博士和王芳博士的充分信任及友好合作！

感谢笔者家人细致入微的呵护及矢志不渝的坚守！

鲍　鸥

2017年6月15日